新しい古代史へ 1

平川 南
HIRAKAWA Minami

地域に生きる人びと

——甲斐国と古代国家

吉川弘文館

はじめに

本書は、山梨県の山梨日日新聞社『山梨日日新聞』の文化欄に「古代史の窓」と題して、二〇〇九年七月から二〇一八年三月まで九年間、一八七回にわたり連載したものを、今回、若干加筆しテーマ別に編集したものです。

二〇一八年三月三十一日最終回の末尾に次のように執筆の動機と目的を記しました。

山梨県立博物館の館長職は国立歴史民俗博物館長、人間文化研究機構理事との兼務で非常勤でしたので、県民の皆様に館長としての地域への想いを十分にご理解いただきたい、また、研究者として山梨の豊かな歴史文化を掘り起こし、お伝えしたいという想いから執筆してまいりました。

元来、山梨県では武田氏関係の中世史研究が盛んであり市民の方々の関心も高い中、甲斐国・山梨県の原像ともいうべき〝古代史の窓〟を開き、眺めると、甲斐・山梨が、さまざまな困難な状況を乗り越え、発展してきたことが明らかとなってくるのではないか。

本欄のもう一つの動機は、新しい地域史の叙述の試みを山梨県で実践し、これをケーススタディ（事例研究）として、日本列島における各地域から日本の歴史像を見直し、新しい歴史・文化像を構築できないか、との考えからでした。

また、最近想うことは、列島各地で編纂されている自治体史が、それぞれの地域社会や市民に生かされているだろうかということです。

阪神淡路大震災・東日本大震災・熊本地震など列島各地で災害が頻発しましたが、被災地の復興に自治体史、地域の歴史・文化研究がどれほどの意義を有したか、改めて問わなければなりません。自治体史が地域社会に生かされ、地域の人びとから新たな自治体史の刊行の要請が湧き上がるような動きを、私たち研究者が引き出せるか、その姿勢が問われています。

本書の甲斐国に関わるいくつかの事項については、筆者も分担執筆した『山梨県史』の『通史編1 原始・古代』（二〇〇四年）の記述に新たな見解と図版も加えて、できるだけ幅広い市民に理解していただけるよう努めました。

今、激動の現代社会において、列島のそれぞれの地域史から国家史・世界史を読み解く意義も大きいと言えるのではないでしょうか。

目　次

第二部 地方行政の実態

第三部 古代氏族と渡来人

古代の国府

第一部

地方行政のシンボル
国府と印

国府はどこにおかれていたのか

中央が地方を支配するために各国に派遣した地方官が「国司《こくし》」であり、その拠点として国ごとに設置されたのが「国府《こくふ》」である。一〇世紀前半に書かれた日本最初の百科事典『和名類聚抄《わみょうるいじゅしょう》』には、各国の国府が所在した郡名を記している。それによると、甲斐《かい》国府は「八代《やつしろ》郡」にあったとされている。

この古代地方行政のシンボルである国府をさがす手がかりはいくつかある。

①国府関係の地名。「国府」「国衙」「府中」「総社」「印鎰《いんやく》（印役）」などの地名が残っているところである。山梨県内では、笛《ふえ》吹《ふき》市春日居《かすがい》町国府《こう》と笛吹市御坂《みさか》町国衙《こくが》の二ヵ所がよく知られてい

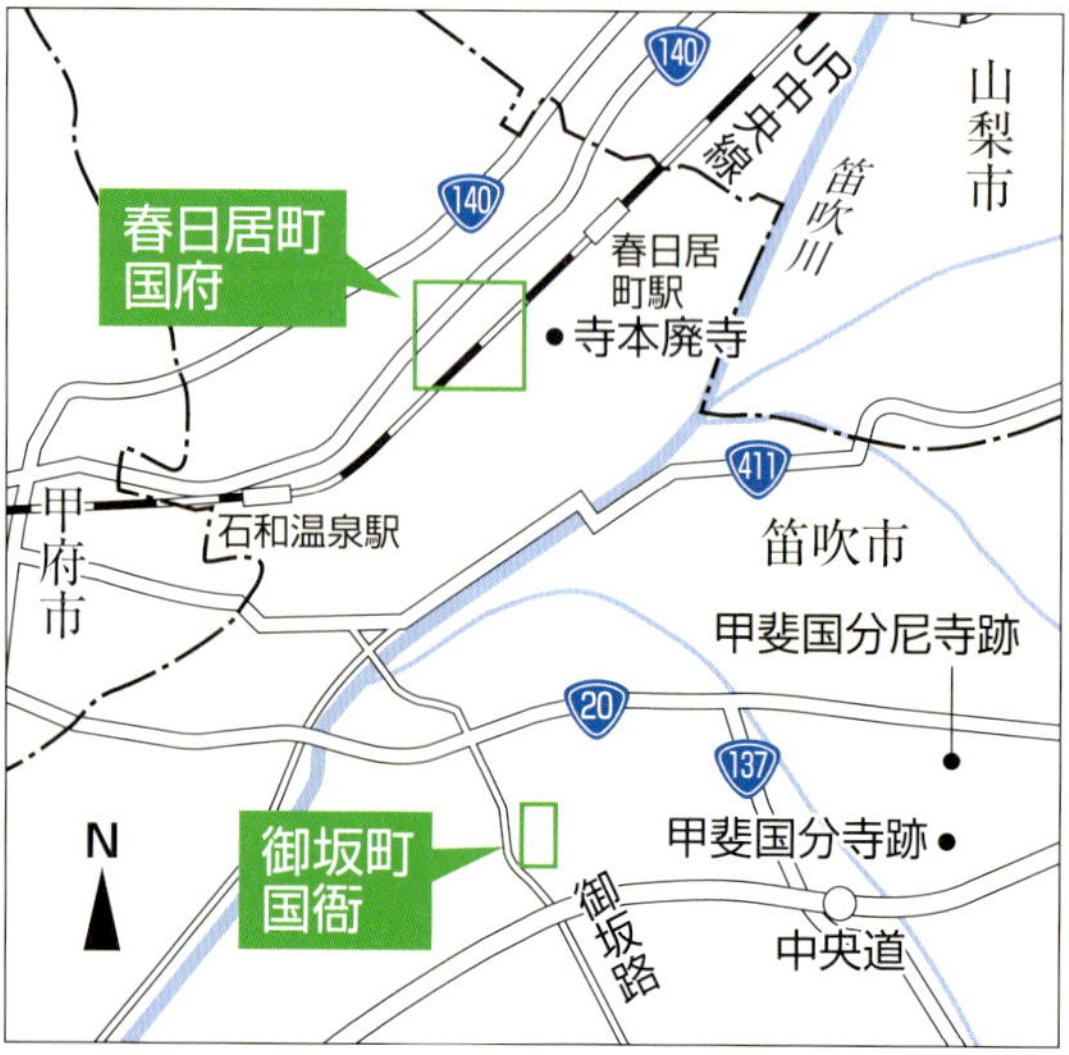

甲斐国府推定地

る。「府中」は武蔵《むさし》国府の所在地である東京都府中《ふちゅう》市が好例である。「総社」は、新たに着任した国司が、国内各地の神々を巡拝するかわりに、それらの神々を国府近くの一ヵ所に祀《まつ》った神社のことで、たとえば岡山県総社《そうじゃ》市は備中《びっちゅう》国府の所在地である。「印鎰（印役）」は、印と鎰《かぎ》のことであり、国司が管理する国印と税の稲などを収納している正倉の鎰に由来する地名である。のちに国司支配の象徴である印と鎰を祀る小さな神社が国府に置かれ、それが「印鎰（役）社」（役《やく》は鎰の当て字）とよばれ、現在まで地名として残っている場合（下野《しもつけ》国府跡〈栃木市〉の地名「印役」ほか）がある。

②国分寺《こくぶんじ》との関係。国分寺は、天平十三年（七四一）の聖武《しょうむ》天皇の発願により諸国に設置された国立の寺院であり、国府の近くに建立された。国府は行政府であるから、通常は国家体制が代わるとあとかたもなく失われる。しかし、国分寺は信仰の場であるので、多くの場合、現在まで「国分寺」や「薬師堂」などの寺院として生き続けており、また当時の瓦や礎石などが残るので、遺跡としても確認しやすい。甲斐国分寺跡は、笛吹市一宮《いちのみや》町国分の現国分寺（臨済《りんざい》宗妙心寺《みょうしんじ》派護国山）境内とその周辺で確認されている。甲斐国の場合も、国分寺跡は笛吹市内の二ヵ所の国府推定地と近接している。

③立地。国府は、河川や港（津）に近い水運の便と官道の結節する要衝の地、さらに都への往復の便の良い場所に設置された。笛吹市春日居町国府も同市御坂町国衙も、官道（御坂路）と笛吹川の結節する地に立地している。また東海道の本道への連結と、都への往復の便も良い地域でもある。

古代の国府は、政務や儀式を行う政庁を中心に、周辺に各種の実務官庁が設置されている。そのほかに、国司の宿舎である「国司館」、食事を供給する「国厨《くにくりや》」、武器・武具を収納する「兵庫」など、数多くの建物が立ち並んでいた。それだけでなく、国府域内には、都城などの都市計画の根本をなす方格地割（碁盤目のような区画割り）に基づいて計画的に建物が配置されていた。製鉄・鍛冶《かじ》工房・漆工房など、各種の生産機構も集中し、市場も設けられるなど、国府は人口が集中し、物資が集積された〝都市〟であった。

甲斐国の国府

通説では、春日居町国府が前期国府、御坂町国衙が後期国府と考えられている。当時の山梨郡内にある春日居町の前期国府とされる地域では、碁盤目状に計画的建物配置を設定するための正東西南北の地割が確認できることと、七世紀後半の寺院である寺本廃寺《てらもとはいじ》が存在していることがその根拠となっている。後期国府については、『和名類聚抄』に甲斐国府は八代郡にあると記されていることから、記載当時（一〇世紀前半）にはまちがいなく八代郡に置かれていたであろう。御坂町国衙周辺は古代には山梨郡から八代郡に郡界が変更された可能性が高い地域である。以上のような甲斐国府の変遷の見解が現段階ではほぼ妥当なものであろう。

古代における行政の中心である甲斐国府の探索は、多くの先人の宿願であり、甲斐国府跡は山梨の原像を知る宝庫である。そこで山梨県内の研究者の有志による「古代甲斐国官衙研究会」も立ち上がり、国府をはじめとする郡家（郡役所）・駅家などの官衙跡に関する研究活動が展開されている。山梨県立博物館も「古代甲斐国官衙研究会」と協力し、さらに山梨県考古学協会・山梨郷土研究会などと共に未解明の甲斐国府の実態をひとつひとつ明らかにしていきたい。

はんこと文書行政

日本一の〝はんこ〟の町といえば、山梨県六郷《ろくごう》町（現在の西八代《にしやつしろ》郡市川三《いちかわみ》郷《さと》町）である。

今、一般に〝はんこ〟とよぶ印章は、紀元前五〇〇〇年ごろのメソポタミアの農耕社会で発明されたといわれている。石・粘土・骨・金属などを材料として、それに絵や文字を刻んで粘土や布などに押して所有物の表示としたが、ほかに呪術《じゅじゅつ》的な護符《ごふ》（お守り札）の役割もあったようである。

中国の古印は青銅《せいどう》（銅と錫《すず》との合金）の鋳造《ちゅうぞう》印で、秦《しん》の始皇帝《しこうてい》（在位紀元前二四七〜前二一〇年）の代から漢《かん》代（紀元前二〇二〜紀元後二二〇年）にかけて公印が制度化され、中央集権国家の権威のシンボルとなった。

わが国でも、八世紀に入ると、律令制に基づく本格的な文書行政の整備にともない、公文書に押印を行うシステムが確立された。天皇印をはじめとする青銅製の公印が作られたが、印文は陽刻《ようこく》の篆書《てんしょ》体（現在でも印章に用いられる書体）で、大きさは天皇印が方三寸（約九㌢）、太政官印が方二寸半（約七・五㌢）と定められた。大宝四年（七〇四）

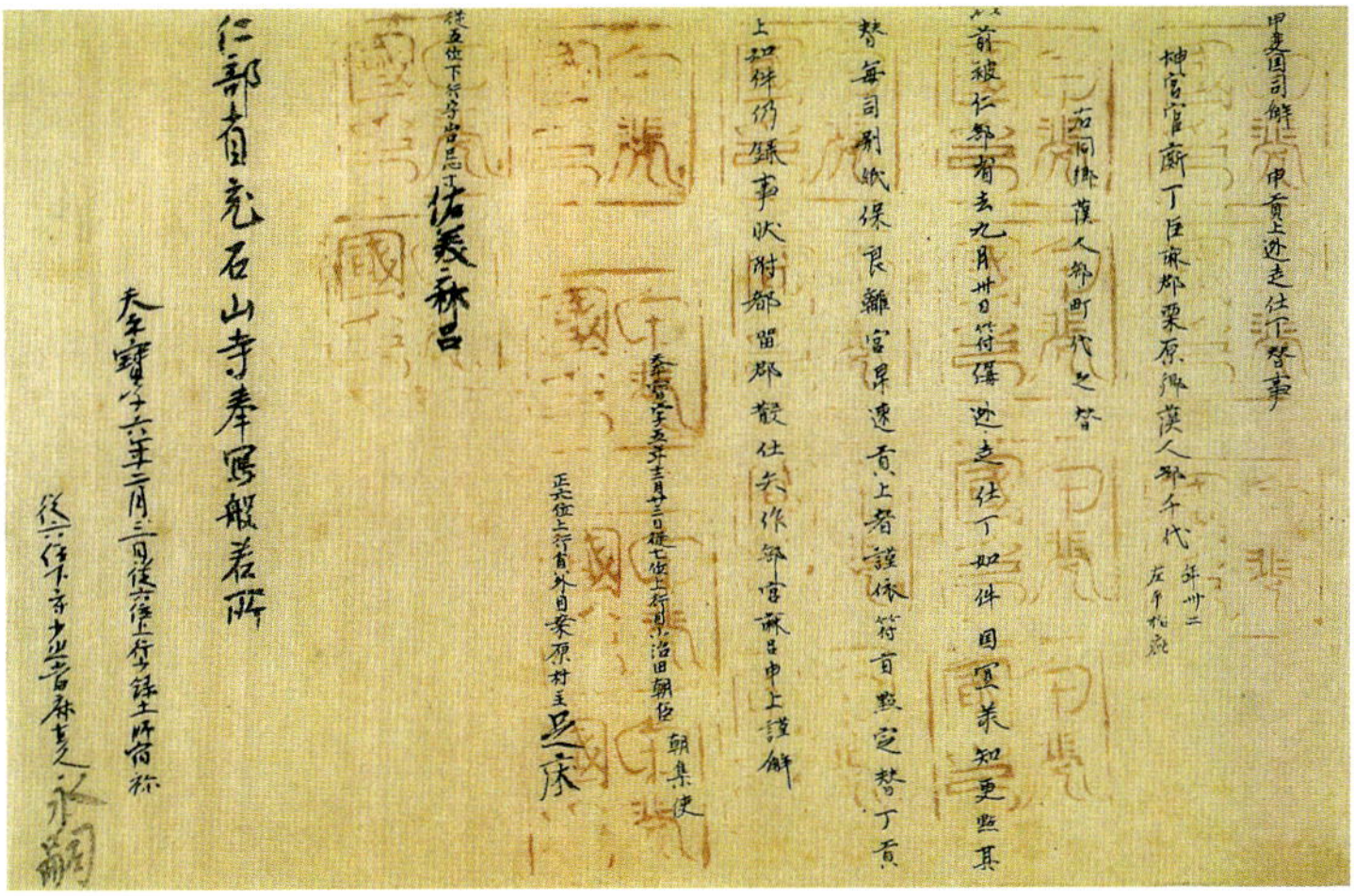

「甲斐国印」が捺されている甲斐国司解（正倉院文書）

に全国一斉に鋳造された諸国印は方二寸（約六センチ）であり、郡印は法的に定められていないが、印影や出土印から方一寸五分（約四・五センチ）前後で、国印を上回るものはない。役所の格づけによってその大きさを定めるのが公印の制度であった。なお、私印は方一寸五分（約四・五センチ）以下で公印をこえないこととされた。古代日本の青銅製の印の主要な元素は銅・錫・鉛であり、ヒ素が含まれるのが特徴である。

国印の現物は、一点も現存しないが、奈良・正倉院文書《しょうそういんもんじょ》の戸籍をはじめ、諸国から中央政府に提出した文書や調庸《ちょうよう》の税として貢納した布など（正倉院宝庫蔵）に押された国印の印影から文字を知ることができる。

国名を二文字の表記に——印と国名統一

国印が大宝四年に一斉に作られた時、印面は「〇〇国印」と四文字で構成するため、国名はすべて漢字二文字で表記することとした。これ以前の国名は、七世紀後半の木簡《もっかん》などの出土文字資料によれば、一文字から四文字までさまざまな表記であったことがわかる。例えば、和歌山県は八世紀以降は「紀伊《きい》」国であるが、もとは山がちな地勢から「木」国と表記していた。吉備《きび》国は、七世紀半ば以降に前・中・後の三国（備前《びぜん》・備中《びっちゅう》・備後《びんご》）に分けられた。このうち岡山県西部は「備中」国とよばれたが、七世紀後半の飛鳥寺《あすかでら》木簡には「吉備道中」国と四文字で書かれている。

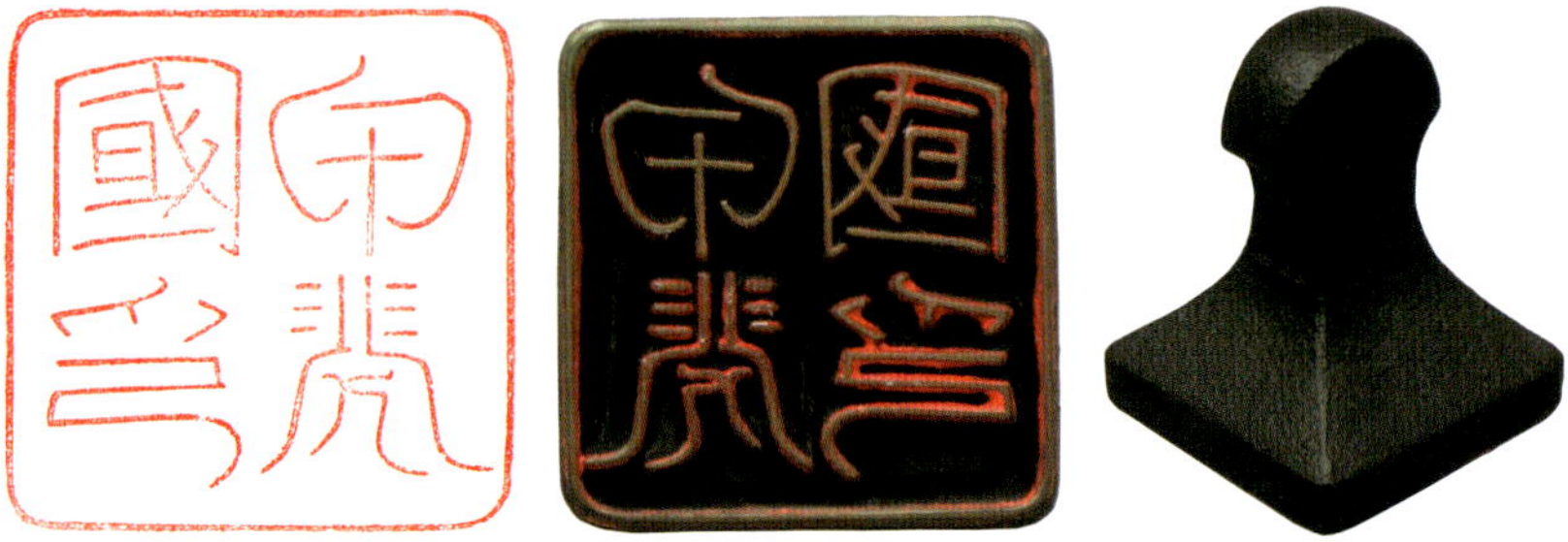

甲斐国印（山梨県立博物館 復元製作）

また「武蔵」はふつう「むさし」と読む。しかし、「武」はともかく「蔵」という漢字は古代の万葉仮《まんようが》名《な》では「社」「射」「耶」などとともに「ざ」の音に用いられた。東北地方の観光名所「蔵王《ざおう》」の「ざ」である。つまり、「武蔵」では「むざ」としか読めない。七世紀後半の木簡には「无耶志《むざし》國」などと表記されていた。ところが、大宝四年、国印を作る際に二文字で表記しなければならなかったので「武蔵」という、良い意味の漢字を選んで表記し、読みは「むざ」ではなく「むざし」と従来通りに読むことにしたのであろう。「武蔵国」という国名表記が確定された直後の平城宮出土木簡（八世紀前半）に、人名「高椅《たかはし》武蔵志」と正確に「志」を付した木簡が確認できるのも興味深い。剣豪〝宮本武蔵〟も「宮本武蔵志」と書くべきかもしれない。

「甲斐《かい》」の語源が「峡」ではなく「交ひ」とすると（17ページ参照）、おそらく国印を作るときに、はじめて「甲斐」の二文字をあてたのであろう。「甲」は干支《えと》の十干の第一、最も優れた物事をよぶ意味、「斐」は美しく盛んな様であり、ともにめでたい文字が採用されたのである。

古代印の技術

古代印はあくまでも古代国家の文書行政にともなって登場したものである。したがって古代国家の変質とともに、一〇世紀以降の古代印は形式化し、それ以前の公印のなかの国印・郡印などの厳密な区分や、公印と私印との識別基準も次第に失われていった。

鋳造技術をみると、八〜九世紀代の郡印などの実物の青銅印は、彫り方が深く字画の線も細く鋭いのに対し、一〇世紀以降は、彫り方も浅く字画の線が太い。国印の印影でもこうした変化を推測できる。八～九世紀代の古代印は、エックス線で透過すると全面に均質で細かな鬆《す》（空洞）が確認できる。鬆が入るということは、ふつう豆腐や大根では品質の悪いものとされるが、古代の青銅印や鏡などの鋳造では均質に鬆を入れ、柔軟かつ軽量に仕上げている。現代技術では成しえない高度な技術であった。

技術は常に進歩しているといわれるが、この例でも明らかなように、現代の最先端科学をもってしても再現できない高度な技術が古代には多く存在し、その技術が需要と供給の関係から必ずしも継承されないことを、あらためてわれわれは認識しなければならないのではないか。

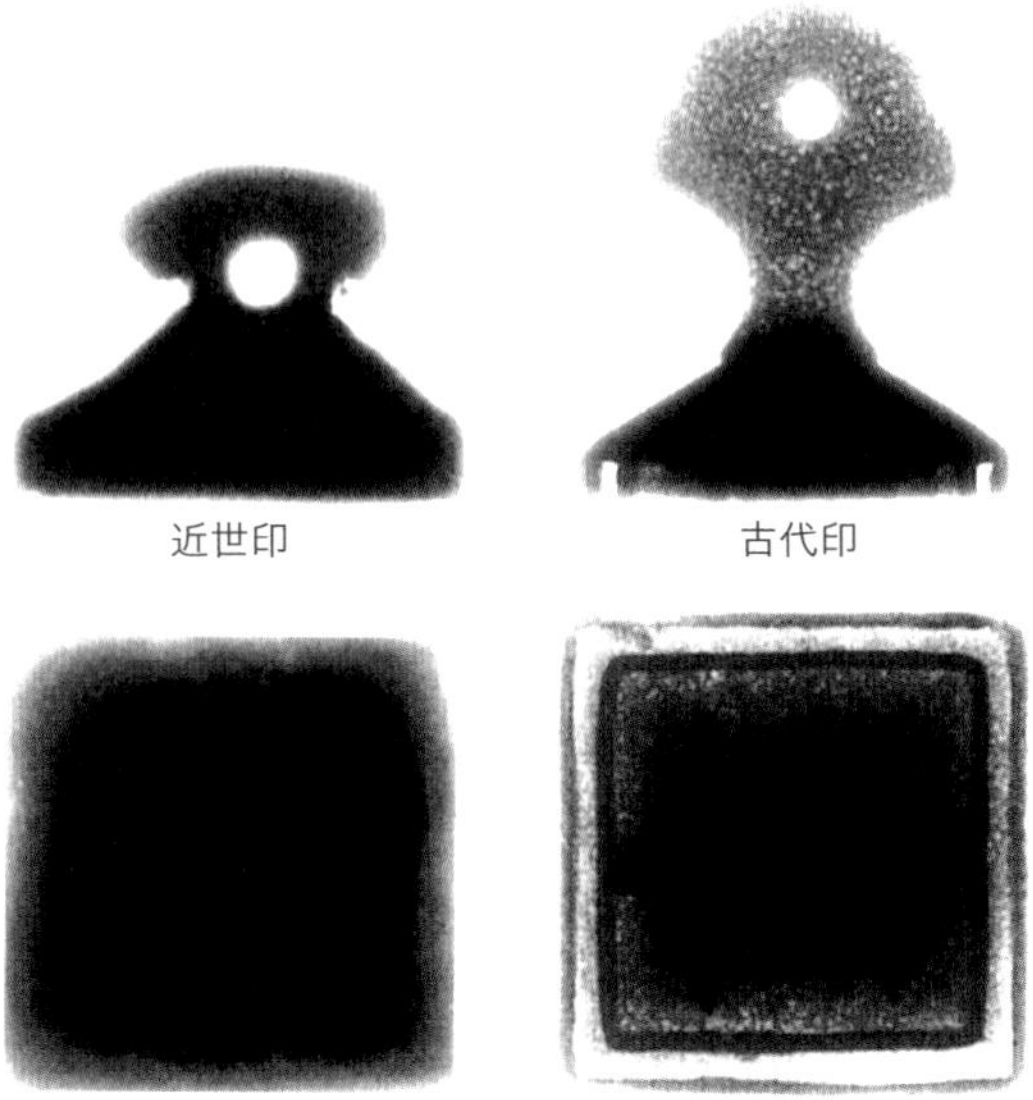

エックス線による古代印と近世印の比較

東国（アヅマ）とは
東西文化の分かれ目

ヤマトタケル東征伝承とアヅマ

『古事記』『日本書紀』の酒折宮《さかおりのみや》の伝承のなかに登場する「あづま」に注目してみたい。

『古事記』のヤマトタケルの東征伝承は次のとおりである。

ヤマトタケルノミコトが「荒ぶる蝦夷《えみし》等」の地を平定するために、相模《さがみ》から走水海《はしりみずのうみ》（浦賀水道）を渡って東に向かおうとした。しかし、海峡の神が波を起こし、船をぐるぐる回したりするので、渡ることができなかった。その時、ヤマトタケルの后《きさき》、弟橘比売命《おとたちばなひめのみこと》は、「私が、御子《みこ》（ヤマトタケル）の代わりとなって、海の

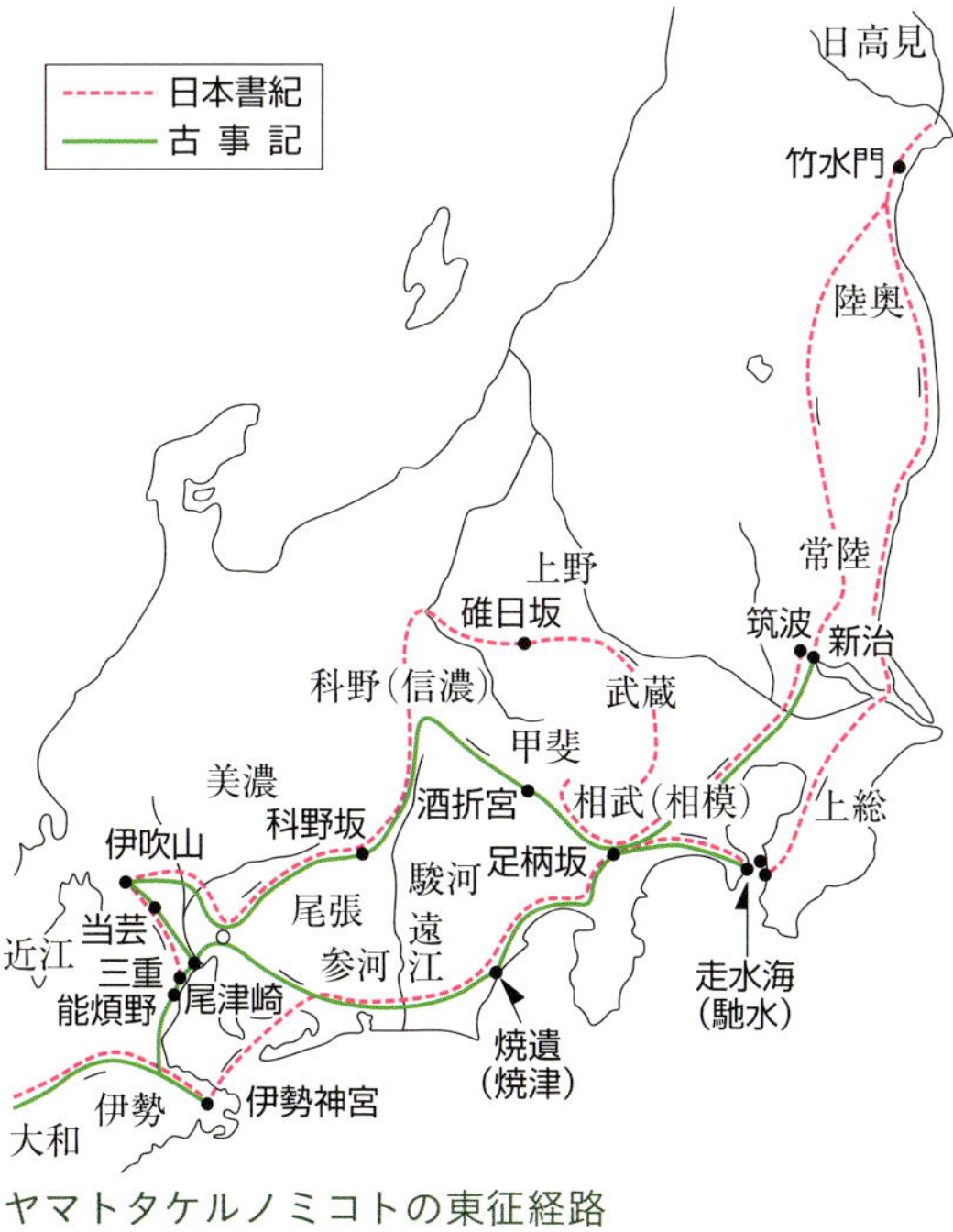

ヤマトタケルノミコトの東征経路

中に入りましょう。御子は任務を果たしてください」と言って、海に身を投じた。すると、その荒波は自然と穏やかになり、船は先に進むことができたという。ヤマトタケルは荒ぶる蝦夷をことごとく平定して、大和《やまと》へ帰る時、相模・足柄山《あしがらやま》の坂の下に至り、坂の神を平《たい》らげ、坂の上に登り立って、三度も溜め息をついて亡き后のことを想い「あづまはや（私の妻よ、ああ）」と言った。それで、その国を名付けて「阿豆麻《あづま》」という。

『日本書紀』では、ヤマトタケルは甲斐の酒折宮から北の武蔵《むさし》・上野《こうずけ》をめぐり、碓日坂《うすいさか》に至り、『古事記』と同様に「あづまはや」と言い、山の東の諸国を名付けて「吾嬬国《あづまのくに》」という。『古事記』『日本書紀』によると、足柄坂（駿河《するが》と相模の国境）と碓日坂（信濃と上野の国境）において、その坂以東を「アヅマ（東）」と宣言している。

天（アメ）と東（ヒナ）のあいだの東（アヅマ）

ところで、『万葉集』の歌には「天離る夷《あまざかるひな》」という表現がある。

丹比真人笠麻呂《たじひのまひとかさまろ》、筑紫国《つくしのくに》に下りし時に作る歌一首（抜粋）

葛城山《かつらぎやま》に　たなびける　白雲隠《しらくもかく》る　天《あま》ざかる　夷《ひな》の国辺《くにへ》に直向《ただむ》かふ　淡路《あはじ》を過ぎ

〔巻第四―五〇九番〕

訳「ヤマトの葛城山に　かかっている　白雲に隠れて　何も見えない（天さがる〈ヒナを天が低く下がっている地の果てととらえての意味か〉）筑紫の方に真っすぐに向いている　淡路島を通過し」

立山の賦一首

天離《あまざか》る　鄙《ひな》に名かかす　越《こし》の中《なか》　国内《くぬち》ことごと　山はしも　しじにあれども　川はしも　さはに行けども　皇神《すめかみ》の　うしはきいます　新川《にひかは》の　その立山《たてやま》に

〔巻第十七―四〇〇〇番〕

訳「（天離る）鄙で名高い　越中の　国の各地に　山は　数々あるが、川は　たくさん流れているが
国つ神の　鎮まりいます　新川郡の　あの立山に」

越中さらには西国の筑紫などが天離る夷（鄙）の国とされている。天《あめ》すなわち都から遠い地域は天を中心に西も東もなく「天離る夷」であることを意味している。一方で、『古事記』（下巻、雄略《ゆうりやく》天皇）の歌謡に、

上《ほ》つ枝《え》は　天《あめ》を覆《お》へり
中《なか》つ枝《え》は　東《あづま》を覆《お》へり
下《し》つ枝《え》は　鄙《ひな》を覆《お》へり

とある。この記載からは東方に限っていえば、アメ・アヅマ・ヒナの順に配置されていたことになる。「東（アヅマ）」は、天と夷（鄙）の間に設定された新たな地域である。

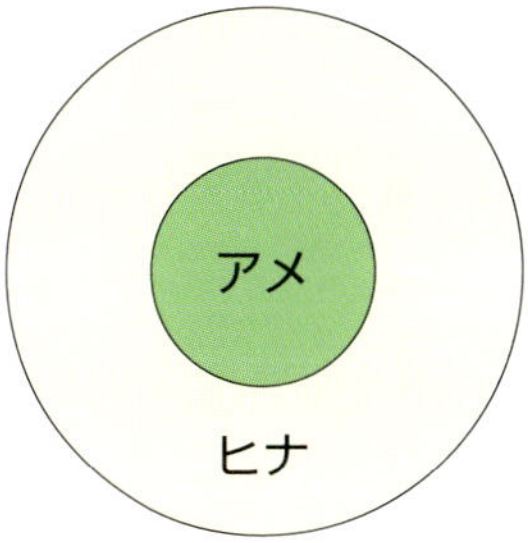

アメ―ヒナ模式図

ヤマト王権と東国の概念

五世紀に入ると、中国の王朝から「倭《わ》国王」として承認されたヤマトの王は、それを契機に、列島内の豪族に対して積極的に支配力を強めた。なかでも東国はヤマト王権を支える基盤として位置づけられて、「東国」の概念はほぼ五世紀後半に成立したと考えられる。都より東方のうち、東国の範囲は東海道《とうかいどう》・遠江《とおとうみ》以東、東山道《とうさんどう》・信《しな》濃《の》以東とされた。

古代の中国では、自らが世界の中央にあって最も開化した民族で、それと異なる文化や習慣をもつ周辺地域を「夷狄《いてき》」として卑しむという〝中華思想（華夷《かい》思想）〟が確立されていた。この影響をうけたわが国でも、天皇の支配する〝中華〟の周辺には東北の蝦夷《えみし》や九州の隼人《はやと》が住み、支配者は彼らを服属させ、教え導くという考え方が取り入れられていた。

六世紀後半から七世紀前半にかけて、古代国家はこの華夷思想に基づいて、東国のなかに蝦夷世界を設定するようになった。それにともなって蝦夷の征討事業の基盤となる地域として、「東国」のなかでも東海道の足柄坂以東、東山道の碓井坂以東、いわゆる「坂東《ばんどう》」のエリアが形成されたのである。八世紀段階

東国および坂東の範囲

に「坂東八国」とよばれたのは、相模・武蔵・上野・下野《しもつけ》・上総《かずさ》・下総《しもうさ》・安房《あわ》（七一八年建国）・常陸《ひたち》の八国である。これが江戸時代の「関八州《かんはっしゅう》」に継承される。それまでヤマトとアヅマ（東国）という構図だったのが、ヤマト政権がアヅマ（東国）世界に新たに「坂東と蝦夷」という対立構図を設定した。その設定作業こそが、ヤマトタケル東征伝承として描かれたものであり、足柄坂・碓井坂以東の〝アヅマ〟宣言は東国ではなく、〝坂東〟を指すものと理解すべきである。そして古代日本の華夷思想に基づく「小帝国」という考え方がその意義を失う一〇世紀以降においては、蝦夷世界を設定する必要性もなくなり、都に対する東国社会を漠然としたアヅマ世界とみなすようになった。

文化の東西分岐線

一〇世紀以降はヒナの用語も「夷」ではなく、「鄙」がもっぱら用いられるようになった。『源氏物語』（一〇〇四～一二年ごろ成立か）には、次のようにある。

　旅の宿りは、つれづれにて、庭の草も、いぶせき心地するに賤しき、東声《あずまごえ》したる者どもばかりのみ出で入り、なぐさめに見るべき、前栽《せんざい》（庭前の植込み）の花もなし

都人にとって、東国は鄙の地であり、かつての蝦夷世界と重ねて、「いぶせき」（うっとうしい）、東国なまりをしている者どもと表現している。平安後期の辞書『色葉字類抄《いろはじるいしょう》』でも、「辺鄙《へんぴ》」を「アツマウト」（東人）と読んでいる。『源氏物語』と同じころ作られた『伊勢物語』では、在原業平《ありわらのなりひら》の東国へ赴く有名な場面は「東下り」の段という。

こうした古代に設定された都と東国社会、あるいは列島における西と東は、現代でもさまざまなかたちでわれわれの生活に影響を及ぼしている。例えば、食文化が最もわかりやすい例であろう。よく指摘されるように、ウナギについても、関東では背開きで皮のほうから焼きはじめるのに対し、関西では腹開きにして身のほうから焼きはじめる。この開き方・焼き方の境界は、近年まで東海道の豊橋《とよはし》と二川《ふたがわ》のあたりにあり、愛知県の豊橋市は関西流、静岡県の浜松市舞阪《まいさか》は関東流であったとされている。

こういった文化の東西分岐線は、古代における東国・西国の境界が、東海道では遠江国と三河《みかわ》国の国境に、東山道では信濃国と美濃《みの》国の国境にあったことと一致するのである。

第一部
古代の国府

東国の国名の由来
国家の視点

国名決定の原理

甲斐《かい》国をはじめ、旧国名の由来については、現代社会でも関心の深いことである。列島全体をみてみると、国名決定の原理には西と東で大きな違いがあることがわかる。

西国の場合は「出雲《いずも》国出雲郡」「薩摩《さつま》国薩摩郡」のように、国名と同じ郡名をもつ例が多い。これに対して東国の場合には、駿河《するが》国駿河郡の一例があるのみである。

西国は東国に比べて古代の早い段階からそれぞれの地域が自立し、出雲、吉備などのようにヤマトと拮《きっ》抗《こう》する勢力さえ存在した。その後、ヤマト王権による統一国家の確立にともない、出雲、筑紫《つくし》(筑前《ちくぜん》・筑《ちく》後《ご》)などの有力な地域勢力の名称がそのまま郡名、そして国名として採用されたと考えられる。このため、西国では国名と郡名が同じという例が多いのである。

国家政策による東国の国名

一方、甲斐国を含む東国の国名はいかがであろうか。

近江《おうみ》は都に近い琵琶湖《びわこ》を「近《ちか》つ淡海《あわうみ》」と称したことに由来する国名である。これに対し、遠江《とおとうみ》は都から遠い浜名湖《はまなこ》を「遠《とお》つ淡海《あわうみ》」と称したことに由来する。

また、東北地方は「道奥《みちのく》」のちに「陸奥《むつ》」とされ、その「道の奥」に「直《ひた》」に接する「道《ち》」の国が常陸《ひたち》である。

実際にそこに住む人にとっては「近い」、「遠い」、「道の奥」などという意識などありえない。あくまでもヤマト王権の立場からみてこその遠近感であろう。

信濃《しなの》は「科野」とも表記する。「野」は山すその緩やかな傾斜地を指す。「しな」の由来は「級坂《しなさか》（段丘）」または「科《しな》の木《き》」の二説が有力である。

駿河は「流れが速くてするどい川」を意味し、富士川に由来する国名であろう。

飛鳥京苑池遺構出土「遠水海国長田評五十戸」木簡（長さ一八×幅二・二×厚さ〇・四センチ、奈良県立橿原考古学研究所蔵）遠江国の旧称「遠水海国」の記載がある。

山側（東山道《とうさんどう》）の美濃《みの》（三野）に対しては海側（東海道《とうかいどう》）の三河が、信濃（科野）には駿河が対になっている。このように「野」と「河」という対になっている国名は、古代国家が一斉に命名したことを表している。

「甲斐（カヒ）」の語源については、近世以来、山と山の狭間《はざま》を意味する「峡（カヒ＝賀比・可比）」であるというのが通説であった。しかし、古代の万葉仮名にみられる十三の音（ヒ・エ・キ・ケなど）に漢字をあてるとき、一つの仮名には二種類（甲・乙）の音があるとされる。それによると、甲斐の「斐」がヒの乙類であるのに対し、峡の「比」はヒの甲類で発音が合わないことが明らかとなり、「峡」説は学問的に成立しがたいことになった。

国語学者西宮一民氏は新しい解釈として、「甲斐＝交ひ」説を提示した。西宮氏は『古事記』にイザナキノミコトが黄泉国《よみ》から逃げ帰り、持ち物を投げ捨てた時に生まれたとする奥津甲斐辨羅《おくつかひべら》神に着目、甲斐は「交ひ」、辨羅《へら》は「縁《へ》り」（境界）の意味で、他界（海）と現《うつ》し国（陸）の交差する境界の神であると解釈し、「カヒ」の国号は、山隠《こも》る地勢を死者への国と認識したことによる命名であるとした。

しかしこの説明では、先に記した東国の国号の原理に、甲斐国のみがまったく合わないことになる。

そこで注目したいのは、『古事記』『日本書紀』にみえる有名なヤマトタケルの東征伝承である。両書に共通するのは、ヤマトタケルが東海道からわざわざ甲斐国の酒折宮に立ち寄って東山道へ向かい、最終地の尾張国（現愛知県）に戻るという伝承である。

東海・東山両道の結節点が、酒折宮（正しくは坂折宮）に象徴される甲斐国であった。この東国支配における重要な結節点の役割こそが、「交ひ」すなわち甲斐国の原義であろう。行政上の役割から生まれた

「交ひ」＝交流の国と解釈すべきである。

　このように、東国はヤマト王権に新しく服属した地域であり、そのために東国の国名は西国とは異なり、古代国家側からの視点で、一方的かつ政策的に命名されたのではないだろうか。

郡・郷名と渡来人移住政策

　次に国の下位の行政区画である郡《ぐん》・郷《ごう》についてみると、一般的には郡の中心となる郷は、その郡名を冠している。甲斐国の場合、四郡のうち、山梨郡—山梨郷、八代《やつしろ》郡—八代郷、都留《つる》郡—都留郷となっているが、巨麻《こま》郡には巨麻郷はない。これは古代国家が甲斐国北部に、渡来人《とらいじん》たちを遷置したことから高麗《こま》＝巨麻という郡名にしたことによるのであろう。

　先にみたような古代国家側による東国の国名表記と同様に、巨麻郡は渡来人を中心とするきわめて政治的な建郡で、甲斐国北部の地域名とは無関係に命名されたゆえに、中核となる「巨麻郷」という郷名は存在しないのであろう。

　霊亀二年（七一六）には、その甲斐国をはじ

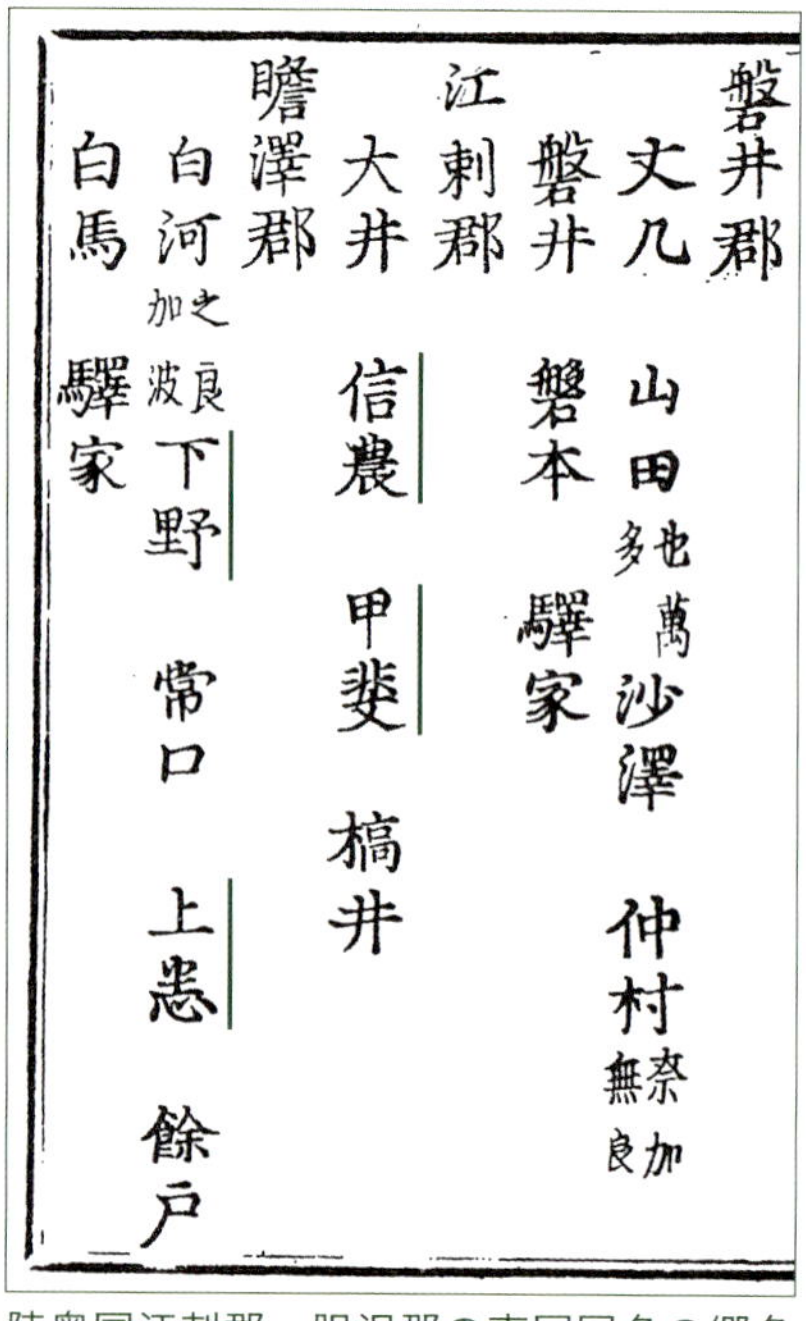
磐井郡
文几　山田　沙澤　仲村
磐井　磐本　驛家
江刺郡
大井　信濃　甲斐　槁井
膽澤郡
白河　下野　常口　上總　餘戸
白馬　驛家

陸奥国江刺郡・胆沢郡の東国国名の郷名
（『和名類聚抄』元和古活字本）

め、駿河・相模《さがみ》・上総《かずさ》・下総《しもうさ》・常陸・下野《しもつけ》七国の高麗人一七九九人を武蔵国に移し、高麗《こま》郡が新たに設置された。

また、延暦二十一年（八〇二）年、東北地方の蝦夷《えみし》を制圧するために征夷大将軍《せいいたいしょうぐん》坂上田村麻呂《さかのうえのたむらまろ》は、その軍事的拠点として胆沢《いさわ》城（現岩手県奥州市）を造営し、胆沢城の周辺に、甲斐国をはじめ、駿河・相模・武蔵・上総・常陸・信濃・上野《こうずけ》・下野などの国から四〇〇〇人を強制的に移住させている。一〇世紀前半の地名辞書『和名類聚抄《わみょうるいじゅしょう》』によれば、この地（江刺《えさし》郡・胆沢郡）に甲斐郷、信濃郷、下野郷、上総郷などがあったことが記載されている。しかし現在、岩手県南部には甲斐などの東国の国名が地名としてまったく残っていない。

こうした例からも明らかなように、古代国家が強制的に実施した移住政策は、国家の崩壊とともに移住先の地名もいち早く消えるのが一般的であった。

古代都市としての国府

整備された町並み

古代都市・平城京

現代の日本の都市は、政治・経済・文化・交通などの中心であり、おおよそ人口三万以上で、住民はおもに工業・商業に従事していることとされている。古代の都市の条件も、人口はともかくほぼ同様であろう。古代の日本において、その都市の典型は平城京《へいじょうきょう》・平安京《へいあんきょう》などの都城である。

平城京は、今から一三〇〇年前の和銅三年（七一〇）につくられ、延暦三年（七八四）まで続いた都である。平城京は、南北約四・八キロ、東西約四・三キロの長方形の街、さらにその東側・北側に張り出しをもっている。その京の中央北端に平城京の中枢にあたる平城宮がある。平城宮の規模は、約一キロ四方で、東側に張り出しのある形をしている。地形的には街全体の最も高所にあたる。

平城京のメーンストリートは、平城宮の南正門の朱雀門《すざくもん》から南へ延び、平城京の南正門の羅城門《らじょうもん》に至る朱雀大路《おおじ》である。長さは約三・八キロ、路面幅はおよそ七四メートルもある。朱雀大路の東側が左京《さきょう》、西側が右京《うきょう》である。街は、朱雀大路を中心にして東西南北に碁盤《ごばん》の目のように道路が通る整然とした都市計画に基づいている。

平城宮には天皇の住まいである内裏《だいり》、儀式を行うときに天皇が出御する大極殿《だいごくでん》、大臣や百官《ひゃっかん》が居並ぶ朝堂《ちょうどう》、さらに日常の行政事務を行う二官八省の役所があった。

平城京は、基本的には平城宮に勤める貴族や役人の居住するところである。位《くらい》に応じた大きさの宅地が、平城京内に与えられ、貴族である五位以上は、一町《ちょう》の宅地（およそ一万六〇〇〇平方《メートル》）を支給され、以下、位に応じてこれを二分の一、四分の一、八分の一、一六分の一と分割された。三位以上の大臣クラスは二町や四町という広大な敷地が与えられた。有名な長屋《ながや》王《おう》の邸宅は、発掘調査によって平城宮の東南隅に接した左京三条二坊に四町分、およそ六万四〇〇〇平方《メートル》におよぶとてつもなく広い宅地であったことがわかった。

また、平城京のもう一つの特徴は、ここが仏都であり、京内には東大寺・興福寺・元興寺《がんごうじ》・大安寺《だいあんじ》・薬師寺・西大寺《さいだいじ》・法隆寺をはじめ、四八もの寺々があった

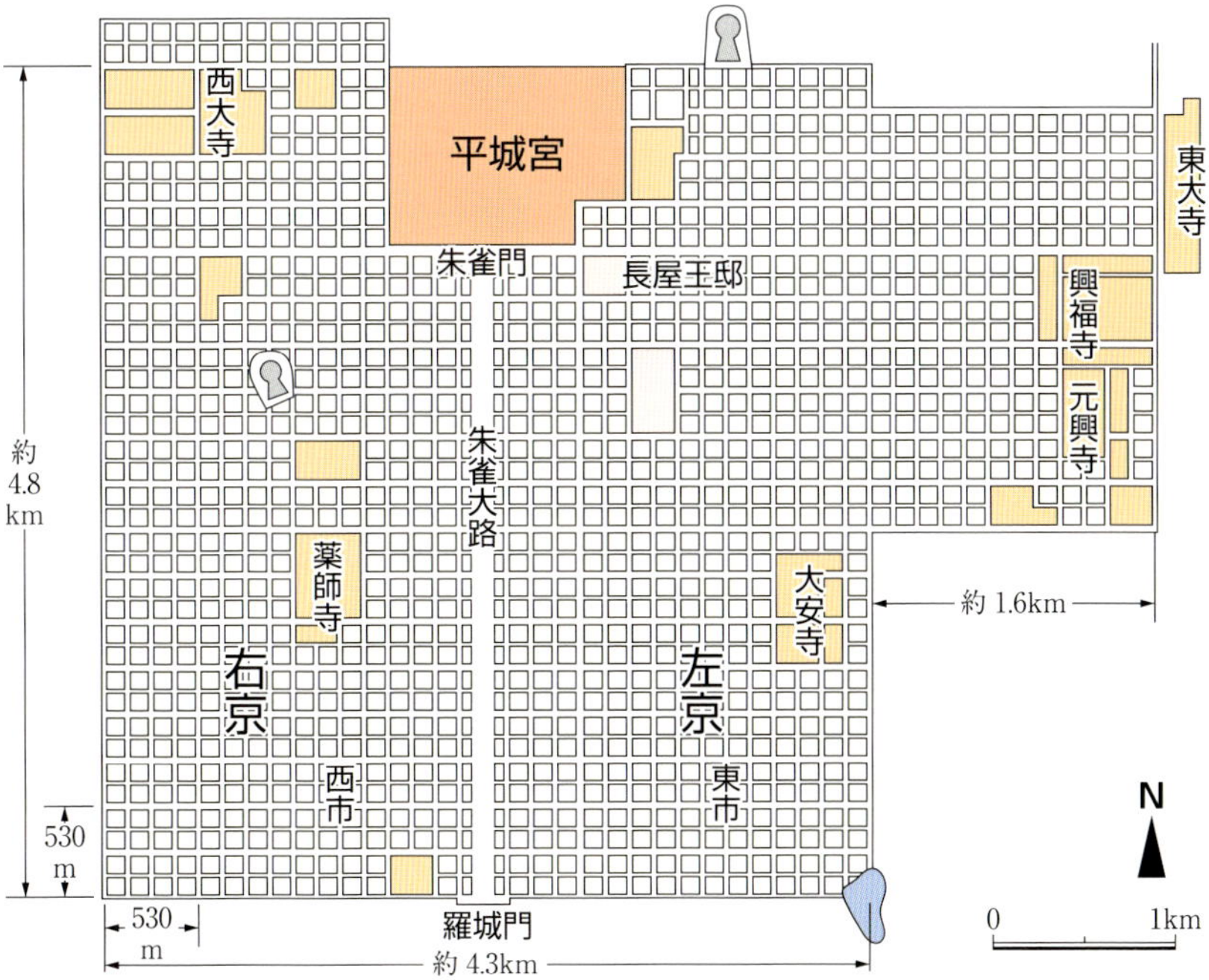

平城京の条坊

ことである。さらに都の台所に当たる市場は、東西二つの市が宮殿の南方に、ほぼ左右対称に置かれた。

平城京の基本形は、唐《とう》の強い影響のもとにつくられていて、長安城《ちょうあんじょう》によく似ている。平城京の人口は五〜一〇万人と推計される古代日本最大都市であった。ちなみに国家が掌握していた当時の日本列島の人口は五四〇〜五九〇万人と推計されている。

ところで、その都城を模した地方行政の中心〝国府《こくふ》〟は果たして古代都市とみなすことができるだろうか。その国府の中でも、最も広域に発掘調査が行われ、全容がほぼ明らかになってきた東北地方の陸奥国《むつ》府の置かれた多賀城《たがじょう》をみてみよう。

古代東北の中心地・多賀城

多賀城は、奈良時代には鎮守府《ちんじゅふ》も併せ置かれた。神亀元年（七二四）に創建され、一一世紀に終焉《しゅうえん》を迎えるまで、古代東北の政治・文化・軍事の中心地としての役割を果たした。

規模は、平城宮と同じぐらいで約九〇〇メートル四方、周囲は築地塀《ついじべい》で囲まれ、ほぼ中央には、儀式や重要な政務などを行う政庁《せいちょう》があり、第Ⅰ期から第Ⅳ期まで四時期の変遷があることがわかっている。さらに城内には、実務を行う役所や工房、兵士の宿舎などが置かれていた。

その多賀城の前面は、平城京と同じような町並みになっている。多賀城政庁中軸線に一致する南北大路（幅一七メートル。のちに二三メートルに拡幅）や南辺築地に平行する東西大路（幅一二メートル）をはじめ、東西・南北の小路《こうじ》が多数発見されている。南北大路は、南門から南に向かってまっすぐ延びるメーンストリートで、いわば多賀城の〝朱雀大路〟である。

発掘調査によれば、このような大路・小路は八世紀後半に整備され、つづく九世紀初頭に行われた改修で、この路を基準とした町並みが成立している。九世紀前半ごろには、城内の実務を行う役所が急増しており、町並みの造成が多賀城の整備の一環として行なわれ、方格《ほうかく》（方形の区画）の土地区画が充実していったのであろう。

この整備された町には庶民をはじめ多賀城に勤務した一二〇〇人以上の役人や兵士が暮らしていた。都から赴任してきた国司などの高級官僚は東西大路に面した一等地に大きな邸宅（館《たち》）を構えた。下級役人や庶民は小路に面した区画に軒を並べて住んでいた。

特に、東西大路に面した山王《さんのう》遺跡千刈田《せんがりた》地区で発見された一〇世紀前半の国守《くにのかみ》の邸宅（国守館）は、敷地は一町あり、その中央には四面に庇《ひさし》がついた一二〇畳敷以上の豪壮な主殿があった。この時期（一〇世紀）になると、本来政庁で行う政務の一部を行っており、日常の住まいを兼ねた官舎であった。

宅地の裏や住居に適さない場所では畑を作り、水

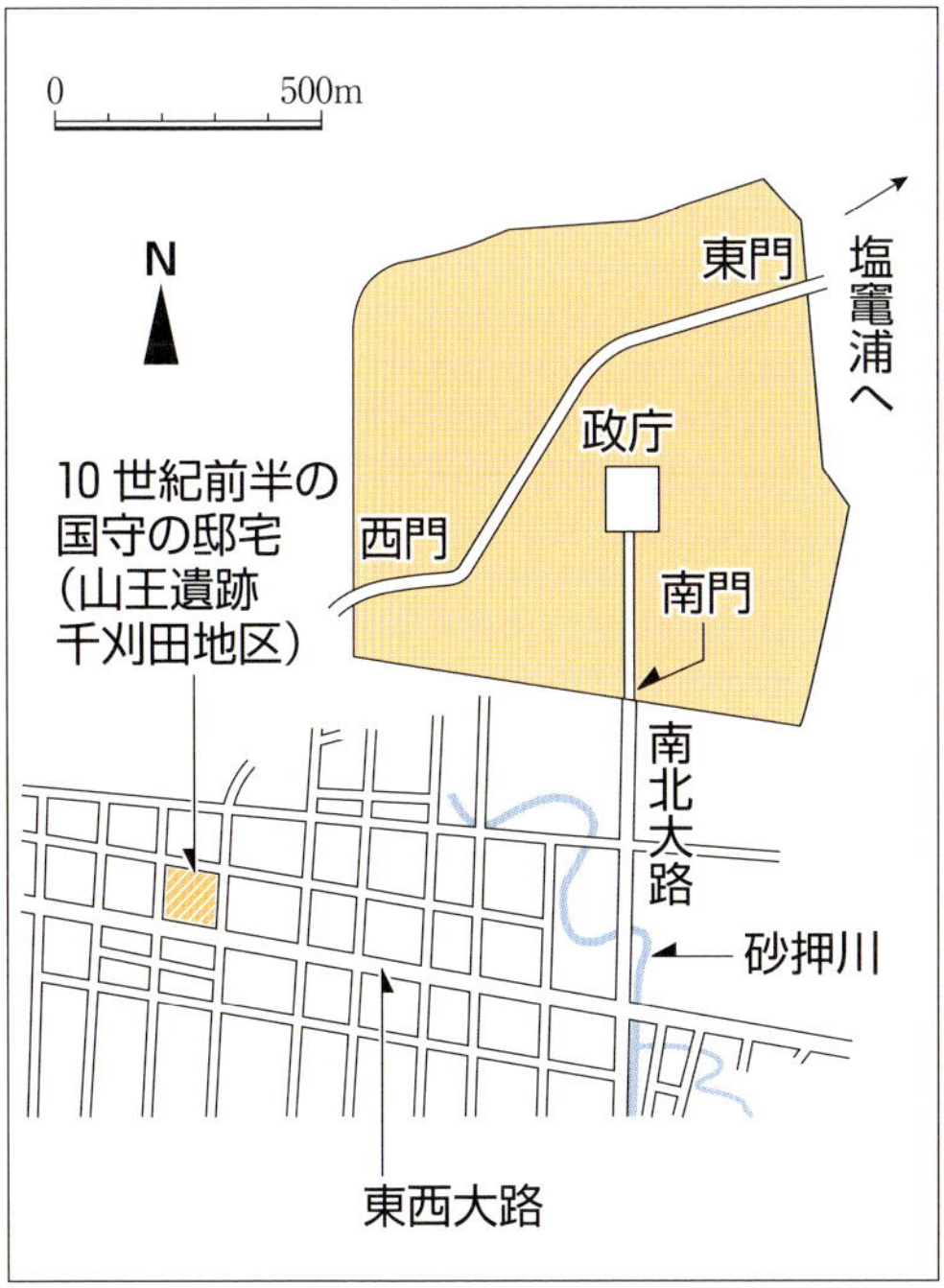

多賀城と南面の町並み

田は町並みの外側にあったであろう。川や湿地帯では網で魚を捕っていた。

都市においては、各種の生産機構を集中して設定・管理し、都市民の多量消費と流通に対処した。多賀城の町並みの中には、漆作業や鍛冶《かじ》に関わる遺跡、解体された牛馬骨や骨角器の未製品などの遺物が集中して出土し、それぞれの工房が置かれたことがわかる。また、多賀城周辺には、大規模な製鉄や製塩関係の生産遺跡も確認されている。

行政と物資流通を運用するために交通路と港湾施設を整備することによって、都市はその成熟度を飛躍的に増大させる。水上交通と港湾は、多賀城の東門から出ると、道は塩竈浦《しおがまうら》に通じている。そこは陸奥国一宮・塩竈神社の所在地であり、塩竈津は陸奥国の「国府津《こうづ》」（そこには今も「香津千軒《こうづせんけん》」「香津町」という地名が残っており、香津は国府津のあて字である）としての重要な港であった。

都市のにぎわいは一方で、疫病《えきびょう》（はやり病）と火災をもたらす。そこで、都市特有の祭祀《さいし》が実施されるのである。例えば、多賀城外の南西隅にあたる場所近くから、一点の木簡が出土している。

（表）「□×百恠平安符未申立符」

（裏）「□戌□□平□×奉如實急々如律令」

内容は百怪を鎮め除くための呪符《じゅふ》で、道饗祭《みちあえさい》（都などの四隅に神を祭り、悪鬼の入り来るのを防ぐ祭）の時、艮《うしとら》（丑寅、東北）角などとともに坤《ひつじさる》（未申、西南）角に立てられた符《ふだ》にあたる。このように多賀城は、古代都市の諸条件をほぼ満たしており、古代地方都市とみなすことができる。

甲斐国府の都市的な要素

甲斐国府は前期国府が笛吹《ふえふき》市（旧東山梨郡）春日居《かすがい》町国府《こう》、後期国府が笛吹市（旧東八代郡）御坂《みさか》町国衙《こくが》と考えられている。甲斐国山梨郡内にあたる春日居町の前期国府地域では、都市の条件である碁盤目状の地割りがあり、七世紀後半の寺院である寺本廃寺《てらもとはいじ》が設置されている。さらに国府の西には都市の重要な構成要素である生産・水陸交通の結節・物資流通そして祭祀の場などが集中している。この地は、ヤマトタケルノミコト東征伝承に登場する酒折宮《さかおりのみや》が所在し、甲府盆地を東西南北に走る交通路の結節点にあたる要衝であった。

また、山梨県内最大の土師器《はじき》の供給地である大坪《おおつぼ》遺跡が、甲府市街地東部の和戸《わど》町・桜井町（旧西山梨郡甲運《こううん》村）などにまたがり、扇状地上に立地し、ＪＲ中央線と現国道一四〇号（旧国道二〇号、旧甲州道中）の間に位置する。その範囲は、東西約二キロ、南北約一キロにわたっている。ここには役所や寺院などの施設も置かれ、周辺には桜井畑《さくらいばた》遺跡などの集落遺跡や、七世紀段階から寺本廃寺へ瓦を供給した川田《かわだ》瓦窯跡や、国分寺造営期に新設された上土器《かみじき》瓦窯跡などがある。これらの土器・瓦などは、大坪遺跡の東方約一キロの所を流下していた旧笛吹川とみなされる河道や運河を利用して国府・国分寺をはじめ、各地に運ばれたのであろう。

現状においては、まだ甲斐国府は広範囲な発掘調査にまで及んでおらず、国府の中心施設などその全貌を明らかにはできないが、都市的要素がしだいに浮かび上がってきている段階といえるのではないか。

文化薫る古代国府

土器に描かれた絵画、文字からさぐる

甲斐国府の文化性――甲斐型土器の絵画から

古代の国府《こくふ》は都市であった。各国では行政府としての国府を中心として、水陸交通の結節点に高い生産技術を集中させ、流通システムを整備し、人口を集中させた。特に渡来系の人びとが高度な技術とさまざまな文化をもたらした。文字文化や絵画などの優れた芸術や仏教の布教も多くは渡来系の人びとが担っていた。

一九九三年、甲府市教育委員会は同市東部の川田町の外中代《そとちゅうだい》遺跡の発掘調査を行った。この遺跡は川田町を流れる平等《びょうどう》川によって形成された沖積上にある。

この遺跡から注目すべき資料が発見された。土器に数種類の鳥と魚が描かれていた。この土器は、八世紀後半から一〇世紀後半にか

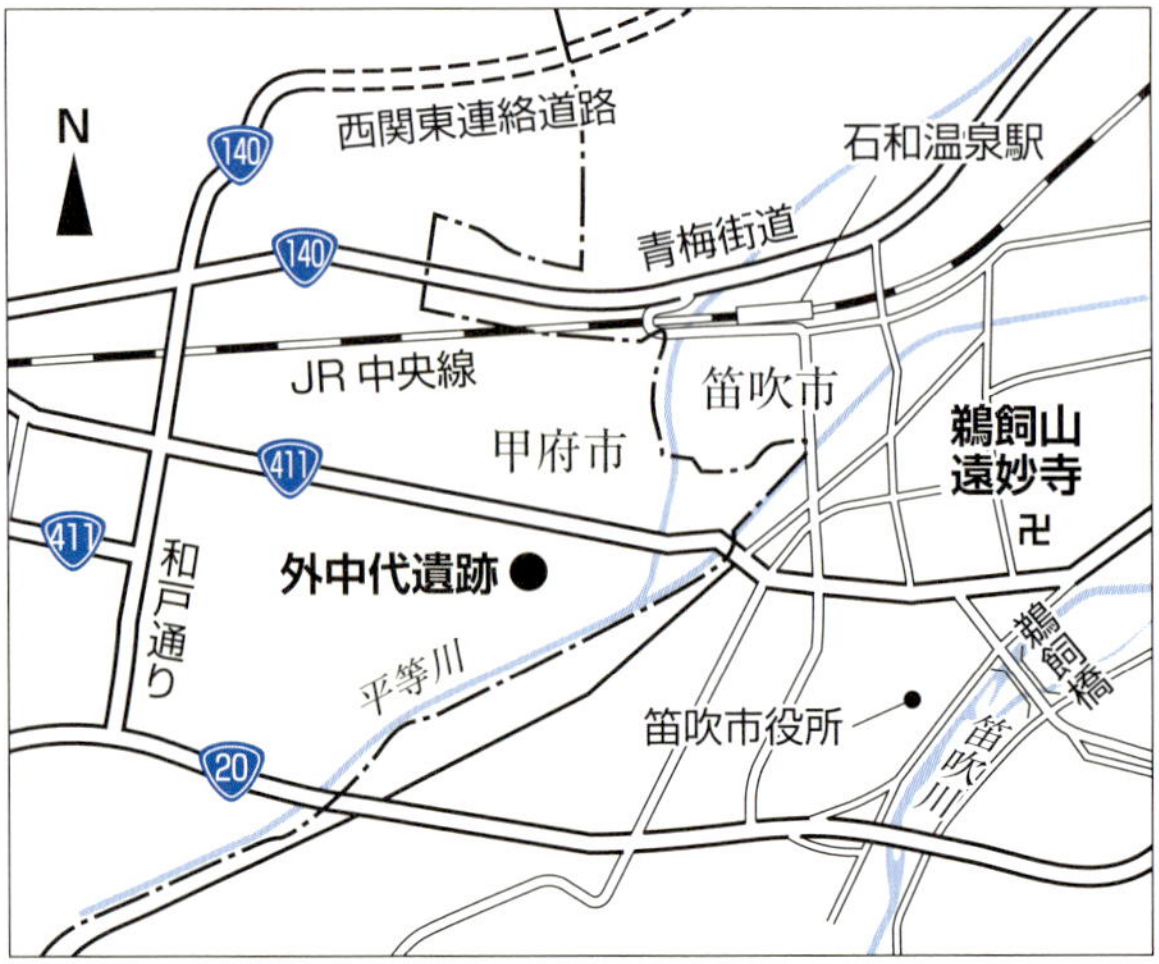

甲府市川田町外中代遺跡の位置

けて、甲府市和戸町から横根町付近で生産された。国府管理のもと甲斐国独自の技法で、赤褐色を呈して、丁寧に内外面をへラみがきし、繊細に仕上げられ、他にみられない土器であることから「甲斐型土器」と称されている。

甲斐型土器は、静岡県、神奈川県、東京都、長野県、埼玉県、群馬県、新潟県などでも確認されており、広範に流通したことを物語っている。この甲斐型土器は、九世紀中ごろの土師器《はじき》高《たか》坏《つき》で、その坏部分の内面いっぱいに、鳥や魚が描かれている。

これは土器が生乾きのうちに土器表面を竹べらのようなもの

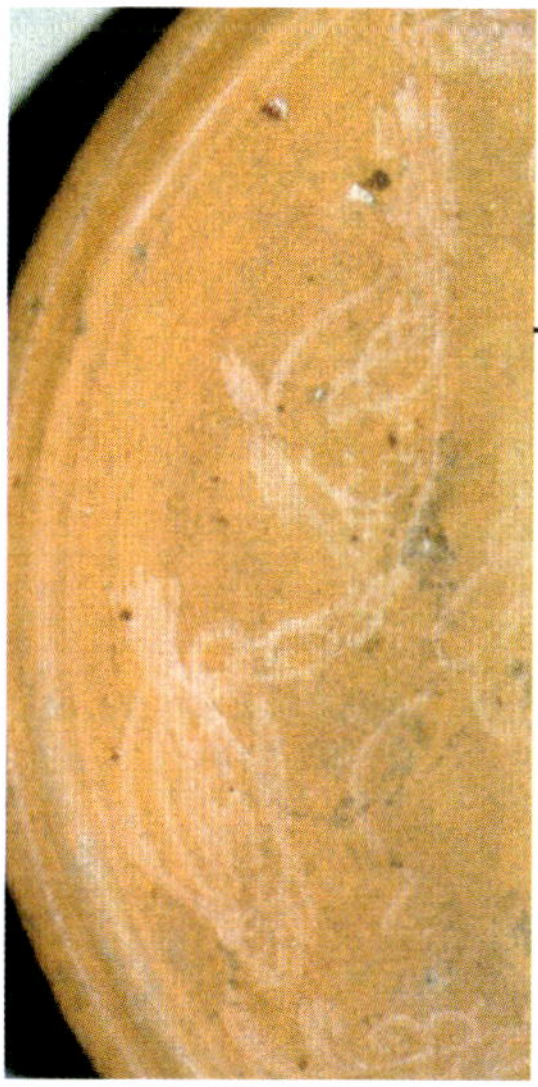

魚をくわえた鵜を描いた部分
(甲府市教育委員会蔵)

高坏を真上から見た図（彩色は著者）

①鵜（水中で魚を捕らえた姿）
②魚
③④鶏冠のある鶏か
⑤鶴または鷺
⑥孔雀（雄）
⑦孔雀（雌）か
⑧孔雀の雄が羽を広げた姿か
⑨不明

参考資料　高坏

の先端部分で強くおしつけて絵を描いたもので、この手法を暗文《あんもん》とよぶ。この手法で描いた絵は写真では十分に読みとれないほど彫りが浅い。坏の直径は一六・二チセン。

図①　鵜《う》—水中で魚を捕らえた姿を描いている。この絵のみ、天地を逆に、頭が右向きで胴部にたたんだ脚を描く。

図②　魚

図③④鶏—鶏冠（にわとりのとさか）が描かれている。

図⑤　鶴または鷺《さぎ》—首と脚を長く、頭を小さく描く。

図⑥⑦⑧について筆者は孔雀《くじやく》という解釈を提示したい。⑥は頭・頸部《けいぶ》さらに尾部に冠羽《かんう》・羽毛（飾り羽）を描く。⑦は頭部に冠羽を描くが、豊かな羽毛はない。⑧は尾羽を広げた状態を描いたか。

図⑥と⑧は線で結ばれ、⑥は雄で横からみた羽を閉じた状態と、中央に羽を広げた（雌に求愛する時に美しい羽を大きく広げる）ところを象徴的にデザイン化している。⑦は雌か。

奈良時代前半、左大臣にまで上りつめた長屋王《ながやおう》（高市皇子《たけちのみこ》の子）の邸（甲子園球場の約一・五倍の広さ）跡の一部が発掘調査され、出土した木簡《もつかん》は三万五〇〇〇点にも上ったが、その一点に、邸宅内で飼育していた鶴の餌のことが記されている。

（表）鶴二隻米四升　受□万呂

（裏）十月卅日

（解説）鶴二羽の餌、米約二・四キロ、受取人は「□万呂」と記す。

また、歴史書『日本書紀』推古天皇六年（五九八）八月一日条には「新羅《しらぎ》、孔雀一隻《くざくひとつ》を貢《たてまつ》れり」（隻は船、鳥、魚などを数える語）とある。これは朝鮮半島の新羅から孔雀一羽が倭国（日本）に貢進されたことを記している。孔雀はキジ目キジ科に属し、中国から東南アジア、南アジアに分布し、六世紀末に新羅から倭国にもたらされたのである。同年九月一日には、百済《くだら》からも駱駝《らくだ》一匹、驢《うさぎうま》（ロバ）一匹、羊二匹、白雉《しろきぎし》（ぎしはキジの古名）一羽がもたらされている。

描かれた「鵜飼」

この外中代遺跡の絵画土器のなかで、さらに私たちを驚かせたのは、鵜が水中で魚を捕らえた「鵜飼《うかい》」の姿が描かれていることが、発掘から二二年後の二〇一五年、鳥類研究の考古学者賀来孝代氏によって明らかにされたことである。

鵜が水中で魚をとる漁法の鵜飼は、鵜の首を麻縄などでしばり水に放ち、捕食したアユなどを吐き出させて捕獲する。鵜飼の歴史は古く、古代中国の歴史書『隋書《ずいしょ》』にみえる日本の鵜飼は、世界最古の記録といわれ、『古事記』『日本書紀』をはじめとする古代日本の書物にも、鵜飼の記事はたびたび登場する。また、出土資料からは、鵜飼が約一五〇〇年前から行われていた漁法であるとされている。

鵜形埴輪（群馬県高崎市保渡田八幡塚古墳出土、かみつけの里博物館蔵）

群馬県高崎市保渡田《ほとだ》八幡塚《はちまんづか》古墳は五世紀後半ごろに築造された前方後円墳である。多くの埴輪《はにわ》が発見されたが、その中に、魚を捕らえて首を高く上げた鵜の姿を象《かたど》った埴輪があり、鵜の首には鈴のついた首紐《ひも》が付けられ背中で結んだ跡があることから、この鵜は飼われていたもので鵜飼を表したものと考えられている。

鵜飼というと、岐阜県の長良川《ながらがわ》が有名であるが、かつては日本各地で行われていた。しかし、時代の流れとともに姿を消し、現在、日本で鵜飼を行っている地域はわずか一二ヵ所ほどしかなく、存続が危ぶまれている。笛吹《ふえふき》市石和《いさわ》町では、鵜飼の文化を石和温泉郷の風物詩として定着させようと、一九七六年に市民が中心となって復活させ、今日まで保存・継承している。

能の代表的な演目の一つである「鵜飼」は、能の大成者である世阿弥《ぜあみ》によってほぼ現在の形に整えられた。この謡曲「鵜飼」の舞台となったのが甲斐国・石和である。旅の僧（日蓮聖人《にちれんしょうにん》）が石和の里を訪ねたところ、殺生禁断《せっしょうきんだん》の場所で鵜飼をして、簀《す》巻きの刑で殺された鵜使いの亡霊と出会った。この亡霊は懺悔《ざんげ》のために鵜飼の業を披露する。僧が法華経《ほけきょう》の経文を石に書きつけて川底に沈め供養すると地獄の鬼が現れ、亡霊は救われ成仏できたという物語である。

この「鵜飼伝説」は後世、さまざまな形で広まり、ゆかりの地・石和に建つ寺院は江戸時代初めごろに「鵜飼山遠妙寺《おんみょうじ》」という寺号に改められ、霊場として多くの参詣者が訪れた。この遠妙寺には現在も、鵜飼伝説に関わる宝物《ほうもつ》や史跡が伝えられている。

成仏への願いが記された土器

外中代遺跡の絵画土器と同じ甲斐型土器は国府管理のもとに、甲府市東部の和戸《わど》町から横根《よこね》町付近で生産され、神奈川、静岡、長野など近隣各県の地に広範に流通している。

甲斐国府域の高い仏教文化を如実に物語る文字を記した甲斐型土器が長野県内で発見されている。浅間山南麓の台地上の佐久《さく》市聖原《ひじりばら》遺跡の発掘調査で金属のような赤褐色の光沢ある鉢型の土器が出土した。托鉢《たくはつ》修行僧が各戸で布施される米や銭を受けてまわる鉄鉢を模倣して土器の表面を磨いている。この仏具としての鉢に、次のような文字がヘラなどの先端で記されている。

鉄鉢型刻書土器（長野県佐久市聖原遺跡出土、佐久市教育委員会蔵）

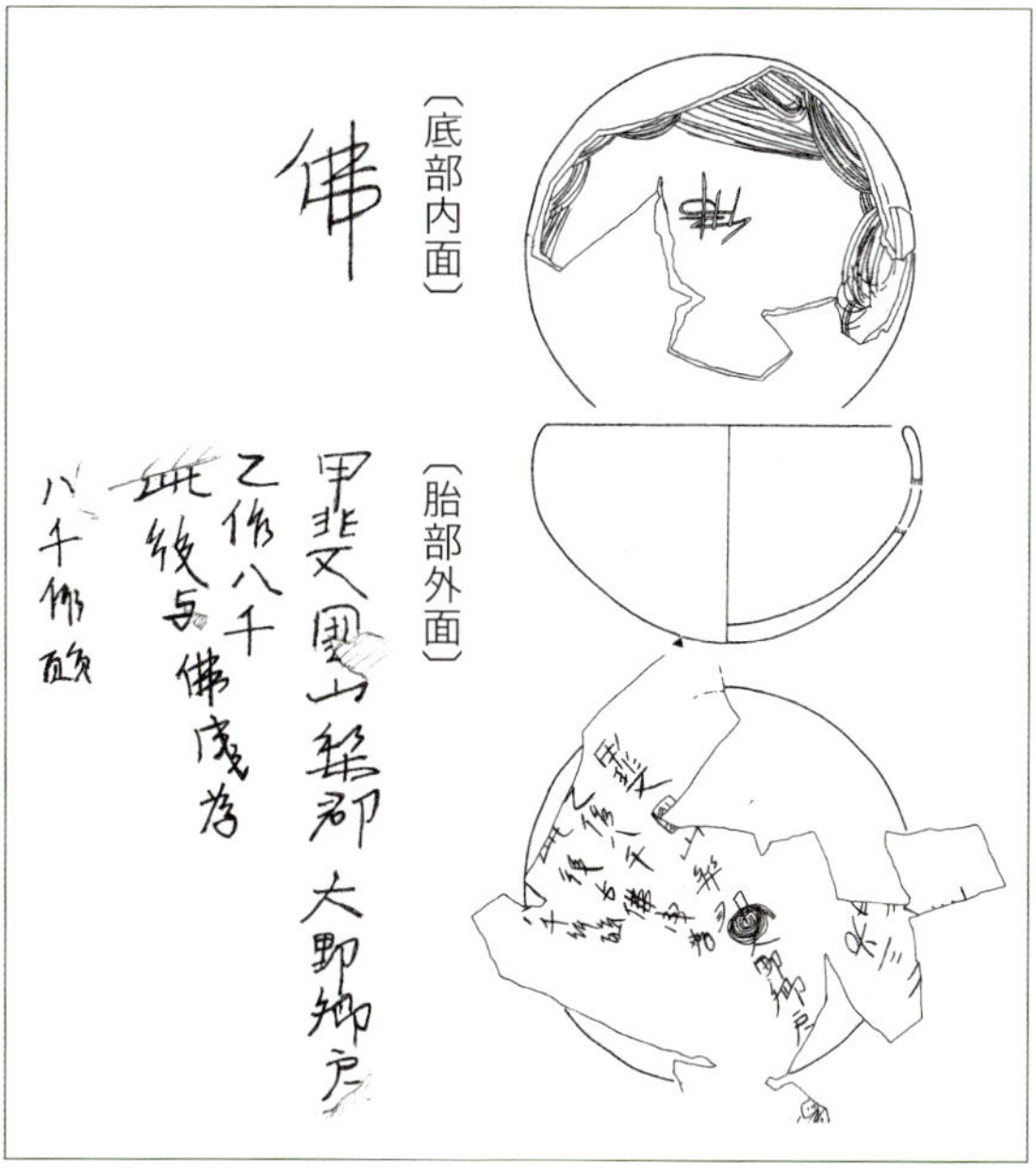

鉄鉢型刻書土器の実測図と文字

［胎部外面］
「甲斐国山梨郡大野郷戸主×
乙作八千
此後与佛成為
八千作願
」
［底部内面］
「佛」
（×は欠損を示す）

大野郷は、『和名類聚抄《わみょうるいじゅしょう》』にも「山梨郡大野郷」とみえ、現在の山梨市大野に比定される。奈良・平城宮跡出土の盥《たらい》（洗面器）状の土器に「多良比＝たらひ（い）」と記すように、「八千」は「はち」と読み、仏具の「鉢」を表記したのであろう。「甲斐国山梨郡大野郷」の「戸主○○○○乙」という人物が成仏する（死んで仏になる）ことを願って「八千」（鉢）を作ると記している。

甲斐国山梨郡の有力者が仏教に深く帰依し、国府域内の甲斐型土器の生産地で仏具の「鉢」を制作した。その仏具の「鉢」を持参し、浅間山南麓の信濃国佐久郡の有力者と交流していたと考えられる。孔雀、鶴、鵜飼などをきわめて巧妙な構図とデザインで仕上げた高坏《たかつき》と、成仏することを願って作ったと記す鉢。ほんの二例ながら、古代の甲斐国府とその周辺の高い文化の薫りを十分に感じることができよう。

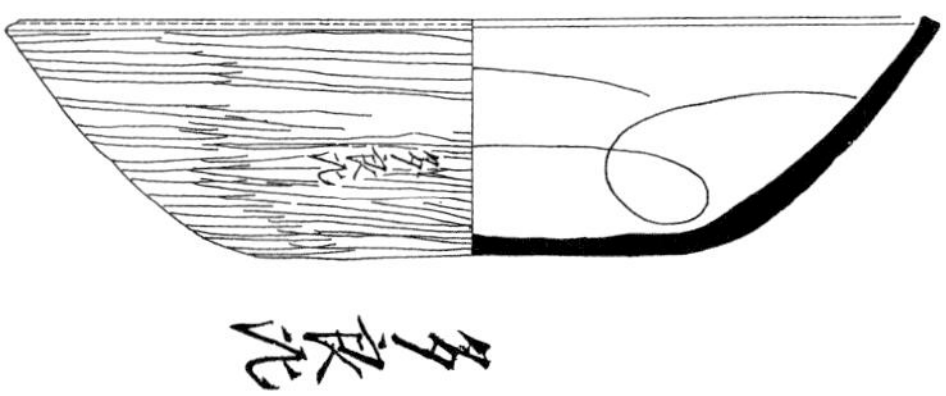

「盥」を「多良比」と表記した土器
（奈良県平城京跡出土）

国司の赴任
儀式と饗宴

出発、境迎えの儀式

国府の役人・国司の守《かみ》（長官）・介《すけ》（次官）には、都の貴族が任命された。その国司が任命された国に赴く旅の様子を、平安時代の『時範記《じはんき》』という日記によって知ることができる。それは平《たいらの》時範《ときのり》の承徳《しょうとく》三年（一〇九九）の日記である。

時範は因幡《いなば》国（鳥取県）の守に任命され、承徳三年二月九日に京都を出発した。古代の貴族たちの生活は、陰陽家《おんみょうか》の作った暦に記された日々の吉凶・方位に基づいて行動した。この時も、時範の自宅は方位が悪いので、友人の家から出立《しゅったつ》した。十日には摂津《せっつ》国武庫《むこ》郡（兵庫県南東部）の御牧司《みまきのつかさ》の宅（朝廷直轄の牧場の役人の自宅）に泊まり、摂津守から馬とごちそうを贈られた。十一日の夕方には播磨《はりま》国明石駅家（兵庫県明石市）に着き、駅家の客館で播磨国司の饗宴を受けている。その後美作《みまさか》国（岡山県の北東部・美作市）を経由し、十五日にようやく美作国と因幡国の国境の志戸坂《しとさか》峠にさしかかった。そこで、恒例の境迎《さかむか》えの儀式が行われた。すなわち、新任の国司が任国（この場合は因幡国）の国境に到着した時に、国府の役人が出迎えて饗応する重要な儀式である。新任の時範は正式な衣服（束帯《そくたい》）に整え、峠の頂上に立つと、出迎える因幡国府の役人は峠の下に直立する。そして峠の上に特別に設けられた仮屋の中で饗宴が行われた。まず餅《もち》を食し、次に粥《かゆ》をすする。

下野《しもつけ》国府跡（栃木県栃木市）から、「粥」と一文字のみ墨書した土器が出土している。国府のおめでたい儀式の時にこの土器で粥をすすったのであろう。

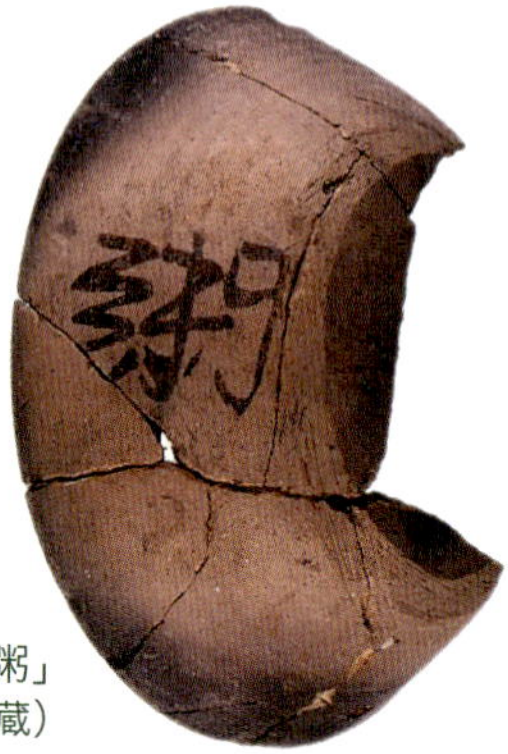

下野国府跡出土の墨書土器「粥」
（栃木県教育委員会蔵）

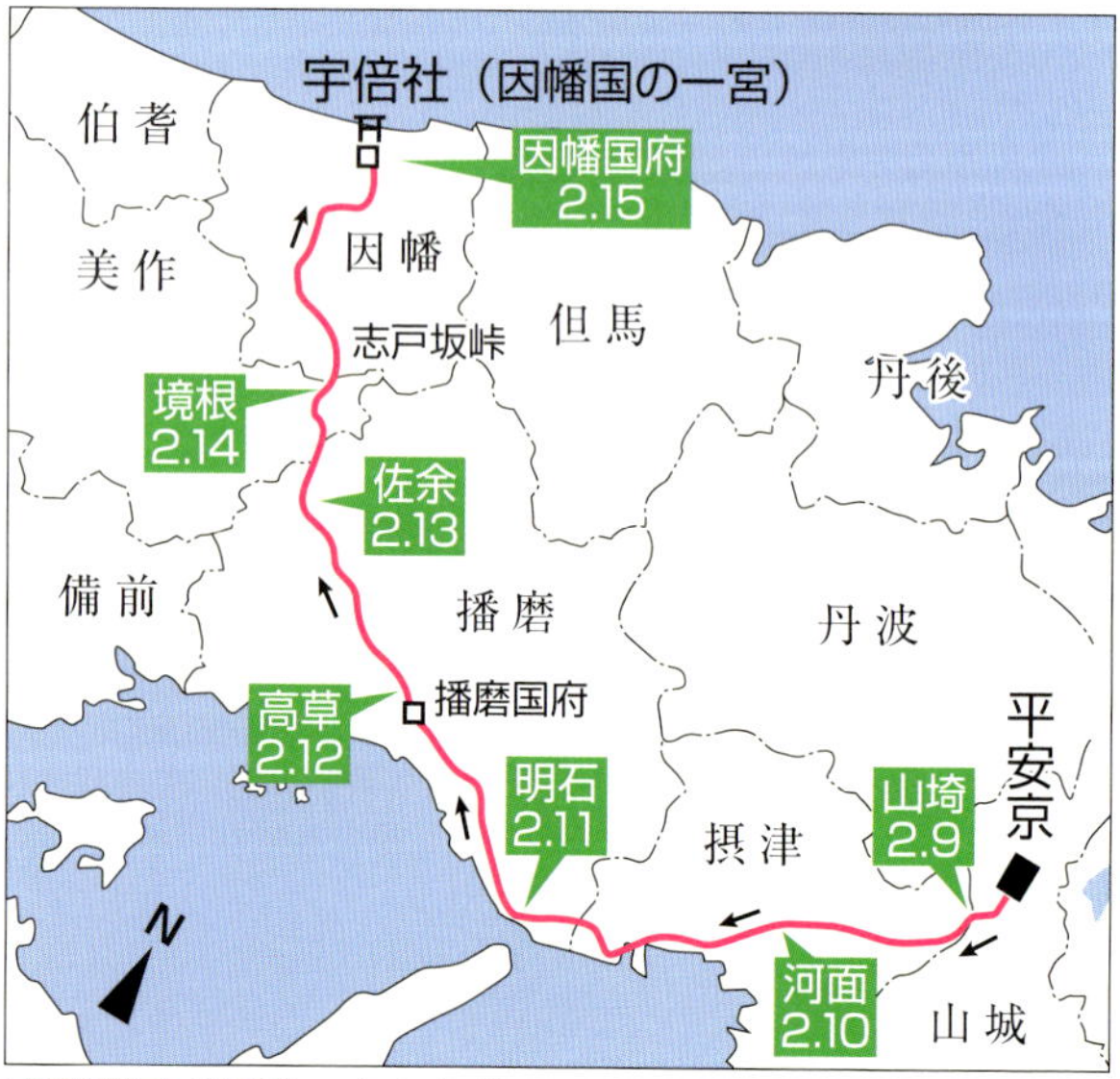

因幡国司が任国に向かう道

惣社への参拝

饗宴が終わると略服（衣冠《いかん》）に着替えて、いよいよ最終目的地の因幡国府（鳥取県東部の鳥取市）に向かった。十五日の夜に国府に隣接した惣社《そうじゃ》（総社）の西仮屋に到着した。国司はその国内の格式の高い神社（一宮・二宮……）を順次参拝することが重要な任務であったが、参拝の便宜のため、国内の神社の祭神を一ヵ所にまとめて国府近くに勧請したものが総社であり、また一の宮が総社を兼ねることもある。

総社といえば、岡山県総社市、群馬県前橋市総社町（旧町名）などは、古代の総社の所在地に由来する。甲斐国の場合は、総社の地名は遺《のこ》されていない。甲斐奈神社は現在、一宮町東原、春日居町国府、甲府市中央三丁目の三ヵ所に所在するが、甲斐国府に近接する春日居町の甲斐奈神社は守ノ宮《しゅのみや》神社ともいわれている。

木下良氏は相模国府・大隅国府などに所在する守公《しゅこう》神社が総社と諸社を結びつける役割をはたすと推測され、甲斐国の守ノ宮神社もまた総社的な性格を有していたのではないかと注目されている。

甲斐奈神社（山梨県笛吹市春日居町国府）

着任の儀式

『時範記』によると、因幡国の惣社の西に特設の建物を立て、そこで新任国司の着任のための重要ないくつかの儀式が執り行われた。まず、中央の太政官から因幡国守に任命された正式な辞令を国府の役人たちに示した。次に国守の権威の象徴となる印と鎰《かぎ》を受けとる儀式を行う。

印は六センチ四方と定められた国印（「因幡国印」）であり、国府作成あるいは承認した公文書すべてに押印される。鎰は税として徴収した米などを納めた倉、いわゆる正倉《しょうそう》のものである。正倉は各郡に設置され、郡司が管理しているが、この倉は国家のものであり、定期的に国司が郡司を立ち合わせて鎰で倉の扉を開き、収納物を点検するのである。

これらの儀式を終え、はじめて国府の重要な政務を行う政庁の西門から入り、正殿の前の南庭で下馬し、正殿のすだれ（御簾《みす》）の中に入る。そして宴会を通常は三日間行うが、この時は一日だけであった。

ついで、介（次官）を呼んで、神社への参拝の手続きを指示し、さらに時範赴任までの代理を務めた役人（日代《もくだい》）に、勧農《かんのう》すなわち農業をすすめ励ますことを命じた。新任国司は着任とともにこの勧農、さらに神社および官舎の修理の三つの命令をすることが慣例であった。

明らかになった国司の旅

この『時範記』によって、古代の国司の任国への下向《げこう》の様子が明らかになった。貴族の東国への下向は、「東下り《あずまくだ》」といわれ、『伊勢物語《いせものがたり》』で有名な在原業平《ありわらのなりひら》の〝東下り〟は絵画の題材ともな

下野国府跡の政庁復元模型（南西から、栃木県教育委員会蔵）

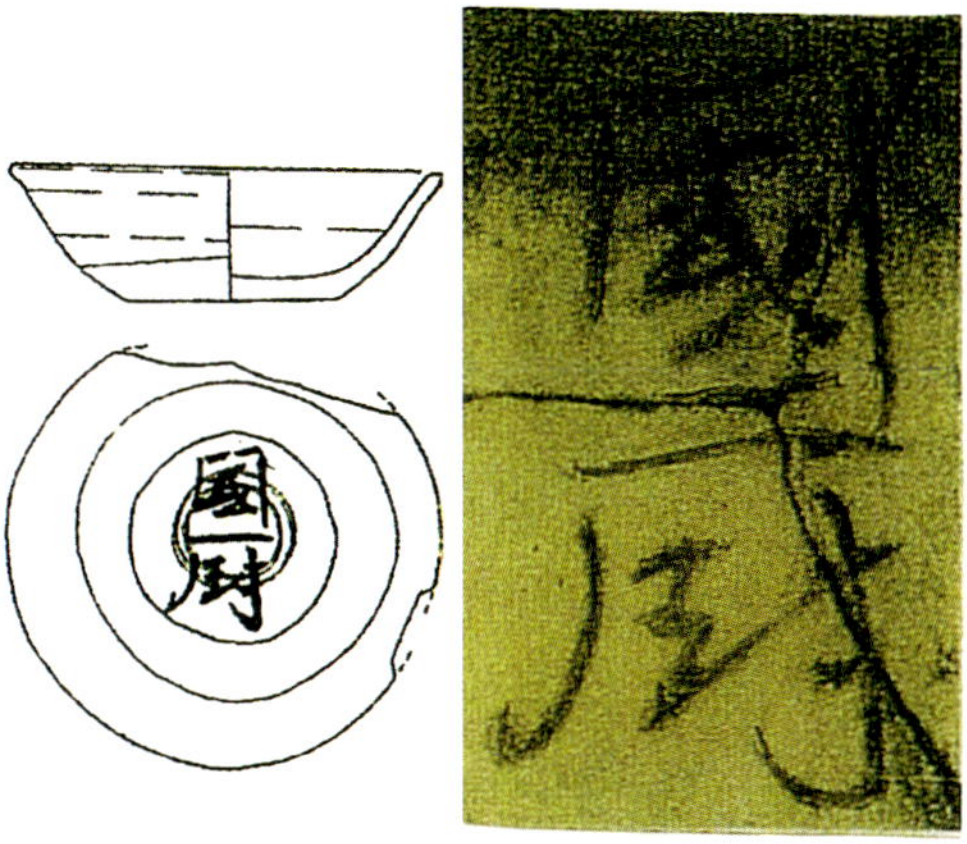

千葉市中鹿子遺跡出土の墨書土器「国厨」と実測図（千葉市埋蔵文化財調査センター蔵）。東京湾と九十九里沿岸を見下ろす峠（標高95㍍）で、小規模な掘立柱建物群とともに発見された。

った。二〇一三年、富士山世界文化遺産登録の際も、富士山と業平一行の場面を、俵屋宗達《たわらやそうたつ》や尾形光琳《おがたこうりん》などが描き、『伊勢物語』で、業平が冠雪した富士を見て「時を知らない山」と和歌を詠んだことなどで大いに注目された。

甲斐国守の赴任に際しても、境迎えの儀式が、おそらく東海道・駿河《するが》国の横走駅《よこばしり》（静岡県御殿場市付近）から支路に入り、駿河国と甲斐国の国境の峠において行われたのではないかとされている。それを実証するためには、発掘調査によって二つの証拠を検出しなければならない。一つは、峠の頂上付近に境迎えの儀式用に特別に設けられた仮屋、おそらく小規模な掘立柱《ほったてばしら》建物の跡である。長期間にわたれば、数十棟に及ぶかもしれない。もう一つは国守などをもてなす饗宴の際に国府の厨房で調理したごちそうが盛られた器物で、〃国府の厨房〃を表す「国厨」と記された墨書土器である。国境の峠からの発見を期待したい。

下総国府の実像
渡来人と馬

明らかになった都市計画

古代の各国の行政府としての国府《こくふ》は、その多くがそれぞれの国の都に近い位置で、水陸交通の結節点に設置された。

国府は、人口が集中し、最先端技術による多様な生産と消費・交易システム、さらに宗教施設・祭祀《さいし》の場が設けられた都市空間を形成しており、私たちの想定以上に多彩な広がりをみせていたことが発掘調査により解明されてきた。

房総半島の入り口にあたる下総《しもうさ》国の国

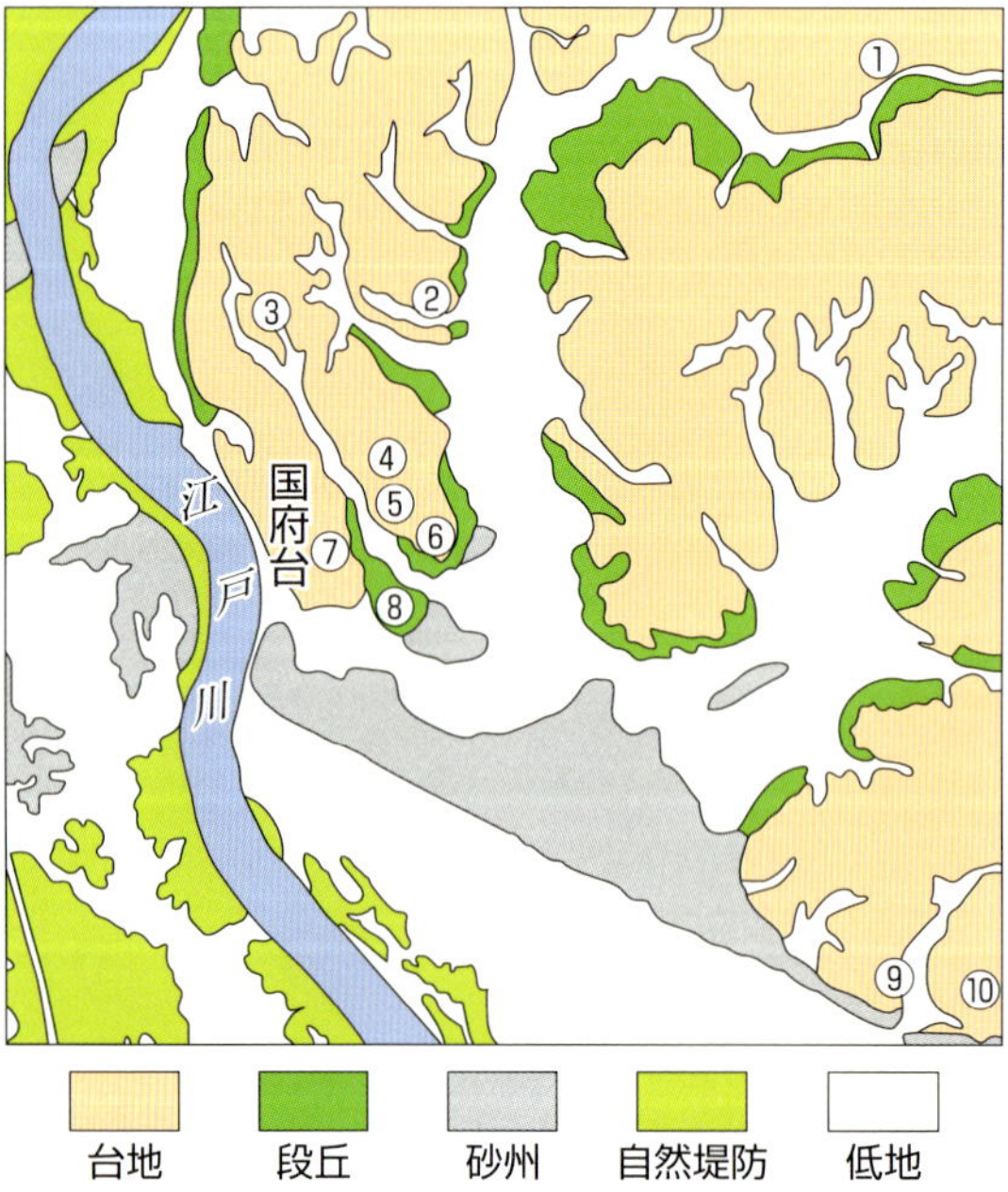

①坂花遺跡(松戸)
②権現原遺跡(市川)
③新山遺跡(市川)
④国分遺跡(市川)
⑤下総国分尼寺跡(市川)
⑥下総国分僧寺跡(市川)
⑦国府台遺跡(市川)
⑧須和田遺跡(市川)
⑨本郷台遺跡(船橋)
⑩印内台遺跡(船橋)

下総国府周辺の遺跡と位置

府は都に最も近い葛飾《かつしか》郡に設置された。国府跡は江戸川東岸の台地上の千葉県市川市の大字「国府台《こうのだい》」に所在する。また、小さな谷を挟んだ東の台地には国分僧寺跡と国分尼寺《にじ》跡がある。

国府台の西側を南流して東京湾にそそぐ江戸川は、近世初頭に利根《とね》川が太平洋に向けて流路変更されるまでは、渡良瀬《わたらせ》川の本流で「太日《ふとい》川」とよばれた。

この国府台の南に『万葉集』の代表的歌人・山部赤人《やまべのあかひと》の歌で知られた「真間《まま》の入江《いりえ》」がある。

葛飾の真間の入江にうちなびく玉藻《たまも》刈りけむ手児名《てこな》し思ほゆ 〔巻第三―四三三番〕

訳「葛飾の真間の入江で波に揺れる玉藻（藻の美称）を刈ったという手児名のことが思われる」（手児名〈奈〉とは、下総国勝鹿〈葛飾〉の真間に奈良時代以前に住んでいたとされる女性の名前である）

国府台の地は、古代の東海道の陸上交通のほかに、河川交通で武蔵《むさし》国・上野《こうずけ》国・下野《しもつけ》国と結ばれ、海上交通で相模《さがみ》国・上総《かずさ》国・安房《あわ》国と結ばれるという、坂東《ばんどう》（関東地方）の交通の要衝であった。

下総国府の中心部をなす国府台遺跡（市営総合運動場地点）からは八世紀前半から一〇世紀の竪穴《たてあな》住居七七軒と掘立柱《ほったてばしら》建物八棟が重なり合って発見された。遺物としては国府台遺跡

古代の役所（下総国府跡付近）の墨書土器「博士舘」（須恵器高坏脚部内面、千葉県市川市真間地区、1939年出土、福島県須賀川市立博物館蔵）

から「井上」（井上駅）「郡」、その周辺からは「博士館《はかせたち》」「右京」と記された墨書土器が出土した。「博士館」とは、国ごとに置かれた学校＝国学の教授「国博士」の官舎をさす。「右京」は、規模は大きく異なるが、都と同じように右京・左京という都市計画があったことを示す。

こうした国府の中心と、その周辺から五〜六キロ離れた地点でも国府関連施設が近年相次いで発掘されている。

馬の飼育と関係する地名

古代の馬の飼育は、東国の信濃《しなの》国・甲斐《かい》国・武蔵国・上野国の山麓などに設置された朝廷直轄の御牧《みまき》や兵部省《ひょうぶしょう》所管の諸国牧などの大規模な牧で行った。

そこから都へ貢進された馬はいったん、都近くの摂津《せっつ》国や河内《かわち》国（いずれも大阪府）などの台地上、または平野部に造られた小規模な牧（近都牧《きんとまき》）にあずけられ、馬の飼育にたけた中国大陸および朝鮮半島からの渡来系の人びとによって十分に調教され都の儀式などで使われた。

この近都牧の方式が東国の一国内でも実践されていた。国府の近辺に渡来系の人びとが集められて「栗原《くりはら》郷」が設置され、馬の飼育・調教に携わったと考えられる。

この栗原と渡来人との関係について、『古事記』には、五世紀の雄略朝《ゆうりゃくちょう》に渡来した中国の呉人《くれ》を住まわせた地を「呉原《くれはら》」（栗原）と称したという記載がある。

『日本書紀』でも呉国へ派遣された使者が、技術者らを連れて帰国、呉人を「檜隈野《ひのくまの》」（大和国高市《たかち》郡檜隈郷）に住まわせて「呉原」と名付けたと記されている。さらには、当地には呉原寺が建立され、栗原寺・竹林寺とも称された。

この呉原寺（栗原寺）は日本における法相宗《ほっそうしゅう》の祖とされる道照《どうしょう》の遺命により、七〇〇年に日本ではじめて火葬がなされた地とされている。これらの史料からも「栗原」は「呉原」に由来し、渡来人と密接に関わることは明らかであろう。

渡来人技術集団の配置

東国国府のうち、東の軍事的出入り口の不破関《ふわのせき》がある美濃《みの》国不破郡（岐阜県不破郡垂井《たるい》町）、北の蝦夷《えみし》と対峙していた越後《えちご》国頸城《くびき》郡（新潟県上越市）、房総半島の入り口にあたる下総国葛飾郡（千葉県市川市）、そして東海道と東山道を結節する甲斐国山梨郡（のちに巨麻《こま》郡）の国府近くにそれぞれ栗原郷が設置されている。これは古代国家が、軍事的基盤である東国の国府近辺に馬の飼育・調教にたけた渡来系技術者集団を政策的に遷置したと理解できよう。

甲斐国では「栗原」は当初、国府所在郡である山梨郡内に置かれ、渡来系の人びとが中心となって馬の飼育・調教・馬具生産を一体的に行っていたのであろう。

甲斐北部に新たに高句麗からの渡来人を核とした巨麻郡が設置される際に、甲斐国に居住していた渡来人たちが建郡に関与し、おそらく山梨郡内の栗原、等々力《とどろき》の渡来系の人びとの一部が巨麻郡に移住し、栗原・等力《とどろき》郷が設置されたのではないか。「等力」も本来、「轟」「驫」と書き、馬蹄の音などが鳴り響くことを指し、馬の飼育に関わる地名である。

『和名類聚抄《わみょうるいじゅしょう》』によると、甲斐国巨麻郡に「栗原郷」「等力郷」の二郷が存在する。

巨麻郡

等力　速見　栗原　青沼　真衣　大井　市川　川合

余戸

栗原の遺称地として、現在山梨市上栗原・下栗原があり、等力の遺称地とされる甲州《こうしゅう》市勝沼《かつぬま》町等々力も東に隣接する。

下総国の国府が置かれた葛飾郡にも栗原郷が国府近くに置かれている。

葛飾郡

度毛　八島　新居　桑原　栗原　豊島　余戸　駅家

「栗原」の現地名は千葉県船橋市小栗原町に遺《のこ》る。この比定地は、船橋市南西部に位置し、東京湾に向かって南北に延びる舌状台地と台地南部には砂丘列が形成されている。この舌状台地には東中山台《ひがしなかやまだい》遺跡群・本郷台《ほんごうだい》遺跡・印内台《いんないだい》遺跡群・海神台《かいじんだい》西遺跡など、古墳時代からの

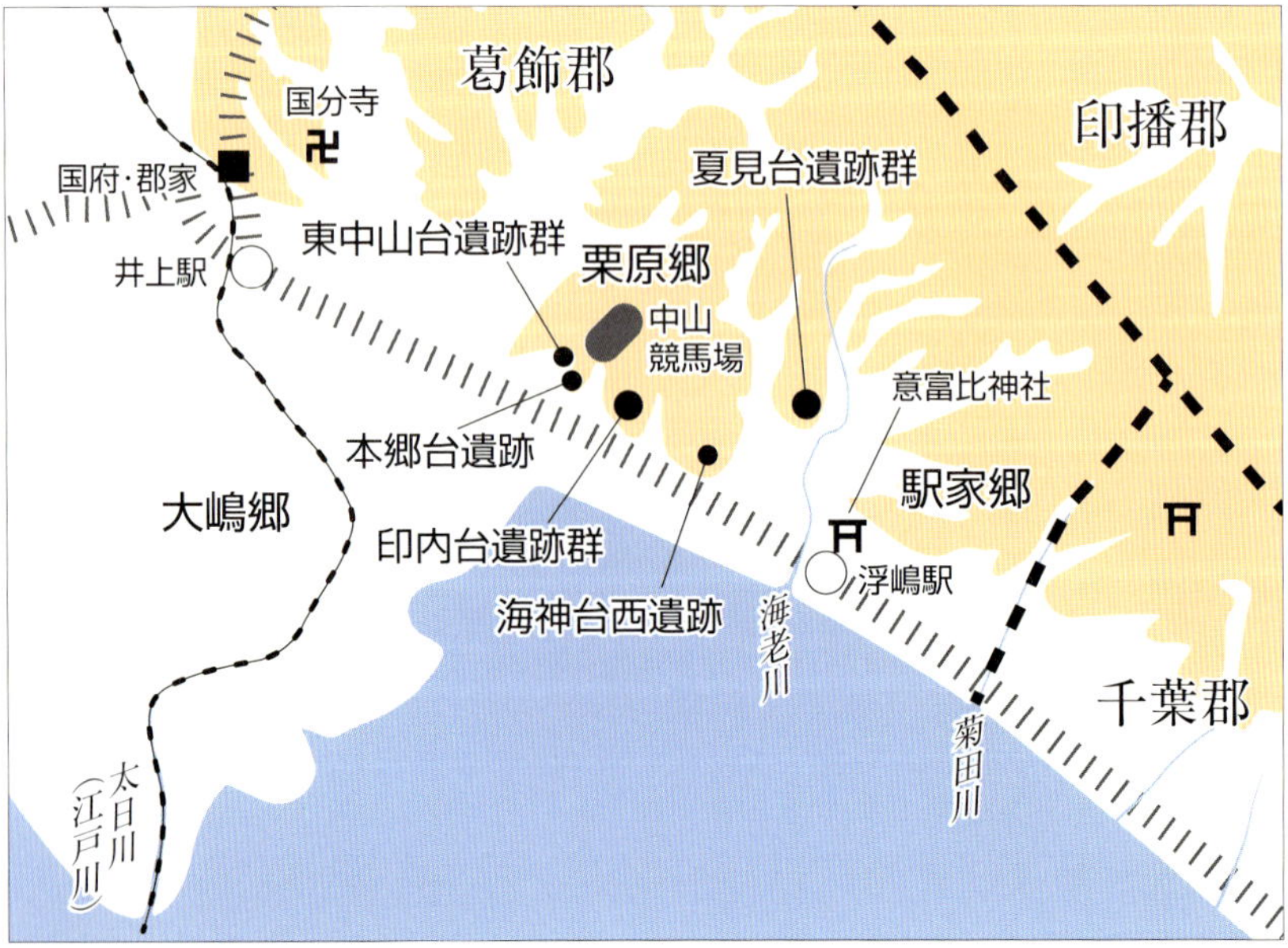

下総国府・葛飾郡栗原郷と遺跡

主要な古代遺跡が東西に並んで分布する。

遺跡にみる馬飼育

これまでの調査で六八万平方メートルに及ぶ広範囲の遺跡が台地上に確認されている本郷台遺跡の所在する旧葛飾町本郷（現船橋市本郷町）は「栗原本郷」ともよばれ、『和名類聚抄』の「下総国葛飾郡栗原郷」に比定され、下総国府から上総・安房両国府にいたる道筋にあたり、交通の要衝である。

この本郷町のすぐ北の東中山台遺跡群から、「栗原」の地名を示す墨書土器「栗」が三点、さらに官衙《かんが》（役所）を意味する墨書土器「衙」も一点出土している。これまでの発掘調査では、奈良時代から平安時代を中心とする官衙的な掘立柱建物跡二七棟以上をはじめ、竪穴住居七〇軒、道路跡七地点、火葬墓五基、馬《ば》葬壙《そうこう》一基、製鉄工房跡などが検出された。

本郷台遺跡と谷を隔てた東側台地には、印内台遺跡群があり、下総国府跡から東へ約六キロに位置し、本郷台遺跡とともに栗原郷に属するとされている。これまで検出された遺構は、竪穴住居跡約三〇〇軒（時期の確認できるものは、古墳時代後期約四〇軒、奈良時代約一〇〇軒、平安時代約九〇軒）、奈良・平安時代の掘立柱建物跡、鍛冶関連遺構、側溝をもつ道路跡、馬葬壙などがある。なかでも馬葬壙は、道路跡の肩部を掘り込んで、胎児《たいじ》を伴った牝

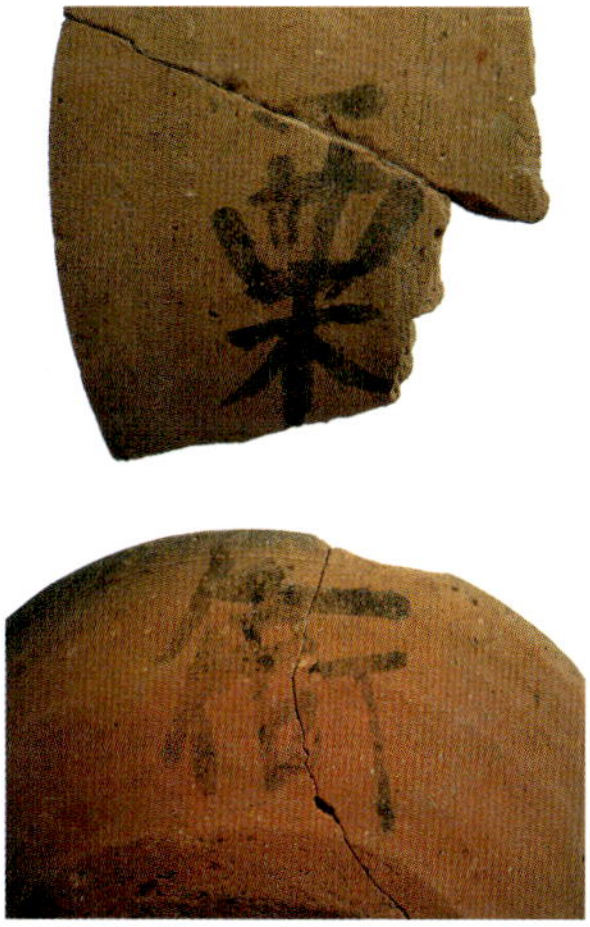

「栗」「衙」墨書土器
（千葉県東中山台遺跡群、船橋市教育委員会提供）

馬の脚を内側に折り畳んだ状態で埋葬していた。このように道路跡およびそのほかの溝の覆土中から馬骨が多く検出されている。古代の栗原郷が馬と深く関連し、諸生産の集中と人々の集住した様相が十分に想起される。

この栗原郷の想定地のすぐ東の台地には、『延喜《えんぎ》式《しき》』（律令法の施行細則を集成した法典。一〇世紀前半）の諸国牧条に記載されている大《おお》結牧《ゆいのまき》推定地がある。

現在、年末恒例のJRA（日本中央競馬会）の有馬記念の行われる中山競馬場が、この古代の栗原郷に所在することも、長い歴史を物語っているようで興味深い。

栗原郷出土の馬の埋葬（船橋市教育委員会提供）
上：印内台遺跡出土の馬の頭部（奈良時代）
下：本郷台遺跡出土の埋葬された馬（15～16世紀）

第一部
古代の国府

下総・甲斐の国府の広がり

生産・流通の拠点

ヤマト王権の縦割り支配

倭国《わこく》（日本）が飛鳥《あすか》（現在の奈良県）の地に宮殿をおいた六世紀から七世紀に古代国家としてのしくみが整えられていった。倭国の大王は中央の有力豪族たちに、共通の祖先でつながる同族の集団をつくらせ、その集団に仕事を分担させた。この集団がウジ（氏）とよばれた（大伴《おおとも》氏・中臣《なかとみ》氏など）。また倭国の支配者は、地域社会を治めるために、日本列島各地にミヤケ（屯倉・官家）とよばれる直轄領を設置し、その経営には地域の豪族たちを国造《くにのみやつこ》などの地方官に任命し従事させた。中央の王族やウジのもとで、生産物を納めたり労働の義務を負わされたりした人びとを部《べ》とよぶ（大伴部・中臣部など）。

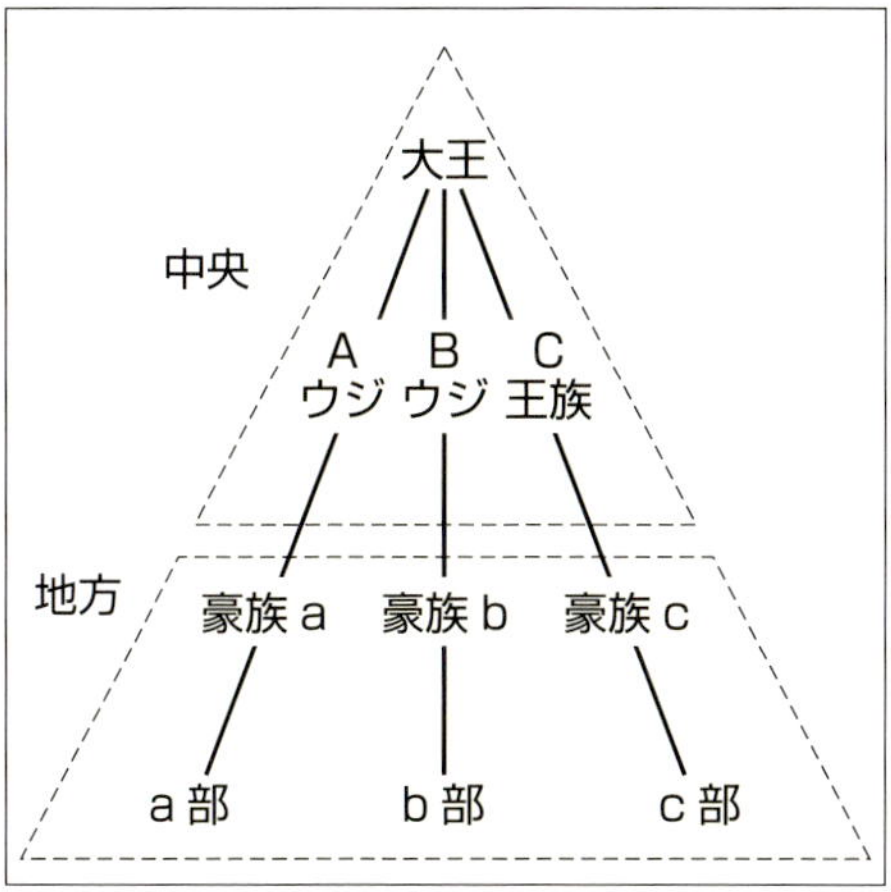

部民制のしくみ（『Jr.日本の歴史１　国のなりたち』小学館、2010年の図をもとに作成）

この縦割りの支配のしかたを部民《べみん》制という。この支配方式を国府域内でも活用していたことを示す資料が下総《しもうさ》国府跡で確認された。千葉県市川市国府台《こうのだい》に設置された下総国府跡の東方約六キロに展開する、馬の飼育・調教をはじめ生産工房群の一角をなす船橋市印内台《いんないだい》遺跡群から、工房で使用した砥石《といし》に役所名と五人の個人名が刻まれた資料が出土した。砥石は本来、四角柱であるが、この資料は砥石の削り面も加えて、紙の三行分にみたてて記録している。この記録の特徴は人名を表記する場合、五人の名を書かず、ウジのみを列記している点である。しかもそのウジ名は労働の義務を負わされた「部」とよばれる人びとである。これと同じような方式はすでに長野県千曲《ちくま》市屋代《やしろ》遺跡群出土木簡で確認されている。

三家人《みやけひと》部・石田部・他田《おさだ》部など、それぞれ同族から一名を労働に徴発した記録で、七世紀後半の特色でもある。

〈第１面〉

〈第２面〉

【第1面】

□(館)司

合五人　大□(田)×

【第2面】

鳥取ア　丈ア　八田ア　大田×

千葉県船橋市の印内台遺跡群出土の線刻砥石（堀越知道氏撮影）判読しやすいよう朱書きした

砥石資料でいえば、「鳥取部《ととりべ》」は網などで鳥を捕えて中央などに貢上することに従事した人びと。また、第一面の「館司《たちのつかさ》」は、国司の館《たち》（守《かみ》・介《すけ》・掾《じょう》・目《さかん》さらに国博士《くにはかせ》など）に従事する役所とされる。とくに下総国府では「館」に関する墨書土器として国庁周辺の須和田《すわだ》遺跡から「博士館」、さらに後通《うしろどおり》遺跡から「館」と記された土器が出土している。

国府は地方都市として各種の生産組織を集中させ、大量消費と流通に対処した。下総国府の東部・栗原郷一帯が馬の飼育と調教だけでなく、種々の技術者が集中していたことは、印内台遺跡を中心とする遺跡群の数多くの遺構・遺物や出土文字資料が物語っている。

三家人ア　石田ア□
□□他田ア　人
□□□□□□石田ア

長野県千曲市屋代遺跡群出土のウジのみを記す木簡（11号、一部分。長野県立歴史館蔵）

蔵骨器と買地券にみる国府の広がり

一方、一九六一年に下総国府跡から北東へ約五キロの松戸市松飛台《まつひだい》の坂花《さかはな》遺跡からは蔵骨器《ぞうこつき》が、畑の耕作中に深さ九〇センチから直立した状態で出土した。この蔵骨器の甕《かめ》には指頭大の火葬骨が半分ほどに納められていた。この甕の蓋《ふた》には土師器《はじき》高坏《たかつき》（八世紀後半）が使用され、高坏脚部に「國厨《くにくりや》」と墨書されていた。

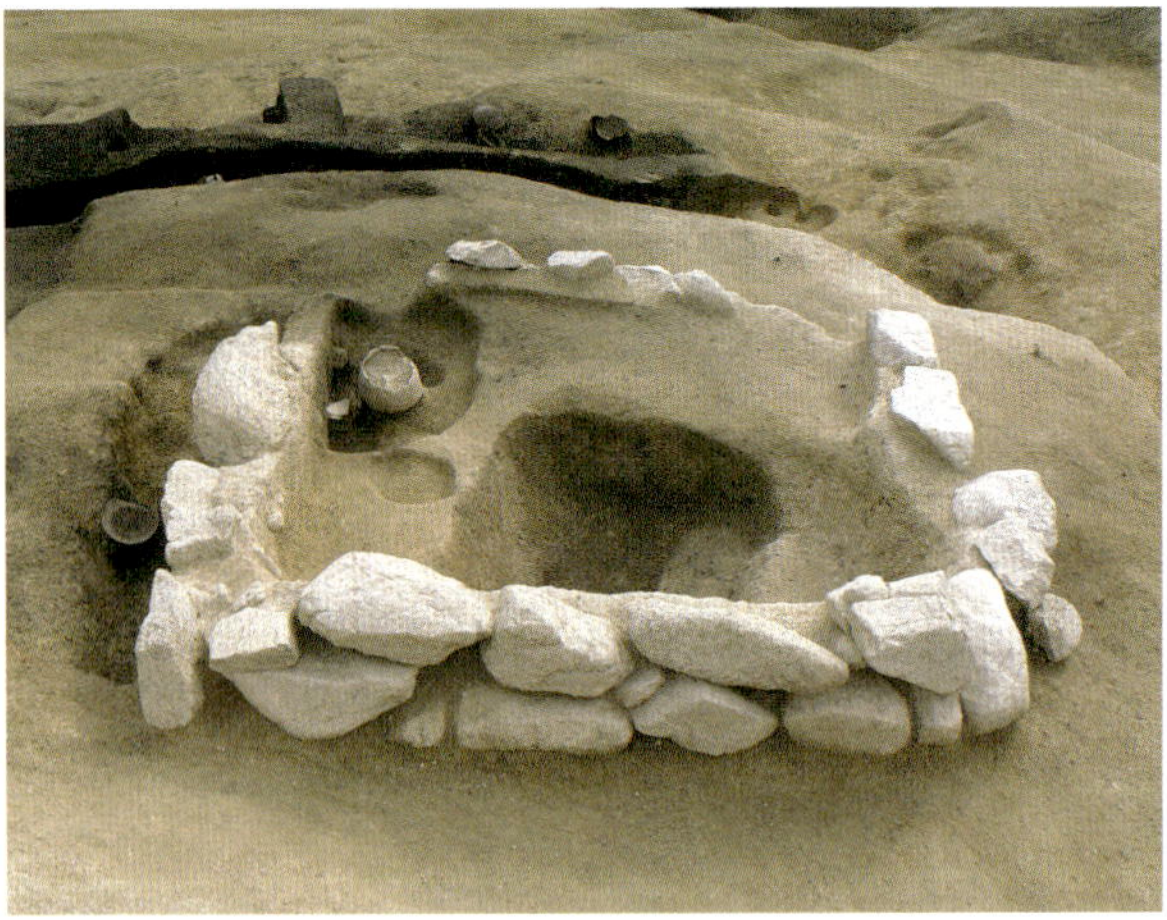

福岡県太宰府市の宮ノ本遺跡Ⅰ号火葬墓
(太宰府市教育委員会提供)

千葉県松戸市坂花遺跡出土の「國厨」銘をもつ蔵骨器
(松戸市立博物館蔵)

宮ノ本遺跡出土の買地券
(太宰府市教育委員会蔵)

この「國厨」と記された高坏は、かつて下総国府の厨房《ちゅうぼう》で調理し、国府内や国内での国司主催の饗宴《きょうえん》の際に使用したものである。饗宴に出席した人物が死去した際に、その遺族らが故人を讃える意味で大切に保管していた「國厨」土器を蔵骨器の蓋として使用したものであろう。

この蔵骨器を埋葬した場所は下総国府から約五キロ離れているが、国府に対しては北斜面であり、国府の霊地ではないかとみられる。現在、この一帯が広大な東京都立八柱《やばしら》霊園というのも、偶然であろうか。

古代の九州地方「西海道《さいかいどう》」を統括した大宰府《だざいふ》（福岡県太宰府市）の政庁跡西南方約二キロの標高六〇メートル前後の宮ノ《みやの》本《もと》丘陵部は、弥生時代以降、葬地として利用された。古墳時代には一〇基余りの古墳が築かれ、奈良時代から中世には火葬墓が造られた。なかでも九世紀に造営された1号墓からは一九七九年、六行で一三五文字前後の文章が墨書された鉛製の買地券《ばいちけん》（墓地を買った証文）が出土し、大きなニュースとして報道された。

買地券は、古代中国や朝鮮では土地にはそれぞれ神が宿っているという思想に基づいて、墓地に対し、神の保護を祈る葬祭儀礼として、石・鉛板などに書きつけて墓に納めたものである。墓の造営に際してその神より土地を買うという意味で代価などが記され、墓地を買ったこととともに墓に対する保護や子孫の繁栄祈願が記されている。

遺跡・土器からみる甲斐国府の広がり

ここで下総国府と同様に、甲斐国府の広がりについて検証してみたい。

甲府市大坪遺跡出土の刻書土器「甲斐国山梨郡表門」実測図

甲斐国府の前期国府は笛吹《ふえふき》市（旧東山梨郡）春日居《かすがい》町国府《こう》にあり、その国府の中心には、都市の条件である碁盤目状の地割りがあり、七世紀後半創建とされる寺本廃寺《てらもとはいじ》も確認されている。国府の西約二～三キロ付近には、都市の重要な構成要素である水陸交通の結節点に、生産・交易システムそして祭祀《さいし》空間などが集中している。これらの生産システムは、ヤマトタケル酒折宮《さかおりのみや》伝承にみえる現在の酒折宮を西限とし、東海道と東山道を結ぶ陸上交通路上にある。また笛吹川やその支流、さらには人工運河を掘削し、物資輸送の便も図られている。

生産・交易の代表的遺跡群は大坪遺跡・川田遺跡群などである。大坪遺跡は甲府市東部の和戸町・桜井町（旧西山梨郡甲運村）などにまたがっている。一九八二年の十郎《じゅうろう》川河川敷改修工事に伴う発掘調査の際、「甲斐国山梨郡表門（以下欠損）」とヘラ書きされた九世紀後半の「甲斐型土器」皿が出土した。「表門」は『和名類聚抄』に山梨郡「表門郷」、読みは「宇波止（ウハト）」

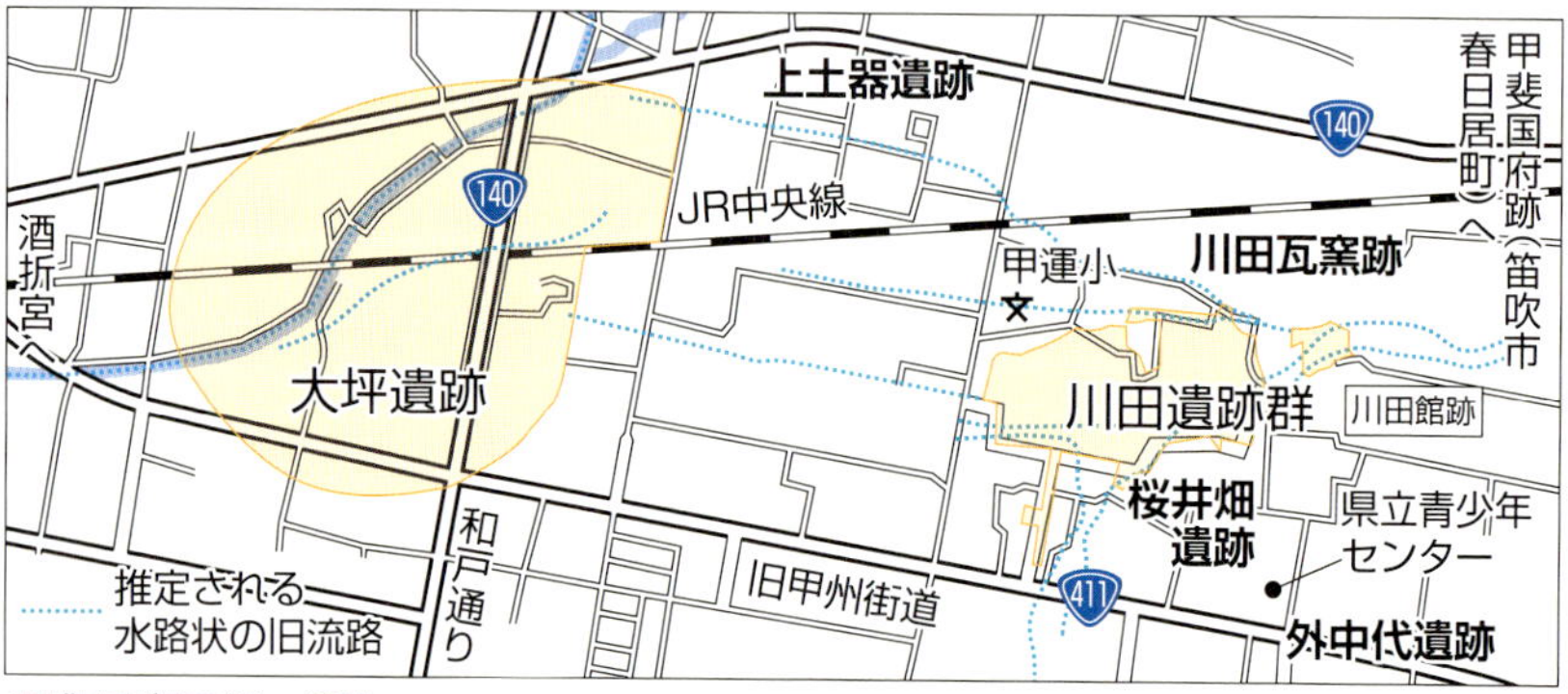

甲斐国府西部の遺跡

とあり、「ウハト」が後に「ワト」「ワド」と変わり、現在の和戸町《わど》となっている。

中近世の甲府の原点

山梨学院大の川田運動場遺跡群（甲府市川田町ほか）では、七世紀後半の川田瓦窯跡《かわらかま》があり、寺本廃寺に瓦を供給していた。八世紀末から九世紀前半代の仏教関連遺構・遺物を検出した桜井畑遺跡、さらに川田遺跡群の北西側に近接する上土器《かみどき》遺跡でも九世紀半ばまで国分寺瓦の生産が行われている。

大坪遺跡や川田遺跡群一帯は、古代においては官営工房が群在し、工人集団も集住する国府域の一部を構成したエリアであったことが明らかである。中世では武田氏の拠点として展開し、古代の川田遺跡群の東に接する地点に武田家の居館である川田館《かわだのたち》が造営されている。

甲府市教育委員会の数野雅彦氏によると、一五世紀後半、守護大名武田信昌《のぶまさ》（信玄の曾祖父）が川田に家臣屋敷を配した館を営み、市場で賑《にぎ》わう石和宿と結んで、居館・家臣屋敷地と市が分離した二元的な城下町を構成したという。武田信虎《のぶとら》（信玄の父）がこの館を引き払い、甲府盆地の中心に近い相川扇状地の一帯に躑躅ケ崎館《つつじがさき》を中心とする新たな城下町を整備したのは永正十六年（一五一九）のことである。

まさに二〇一九年には甲府開府五〇〇年を迎える。その原点は、今から一三〇〇年ほど前に甲斐国山梨郡（現笛吹市春日居町）に設置された甲斐国府である。

動く国府1
甲斐国府移転の謎を解く

国府で行われた儀式

日本に現存する最古の和歌集『万葉集』の最終歌（四五一六首）は次のとおりである。

新しき年の始めの初春の今日《けふ》降る雪のいや重《し》け吉事《よごと》

訳「新しい年の始めの正月の今日降る雪のように、善いことがいよいよ重なるように」

作者は『万葉集』の編纂《へんさん》者・大伴家持《おおとものやかもち》である。大伴家持は、大和王権の武門の名家・大伴氏の家督を継いだ中央官僚であり、天平

国府における儀式想定図（さかいひろこ氏画、茨城県立歴史館『よみがえる古代の茨城』2003年より）

国の役人

国の等級	守	介	掾	目	史生	小計	その他の職員	総計
大国	1	1	2 大掾1 少掾1	2 大目1 少目1	3	9	534	543
上国	1	1	1	1	3	7	430	437
中国	1		1	1	3	6	326	332
下国	1			1	3	5	211	216

（甲斐国は上国）

十八年（七四六）に北陸の越中守《えっちゅうのかみ》（七五一年まで）、さらに天平宝字二年（七五八）には山陰の因幡守《いなばのかみ》（七六二年まで）となって赴任する。

国府の中心が国庁、さらにその儀式および重要な政務の場を政庁とよぶ。この歌は家持が天平宝字三年正月一日の因幡国府の政庁で行われた朝賀《ちょうが》（朝拝《ちょうはい》）の儀式の場で詠んだものである。朝賀は都で元日に天皇が中央の王侯百官《おうこうひゃっかん》（王・諸侯と多くの役人）の拝賀をうける儀式。地方においても、各国の国府では、国守がミコトモチ（天皇の代言者）として、正月一日に部下や郡司たちを呼び寄せて政庁で朝賀を行い、彼らの賀詞を受けた後、宴《うたげ》を設けて饗応《きょうおう》した。

このような儀式なども含めて、各国の行政府としての国府が、日本列島の各地域において、どこに設置されていたのか、また、その後の変遷などが問われている。

「国府」「国庁」「国衙」の違い

国府研究を牽引《けんいん》された歴史地理学者の木下良氏は、その研究動機を次のように述べている。

「一九六六年に甲斐国府を調査した時に、甲斐国内には『国府』『国衙《こくが》』『古府中』『新府《しんぷ》』『甲府』などの地名がそれぞれ別の地に残っていたからである」

古代の国府については「国府」「国庁」と「国衙」の用語の新旧が問題とされてきた。しかし歴史学者の青木和夫氏は次のように明確に整理している。

古代の法令（律《りつ》と令《りょう》）には「国庁」という熟語こそないが、官庁の建物をさす文字として、「解《げ》」「庁」という文字がある。しかし「衙」という文字はない。さらに奈良時代の実例では「国衙」は一例しかない。それは『続日本紀《しょくにほんぎ》』宝亀十一年（七八〇）七月条に、北陸の諸国に対して、外敵上陸のさいの措置を規定した勅のなかで現地における防衛の拠点を国衙としていたのである。他はみな庁か国庁であると指摘している。なお、天平五年（七三三）に成立した『出雲国風土記』には「西のかた廿里《にじゆうり》にして、国庁、意宇《おう》郡家の北なる十字街《ちまた》に至り、即《すなわ》ち分かれて二の道と為《な》る」と記されている。「国庁」の読みは「くにのまつりごとの」。

木下氏は、この青木氏の見解も参考にしながら、八、九世紀の律令国家の国ごとの行政官庁を国庁、その所在地として形成された国の中心地を国府、一〇世紀から一二世紀にかけての王朝国家の地方統治機構とその建物を国衙と位置づけた。

甲斐国府の二つの所在地候補

甲斐国には山梨・八代《やつしろ》・巨麻《こま》・都留《つる》の四郡が置かれ、各郡には郷が配された。中央から七道諸国へは官道（駅路《えきろ》）が整備され、都と諸国は相互に結ばれた。甲斐国は広域行政では東海道の一国に組み込まれた。その東海道の支線〝甲斐路〟を通じて都と結ばれ、甲斐路の終着は国府であった。

国内における国府の位置は、平安時代に都の所在国であった山城《やましろ》を除く六五国二島の中で、国府を都に近い位置に定めたものが四二国で最も多く、ほぼ国の中央に位置するものは甲斐国をはじめ一九国、国内で都から遠い位置にあるものは、志摩《しま》・備前《びぜん》・周防《すおう》・長門《ながと》・淡路《あわじ》・筑前《ちくぜん》の六国にすぎない。

甲斐国府の所在地は、東山梨郡（現笛吹市《ふえふき》）春日居《かすがい》町国府《こう》と東八代郡（現笛吹市）御坂《みさか》町国衙の二ヵ所が古くから提唱されている（4ページの地図参照）。春日居町国府一帯は、一町（約一〇九メートル）方格に規則的に土地区画されており、白鳳期《はくほう》（七世紀後半）の寺院である寺本廃寺《てらもとはいじ》の存在などがあげられる。一九八八年以降の発掘調査で、国府遺跡（よしん塚地区）で、炭化米をともなう二棟の礎石建物跡や、よしん塚地区の北西約二キロの狐塚地区で、大型の掘立柱建物が二棟検出されている。

米などの穀物は、通常、地下には遺存しないが、炭化したものは遺《のこ》る。その炭化した米は、米倉などが焼失した場合と、土中で化学変化によって炭化した場合に地下から出土する。炭化米が出土した二棟の建物跡は稲を収めた官倉であろう。

各国で朝賀の儀を催したとされる政庁は、春日居町国府跡ではまだ検出されていない。

御坂町国衙一帯では、平成十五年（二〇〇三）の半行寺《はんぎょうじ》遺跡の試掘調査で、漆パレットに使用された土師器《はじき》が検出されたが、官営工房の可能性が想定されているにすぎない。

寺本廃寺の瓦
（笛吹市教育委員会蔵）

寺本廃寺（模型、笛吹市春日居郷土館蔵）
7世紀後半に建てられた山梨県で最も古い寺院の跡で、笛吹市春日居町寺本地区にある。この地域に勢力をもつ豪族の氏寺、または官衙（役所）に付属した寺院

『和名類聚抄《わみょうるいじゅしょう》』（以下『和名抄』と略す）は承平《しょうへい》年間（九三一～九三八年）貴族で学者・歌人でもある源 順《みなもとのしたごう》が編纂した。その『和名抄』には、甲斐国府の所在地は、八代郡にあったと明記されている。春日居町国府は山梨郡である。御坂町国衙の地は周辺に山梨郡の井上・玉井《たまのい》・石和《いさわ》の各郷の比定地があるが、のちに郡界が変更され、八代郡に編入される複雑な地域であり、『和名抄』記載の八代郡に置かれた国府は、御坂町国衙の地とみておきたい。また「国府」と「国衙」の使用例から、通説通り第一推定地である春日居町国府から第二の御坂町国衙の地へ移転があったと想定すべきであろう。

ここで新たな国府所在郡の八代郡について触れておきたい。

貞観六年（八六四）七月十七日、甲斐国より富士山大噴火の報告あり、溶岩が八代郡の本栖《もとす》湖・剗《せ》（西）湖に流れ込み、河口《かわぐち》湖方面にも向かったという。この記載からも明らかなように、「八代郡」は、本栖湖・西湖および河口湖までを含めると理解できる。

古代の行政区画である国・郡・郷の名称を網羅した『和名抄』に記載された郷名は九世紀ごろのものであったとされている。『和名抄』の八代郡の郷名は八代・長江《ながえ》・白井・沼尾《ぬまのお》・川合の五郷で、その郡域は、平成大合併以前でいえば、東八代郡（石和町・一宮町・御坂町の一部は含まず）、西八代郡のほぼ全域に加え、南巨摩郡身《み》延《のぶ》町・南部《なんぶ》町の富士川左岸、および南都留郡の本栖湖から河口湖付近までを含むとみられ

神野向遺跡（常陸国鹿嶋郡家跡）大溝の調査風景（鹿嶋市どきどきセンター提供）。断面に見える黒い部分は炭化米（籾）

ている。

八代郡五郷の比定地

『山梨県史　通史編1　原始・古代』（二〇〇四年）の八代郡五郷の比定地を簡略に紹介しておきたい。

▽八代郷…郷域は八代町（現笛吹市）南北一帯と推定されているが、『和名抄』は八代郡を国府の所在郡と記し、御坂町（現笛吹市）国衙をその遺称地（伝承地）とみて、当初から御坂町国衙付近までが八代郷域に含まれていたとみても、それほど不自然ではないという見解もある。

▽長江郷…八代町永井を遺称地とする。郷域は八代南西部（永井・米倉・岡）から境川村（現笛吹市）北東部（前間《まえま》田《だ》・小山）にかけての浅川扇状地に発達した集落を中心とする一帯と想定されるが、境川村石橋から黒坂辺りまで広がるという説もある。

▽白井郷…中道町（現甲府市）白井を遺称地とする。郷域は、境川村西部から中道町にかけてとみなす。

▽沼尾郷…笛吹川左岸の低湿地に立地した郷と考えられ、豊富《とよとみ》村（現中央市）浅利付近にあてる『甲斐国志』（江戸後期に編纂された甲斐国一国の地誌）の説が通説となっている。

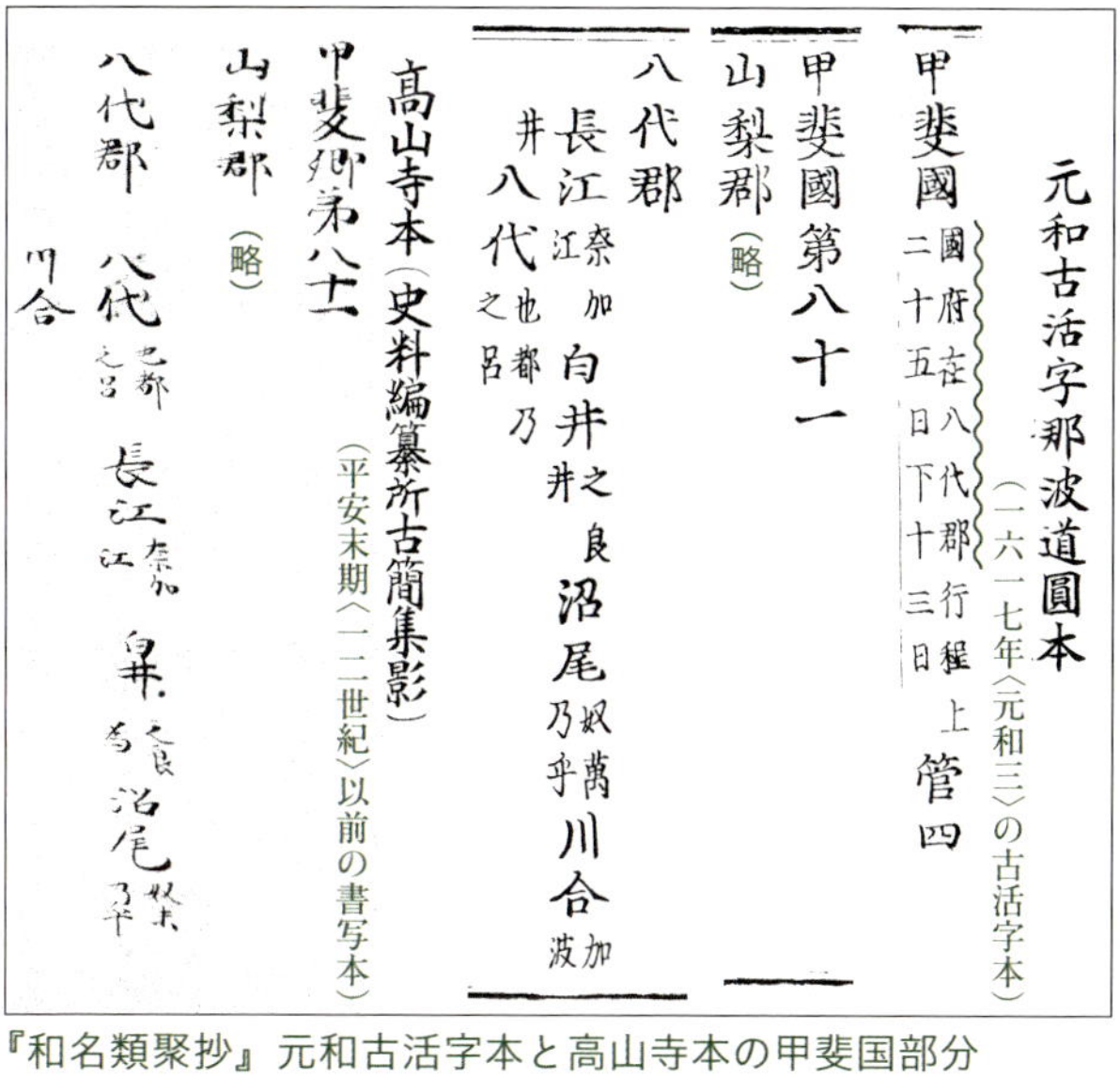

『和名類聚抄』元和古活字本と高山寺本の甲斐国部分

▽川合郷…巨麻郡にも同名の郷があり、二つの川の合流点を意味する地名からさまざまな比定が試みられてきた。富士川をはさんで東岸の六郷町（現市川三郷町）以南を八代郡川合郷、西岸の鰍沢《かじかざわ》町（現富士川町）以南を巨麻郡川合郷に比定するのが『甲斐国志』以来の通説である。

以上の八代郡五郷の現地比定は一部定かでない部分もあるが、ほぼ妥当と考えられる。しかし、ここできわめて重要な史実を指摘しなければならない。

富士山の貞観噴火の影響

八代郡の郡域のうち、本栖湖・精進《しょうじ》湖・西湖・河口湖を含む富士山麓一帯は八代郡に含まれておりながら、『和名抄』に該当する郷名がまったく記載されていない。

貞観六年（八六四）六月に富士山の北西斜面が大噴火し、火山灰・溶岩の総量は、延暦噴火（八〇〇〜八〇二年）が約八〇〇〇万立方メートルだったのに対して、貞観噴火は桁違いの一四億立方メートルであったとされて

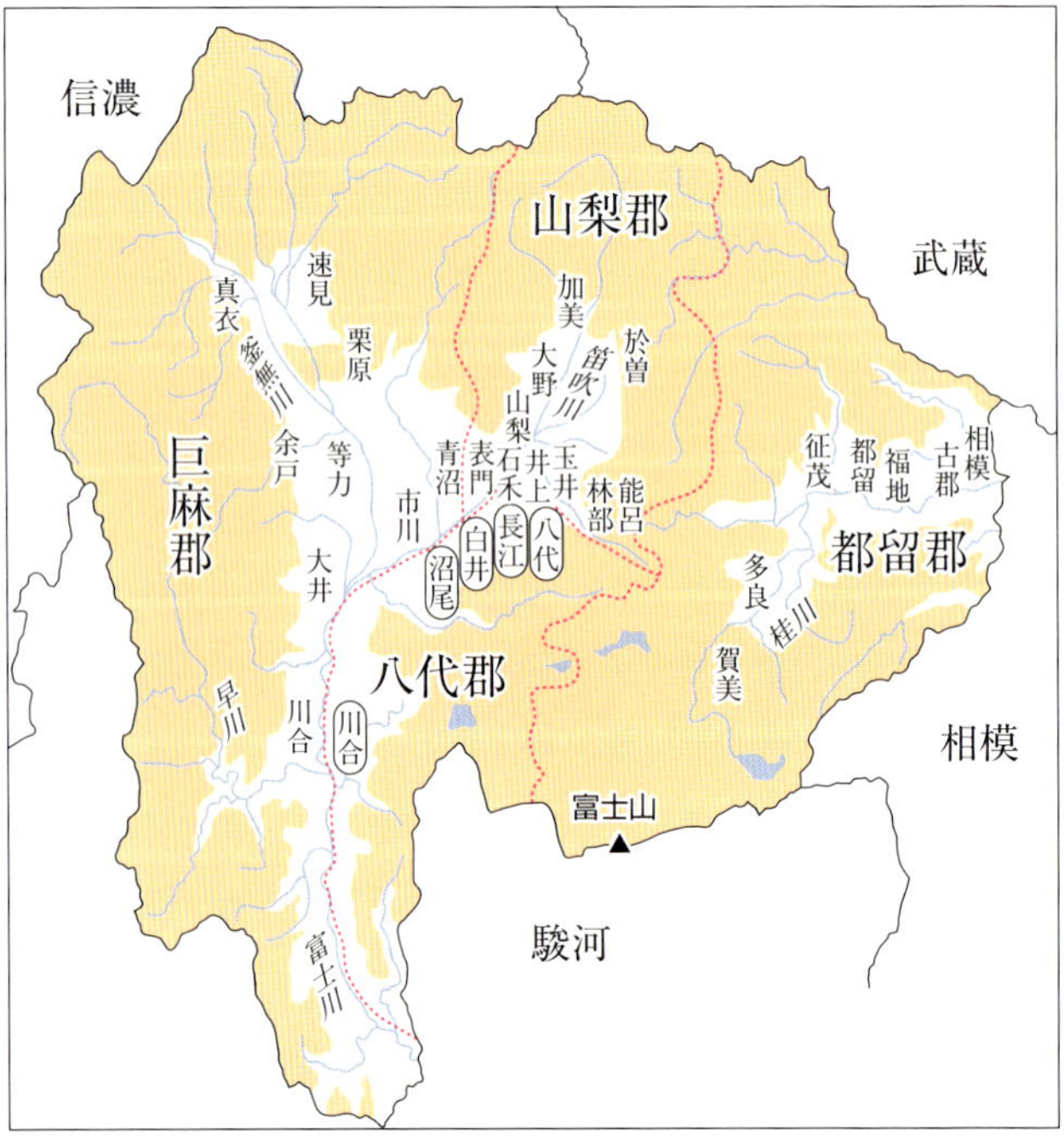

甲斐国と八代郡五郷推定地

いる。歴史書『日本三代実録《にほんさんだいじつろく》』には、その多量の溶岩が八代郡の本栖・剗（西）湖の両湖を埋め、河口湖方面まで広がり、「百姓居宅は海とともに埋まり、或《ある》いは居宅有れども人無し、その数記しがたし」と、人家に甚大な被害をもたらしたことが記載されている。

古代の一つの郷は五〇戸で編成され、一戸平均二八人構成とし、一郷は通常約一四〇〇人と想定している。おそらく、富士山麓一帯の数郷は壊滅的被害により、郷を編成することもできなかったと推測される。『和名抄』の郷名は九世紀ごろのものであることから、八代郡は貞観の大噴火により、富士山麓一帯の人家を失い、盆地側の五郷のみの記載となったのではないか。甲斐国は本来、山梨郡と八代郡の二郡を中核とし、渡来人を集住させ巨麻郡、相模国から一部分置させ都留郡が新たに加わった。ところが、『和名類聚抄』の郡の規模は山梨郡一〇郷、巨麻郡九郷、都留郡七郷であり、八代郡が五郷というのは明らかに少ないといえよう。

国府移転の時期と理由

次に問題となるのは、山梨郡から八代郡への国府移転の時期と要因は何かということ。国府は、地域に基盤をもつ郡家と異なり、行政府

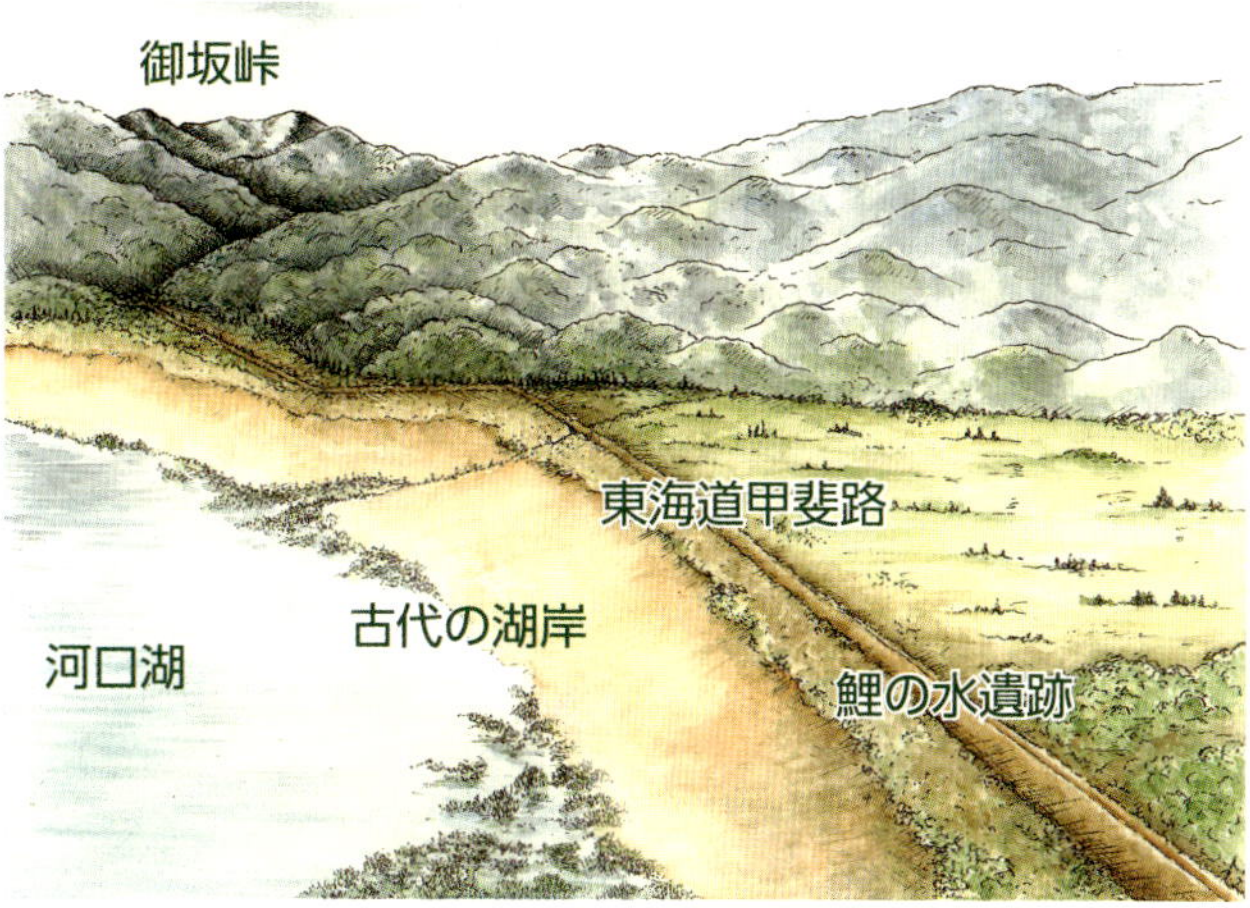

古代の鯉ノ水遺跡周辺の景観イメージ（富士河口湖町教育委員会提供）

として比較的移転しやすい。

貞観六年の富士山大噴火は、古代の人びとをして、そこに居《ま》します神の怒り・祟《たた》りと受けとめた。そこで富士山を挟んで、駿河国浅間神社に加えて甲斐国八代郡そして山梨郡に相次いで、浅間神社を祀《まつ》らせた。本来、富士山監視は、火口のある駿河国の任務であった。延暦十九年（八〇〇）の噴火以降、特に詳細な状況報告が駿河国からなされている。貞観二年（八六〇）五月、駿河国より富士山に五色の雲が現れたという状況まで報告されている。貞観六年大噴火も第一報は駿河国からであった。

貞観大噴火は、甲斐国側で噴火したことから甲斐国のあらゆる行政政策に大きな改変を迫ったのではないか。そして、富士山噴火の状況を逐一、甲斐国から中央へ速やかに報告することが至上命令とされたであろう。富士山の火山活動を監視し、その状況を報告するためには、国内で都に近い位置に国府を遷置しなければならない。山梨・八代・巨麻・都留の四郡のうち、都に最も近い位置にあるのは八代郡である。しかし壊滅的被害をうけ、さらに噴火の危険性の高い富士山麓に設置することはできない。東海道の支線〝甲斐路〟沿道、御坂山塊を隔てて甲府盆地の最も富士山に近い御坂町国衙の地が最適とされたのではないか。移転時期は貞観六年（八六四）以降、遅くとも一〇世紀前半ごろまでと想定される。

この八代郡の国府は、富士山噴火の監視と中央への報告を第一目的とし、鎮静化とともにもとの山梨郡の都市空間を形成した国府に戻ったのではないだろうか。

今後、両国府跡における考古学の遺構・遺物の検証を待ちたい。

動く国府2
信濃国府移転の理由

屋代遺跡群と木簡の出土

前章は甲斐国府の移転の謎に迫ってみた。それではお隣の信濃《しなの》国府はどうであろうか。

「信濃」という国名表記は、大宝四年（七〇四）、全国一斉に国印の国名を二文字、好《よ》き文字に統一した時に、「科野《しなの》」を「信濃」と改められた。改名前に表記されていた「科野」の「科」の由来は「級《しな》坂（段丘）」「科の木」の二説ある。「美濃《みの》国」（岐阜県）も、古くは「三野国」「御野国」と記されている。

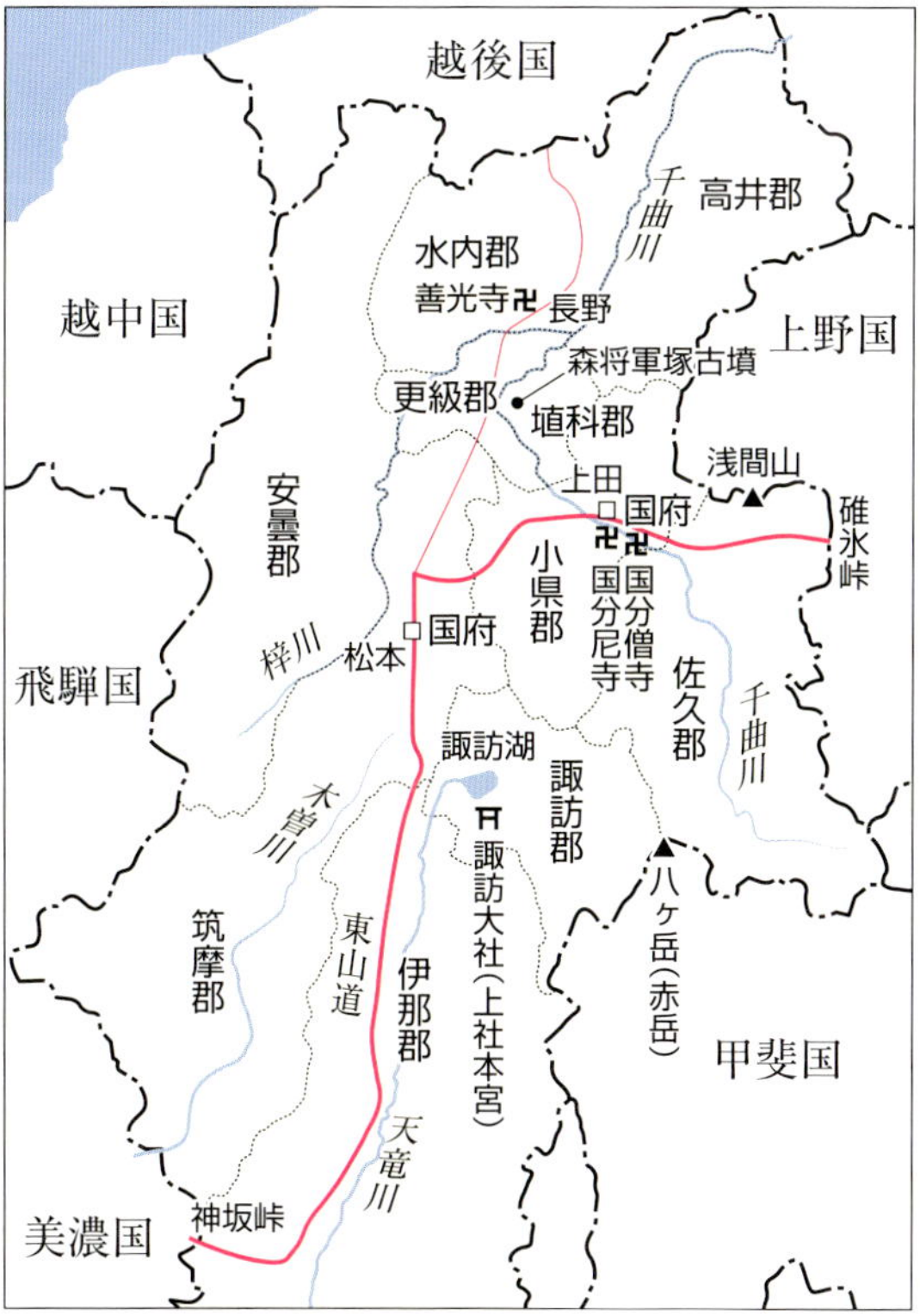

古代信濃国略図

南北に長い長野県を、文字どおり大きく蛇行する千曲《ちくま》川は、千曲市（旧更埴《こうしょく》市）のあたりで北東へ屈曲し、流れのゆるやかな地点に、屋代《やしろ》遺跡群が立地している。この屋代の地は、川が運んだ土砂によって発達した自然堤防上に集落が分布し、その後背湿地には豊かな水田が広がる。早くも古墳時代の四世紀後半に、森将軍塚《もりしょうぐんづか》古墳（全長約一〇〇メートル）が善光寺平を見下ろす山の中腹に造られたのをはじめ、巨大な古墳群が築かれ、その後も、信濃国の中心拠点となった。

一九九八年に開催された長野冬季五輪のための道路建設工事

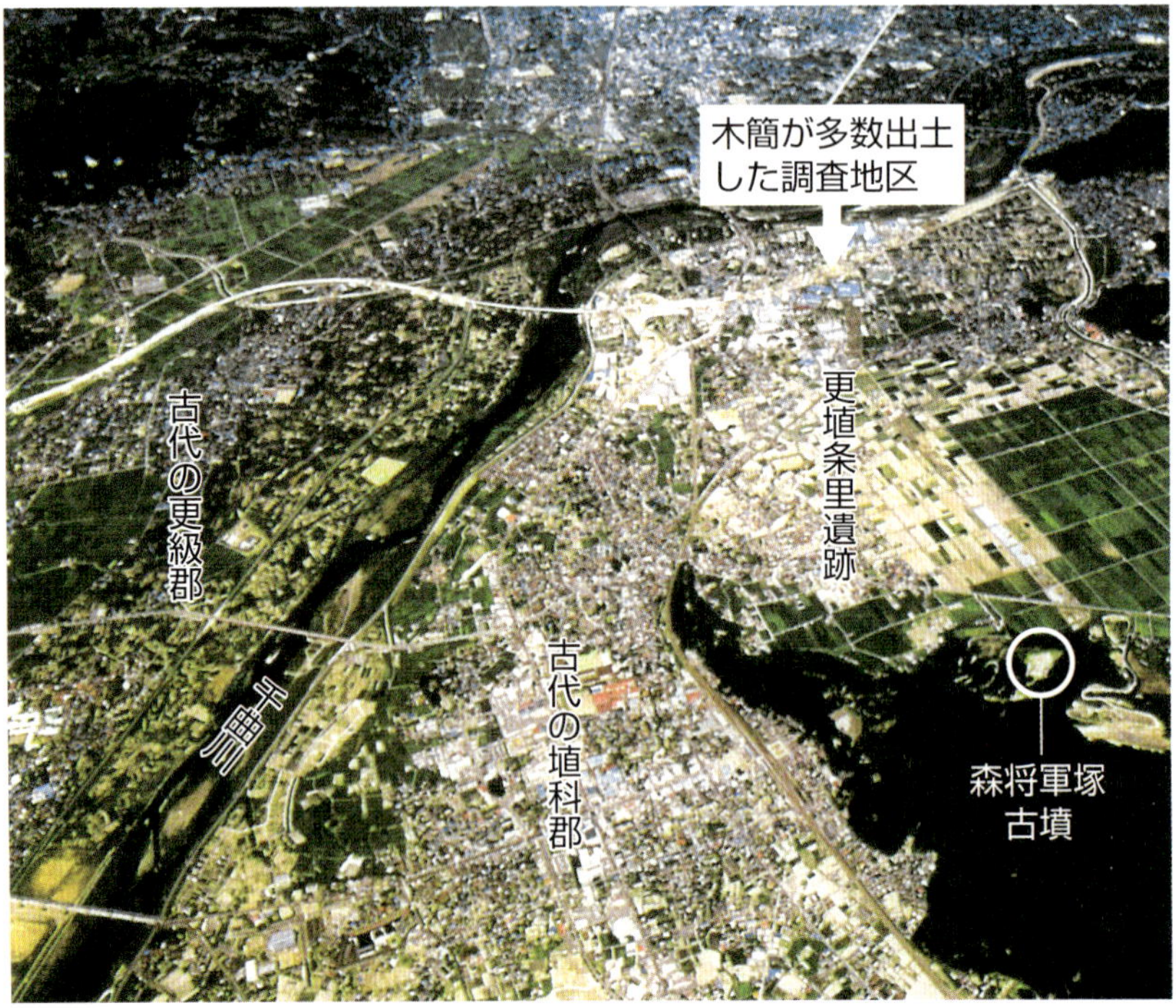

屋代遺跡群遠景（長野県立歴史館提供）

4世紀後半に造営された森将軍塚古墳
（千曲市教育委員会提供）
（全長約100メートル）

にかかわる一九九四年の長野県埋蔵文化財センターによる屋代遺跡群の発掘調査において、四万点を超す木製品が出土した。その中から、当時地方遺跡では最古の年紀・「乙丑年《きのとうし》」（六六五年）をもつ木簡をはじめとする一三一点の木簡が発見された。

国司の命令の伝達ルートと行政ブロック

その中の一点が全国ではじめて出土した、国府が郡に下した命令書、いわゆる「国符」木簡であった。木簡の年代は八世紀前半、下部が欠損しているが、表は文書、裏は本来書かれていた文書を削った上に、手習いをしている。

表側は「符　更科《さらしな》郡司等　可□〔致〕□」とあり、「符」とは、上の官庁から直属の官庁へ下す文書であり、「更科郡司等」が宛所《あてどころ》（宛先）、符を発した上級官司は信濃国司。「可□〔致〕□」は以下の文言が失われているため、その命令内容は不明である。「更科郡司等」と複数に宛てられている。

屋代遺跡群は埴科《はにしな》郡内とみてまちがいないので、まず更科郡家に送られ、最終地は木簡が出土した埴科郡であろう。この点については、八世紀作成の「伊勢国計会帳《けいかいちょう》」（正倉院文書、個人蔵）が参考になる。

九月の稲の収穫期にその熟不（豊作か不作か）を点検するために、国府から国司三等官・少《しょう》掾《じょう》（交代して国博士）が道前に、

長野県千曲市（旧更埴市）屋代遺跡群出土の国符木簡（長野県立歴史館蔵）

四等官・少目（交代して大目）が道後にそれぞれ国符一通ずつ（紙の文書）を携えて派遣された。

この方式は、命令伝達の各郡間の時間的ずれを少なくするために、都に近い地域を道前、遠い地域を道後とする広域行政区画を利用したものである。国府からの命令書（符）を二通発行し、道前・道後の各郡をリレー式に伝達した。

『和名類聚抄《わみょうるいじゅしょう》』は信濃国一〇郡を伊那《いな》、諏方《すわ》（諏訪）、筑摩《つかま》、安曇《あつみ》、更級《さらしな》、水内《みのち》、高井、埴科、小縣《ちいさがた》（小県）、佐久の順に記す。このうち、地形、交通上から、更級郡から埴科郡までの千曲川沿いの信濃北部（現在でいう北信）四郡を一つの行政ブロックとして想定することができる。

すなわち国符木簡はまず更級郡家に送られ、次に同じ千曲川左岸に位置する水内郡の郡家に逓送《ていそう》（順次に送ること）され、その後、千曲川右岸の高井郡家、国府所在の埴科郡家の順に逓送されて国符木簡としての機能を終え、手習いに用いられた後、溝に廃棄されたということになる。

この信濃北部の行政ブロックの存在から古代信濃国の全体は、右の表のように区分できるのではないか。

信濃の地域区分（現在と古代）

	古代	現在
①	更級・水内・高井・埴科	北信―長野市など
②	筑摩・安曇	中信―松本市など
③	小縣・佐久	東信―上田市・佐久市など
④	伊那・諏方	南信―飯田市・諏訪市・伊那市など

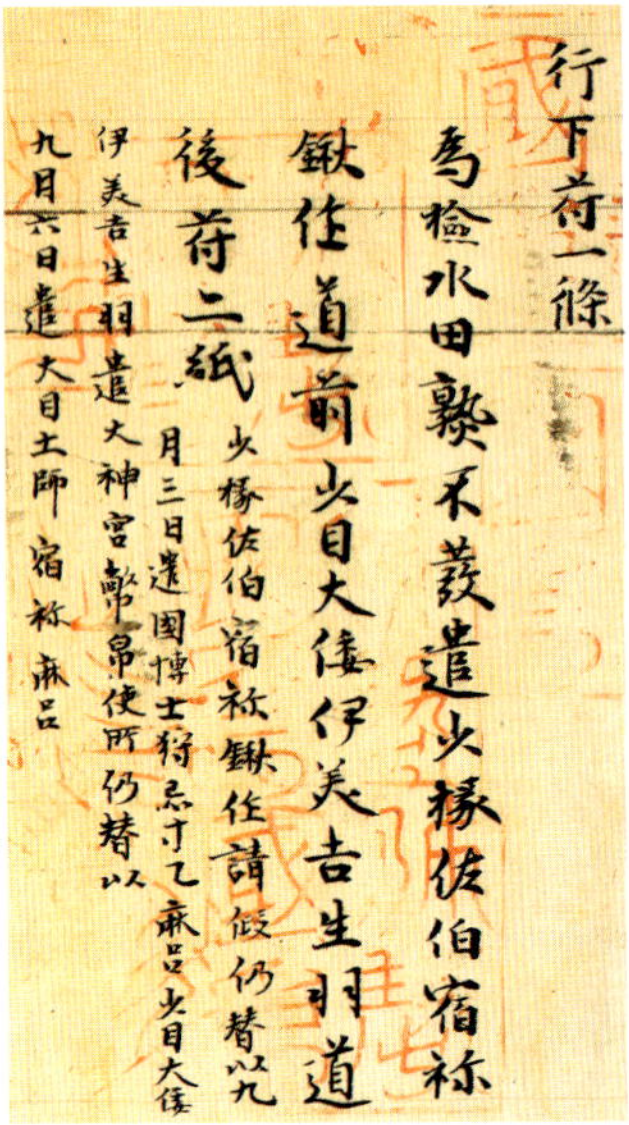
行下符一條
為檢水田熟不蒭遣少掾佐伯宿祢
鍬作道前少目大倭伊美吉生羽道
後符二紙　少掾佐伯宿祢鍬作請假仍替以
月三日還国博士狩忌寸乙麻呂少目大倭
伊美吉生羽遣大神宮幣帛使所仍替以
九月六日遣大目土師宿祢麻呂

伊勢国計会帳。太政官が1年間の公文書授受を監査する（計会という）ために提出された帳簿。8世紀。（部分、個人蔵）

信濃国の場合は国符四通を四ブロックごとにリレー式に各郡を伝達したのであろう。古代の四つの行政ブロックは、現在の長野県内の広域行政―北信・中信・東信・南信とみごとに符合し生きつづけている。

信濃の特産品の進上と中心地

平城京内の左大臣長屋王《ながやおう》の邸宅跡から出土した長屋王家木簡に信濃国にかかわる注目すべき木簡がある。

「播信郡五十斤
　讃信郡七十斤　合百廿斤〈　」

（〈は切り込み。長さ一五・九、幅二・六、厚さ〇・四チセン）

音表記の検討などから「播信郡《はにしな》」は「埴科郡」、「讃信郡《さらしな》」は「更科郡」とみられる。しかも、藤原宮木簡のなかには次のようなものもある。

・「高井郡大黄〈
・「十五斤　〈」

（長さ一四・二、幅二・七、厚さ〇・三チセン）

これは信濃国北部の高井郡から大黄《だいおう》一五斤に付した札である。

この二つの木簡は下部の両側面に切り込みを入れ、幅と厚さもほぼ同様の形状を呈している。物品の数量も『和名類聚抄』の高井郡（四郷＋神戸）、埴科郡（七郷）、更級郡（九郷）と郡の規模にほぼ対応していることから、物品名を表記しない長屋王家木簡も、大黄とみてよい。

この「大黄」は、タデ科の多年草で地下茎は黄色、古来重要な漢方薬とされ、健胃剤、便秘薬などに配合されている。この大黄は一三〇〇年前から信濃国の特産物として都へ貢進されていた。現在も良質な品種が「信州大黄」とよばれている。

ところで重要なことは、「埴科郡」と「更科郡」は大黄を高井郡のように一郡ではなく両郡で合わせて貢進していること。さらに「播信郡」「讃信郡」および「埴科郡」「更科郡」の郡名表記から推して、信（科《しな》）野《の》郡から埴科と更科の二郡に分立したと判断できる。このことからも科野国成立当初の科野国府は、国名と同じ科野評《こおり》（郡）に置かれたであろうとする説が提示されている。古墳時代以来の森将軍塚《もりしょうぐんづか》をはじめとする巨大な古墳群からも科野国の中核拠点とみられている。

平城京跡出土木簡「播信郡」「讃信郡」（奈良文化財研究所蔵）

藤原宮跡出土木簡「高井郡」（奈良県教育委員会）

東山道の整備と国府の移転

しかし八世紀に入り、古代国家の最重要政策の一つは、東北地方の服属しない蝦夷《えみし》に対する「征討」であった。東北への蝦夷「征討」のための軍用道路としての東山道が整備されたことにともない、埴科・更科両郡から南下し、東山道が横断する小県郡《ちいさがた》（長野県上田市）に国府を移し、国分寺・国分尼寺も建てられ、国府としての威容も整えられていったのではないか。

なお、この時期、養老五年（七二一）～天平三年（七三一）の一〇年間「諏方国」が一時的に設置されている。

ただ『和名類聚抄』をはじめとする古辞書類にみる国府所在郡には、信濃国の場合、小県郡はみえず、筑《つか》摩《ま》郡だけが記載されている。甲斐国も、当初の国府が置かれたとされる「山梨郡」はなく、八代《やつしろ》郡のみの記載である。

災害による国府移転の可能性

明治・大正期の学者・大槻如電《おおつきにょでん》（一八四五～一九三一年）は、歴史書に国府移転と明記されてはい

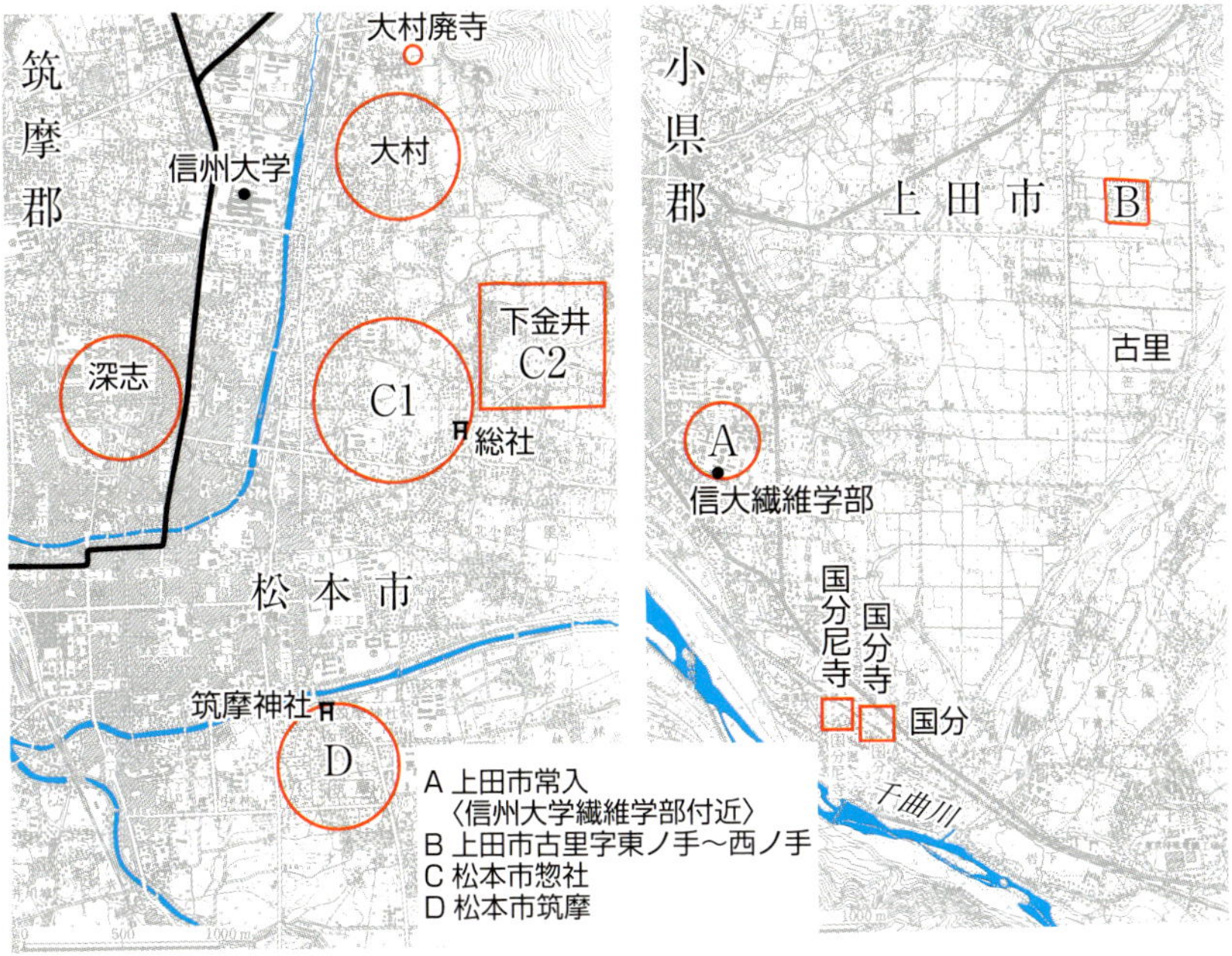

信濃国府学説地図（『国立歴史民俗博物館研究報告』10、1986年より作成）

古辞書類にみる国府所在郡

		東海道（一部）						東山道（一部）				
		遠江	駿河	伊豆	甲斐	相模	武蔵	信濃	上野	下野	陸奥	出羽
流布刊本（江戸時代の古活字本）『和名抄』（931～938年成立）	国名下注	国府豊田郡に在り	国府安部郡に在り	国府田方郡に在り	国府八代郡に在り	国府大住郡に在り	国府多磨郡に在り	国府筑摩郡に在り	国府群馬郡に在り	国府都加郡に在り	国府宮城郡に在り	国府平鹿郡に在り
	郡名下注	豊田				大住	多磨	筑摩	群馬	都賀		出羽
大東急文庫本（室町時代の古写本『和名抄』）	国名肩注	豊田	安部	田方	八代	大住	多磨	筑摩	群馬	都賀	宮城	出羽
	郡名下注	豊田				大住	多磨	筑摩	群馬	都賀		出羽
三巻本『色葉字類抄』（1144～1181年成立）		豊田国府			八代府	大住国府	多磨府	筑摩府	群馬府	都賀府	宮城府	平鹿府 出羽府

木下良『国府』（教育社）収載の表の一部、原文をもとに作成。

ないが、災害記事によって国府の移転が考えられると唱えた。その一つが『続日本後紀《しょくにほんこうき》』承和八年（八四一）二月十三日条に「信濃国言《もう》す。地震す。其《そ》の声、雷の如《ごと》く、一夜間凡《およ》そ十四度にして、墻屋倒《かきといえとう》頽《たい》し、公私共に損す」とある。地震によって、信濃国府は小県郡から筑摩郡（松本市）に移転したという。

松本市一帯は、かつて府中とよばれ松本市には総社《そうじゃ》が現存する。総社は惣社とも記し、国司の巡拝《じゅんぱい》・奉《ほう》幣《へい》の便宜のために国府の近くに、国内の多くの神社の祭神を一ヵ所に祀った神社のことである。

この九世紀中ごろの災害による信濃国府の移転を想定するならば、『和名類聚抄』が九世紀ごろの国府所在郡を記載していることと合致する。信濃国の国府移転は歴史書『続日本後紀』の詳細な地震記事に求めている点、出羽国府の例もあり、一つの解釈として理解できよう。参考までに、出羽国府の場合、嘉祥三年（八五〇）十月に出羽国で地震があり、「出羽郡の井口の地」にあった出羽国府が被害を受けたため、最上郡への国府移転を中央政府に申請したが、却下され、「旧府近側の高敞《こうしょう》の地」を選んで遷造されることになったのである。

山梨郡に置かれた当初の甲斐国府も笛吹《ふえふき》川の氾濫により、八代郡に遷置したとする説も出されているが、歴史書の水害記事は確認できず、その規模も明らかではない。むしろ前章で紹介したように、同じ災害でもはるかに規模の大きな富士山噴火に関する中央政府からの状況報告の要請に基づく国府の緊急対応として、山梨郡から八代郡への富士山噴火の鎮静化するまでの一時的な国府移転と解釈する方が成り立ち得るのではないだろうか。

国府と一宮の成立
甲斐国浅間神社への巡拝

国司の惣社参拝

古代の国府の役人（国司）のうち、守《かみ》（長官）・介《すけ》（次官）は、中央の貴族が任命され、各国に赴いた。名族とされた大伴氏一族の長であった大伴家持《おおとものやかもち》も天平十八年（七四六）から天平勝宝三年（七五一）まで越中《えっちゅう》（富山県）守を務めた。

国司は赴任した国内の格式の高い神社を順次参拝することが重要な任務であった。その様子を伝えるのが平時範《たいらのときのり》という貴族が記した、承徳三年（一〇九九）の日記『時範記《じはんき》』である。時範は因幡《いなば》国（鳥取県）の国守に任命され、承徳三年二月九日に京都を出発し、一五日の夜、国府に隣接した惣社《そうじゃ》に到着した。

その惣社とは何か。惣社は総社（岡山県総社市のように地名とし

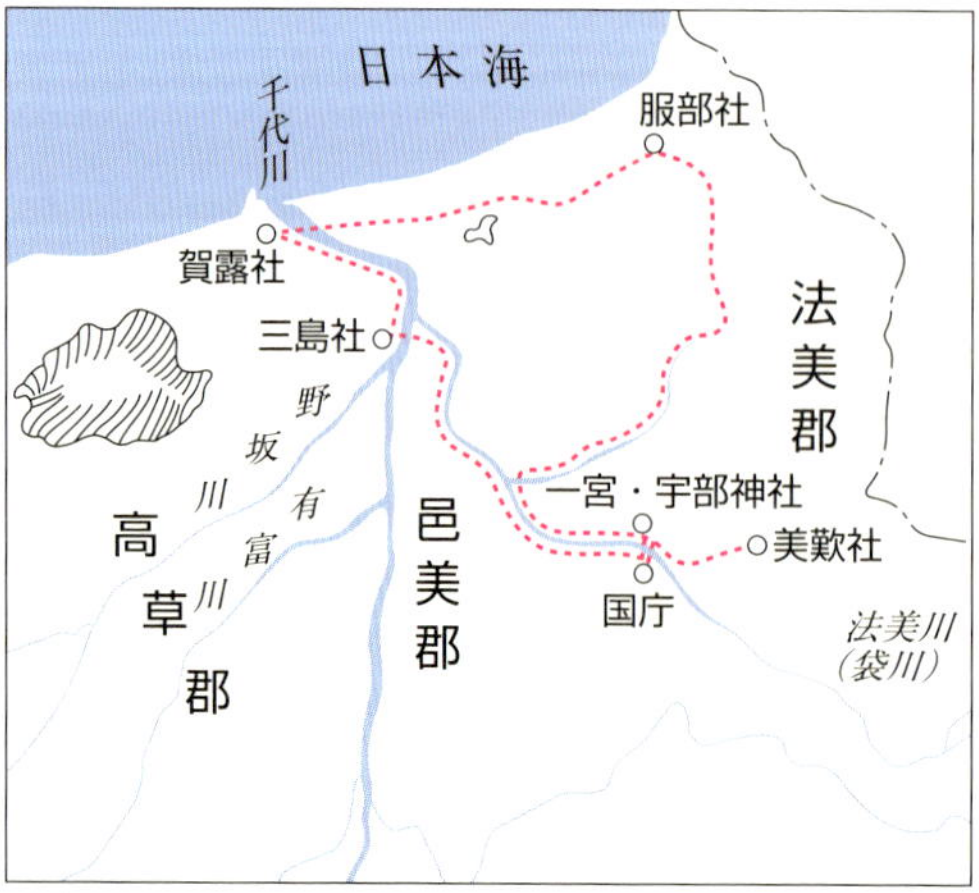

因幡国守・平時範が巡拝した神社（現在の神社に比定。なお坂本社は比定地不明。『鳥取県史Ⅰ　原始古代』の図をもとに作成）

て残る）とも記され、北陸の加賀国（石川県）の惣社の由来について、平安末期（長寛元年〈一一六三〉）成立した白山宮最古の縁起（創始の由来）『白山之記《しらやまのき》』に次のように記されている。

凡《およ》そ国々に必ず惣社・一の宮とて二社あり。加賀の国には白山は一の宮なり。府南は惣社なり。府南を惣社と名付くる事は、毎月朔日毎《ついたちごと》に、国の勅使、国の八社に詣《もう》で御幣《ごへい》を奉《たてまつ》り、これを礼《れい》し奉る。かの八社を廻る事、その煩《わずら》ひあるの間、一所にこれを祝ひ奉るが故《ゆえ》に、府南を惣社と名付くるなり。

『白山之記』によると、国司は毎月一日に国内の八社を巡拝し奉幣していたが、その手間を省くため、国府所在の能美《のみ》郡の府南社を惣社として、ここで一括して幣帛《へいはく》を奉納した。幣帛とは、織物・衣服・武具・酒などを神に捧《ささ》げることをいう。

また、新天皇の即位に際し、「大神宝使《だいじんぽうし》」とよばれる天皇の側近たちが、中央と地方の有力神社五〇社に、神宝と幣帛の奉献のため派遣されたが、この制度は、一〇世紀初めに整備された。その有力神社五〇社のほぼすべてがこののち「二十二社」・一宮に任じられている。

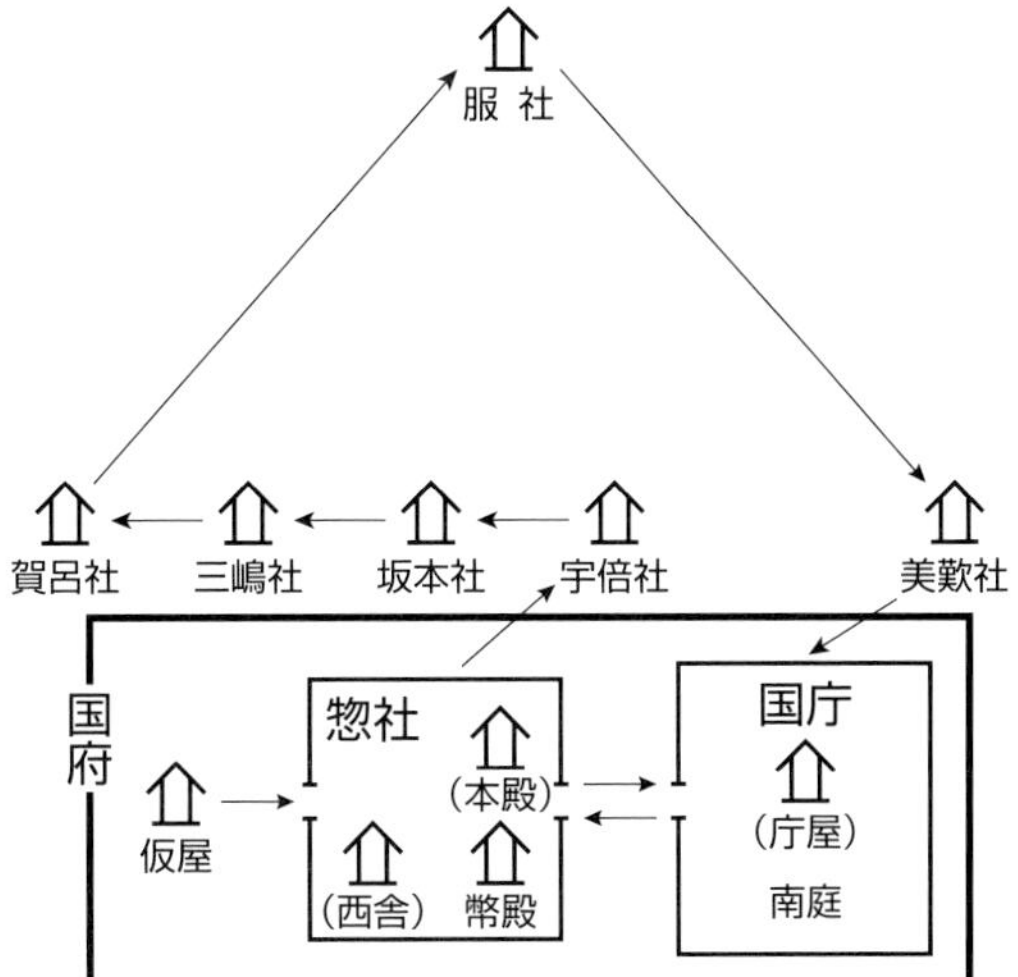

因幡国府・惣社と巡拝した神社（森公章『平安時代の国司の赴任』臨川書店、2016年の図をもとに作成）

各国の鎮守・一宮

二十二社とは、一一世紀中ごろから祈年穀《きねんこく》（年穀の豊年を祈る）・祈雨《きう》・止雨《しう》などの奉幣対象として、朝廷から崇敬をうけた神社（伊勢・石清水《いわしみず》・上賀茂《かみがも》・下賀茂《しもがも》・松尾・平野・稲荷《いなり》・春日《かすが》など）のこと。また、一宮は、北は陸奥《むつ》国塩竈《しおがま》社から南は肥後国阿蘇《あそ》社まで、各地方を代表する神社があげられているが、甲斐国一宮浅間《あさま》神社はこの五〇社に含まれていない。その一宮は「国鎮守」とされるが、「国鎮守」とは、各地域における政治・社会秩序の維持・安定のための守護神ということであり、「国中第一の霊神」＝「一宮」とされた。この一〇世紀初めの大神宝使制の成立を受けて『時範記』にみえる国司神拝《しんぱい》が始まったとされている。

『時範記』によると、神拝は惣社から始められ、次いで国府の北に所在する法美《ほうみ》郡の宇倍《うべ》宮、坂本社・三嶋社・賀呂社・服《はとり》社・美歎《みたみ》社の順で巡拝した。宇倍神社は『延喜式《えんぎしき》』では、因幡国で唯一の名神大社《みょうじんたいしゃ》で、一宮として崇敬されていた。

因幡国の「一宮」の語の初見は、右大臣《うだいじん》藤原宗忠《むねただ》の日記『中右記《ちゅうゆうき》』元永二年（一一一九）七月三日条に、宗忠の子宗成が因幡守として、「一宮」で臨時祭を挙行させたと記す。なお、一宮宇倍神社の社司は、在庁官人（地方官僚）のなかで最も有力者である因幡介（次官）の久経《ひさつね》が兼任していた。

国司が国司としての職務＝「国務」を執り行うのは神拝を経て後のことであり、しかも、まず第一に行うべき重要国務は神社の修理と定められていた。

このように古代から中世にかけて、諸国において一宮制が成立し、整備され、甲斐国においても、一宮浅間神社とともに、二宮美和《みわ》神社・三宮玉諸《たまもろ》神社が、国府と密接に関わりながら整えられていったのであろう。

富士山噴火と甲斐国浅間神社の創始

貞観六年（八六四）の富士山大噴火は、古代の人びとをして、そこに居《ま》します神の怒り・祟《たた》りと受けとめた。そこで富士山を挟んで駿河《するが》国と甲斐国の南北に浅間《せんげん》神社を設置することとし、新たに甲斐国八代郡そして山梨郡に相次いで、浅間神社を祀《まつ》らせた。貞観六年の噴火口は、富士山北西麓側の火山であり、河口湖東岸に鎮座する河口浅間《あさま》神社からは、湖面をとおして南西方向に噴火口を望み、丁重な鎮めのまつりを行ったのではないか。

一方、山梨郡内に置かれた浅間神社は、古代末から中世にかけて、諸国一宮制の整備のなかで、前期国府（山梨郡―笛吹《ふえふき》市春日《かすが》居町国府《こう》）、後期国府（八代《やつしろ》郡―笛吹市御坂《みさか》町国衙《こくが》）との関連から、「甲斐国一宮」として格付けられたのであろう。

御幸祭と甲斐浅間神社の祭祀

その甲斐国一宮浅間《あさま》神社と二宮・三宮の関係と国司巡拝を今に伝えるのが、甲斐国を代表する祭り「御《お》幸祭《みゆきまつり》」である。以下、この祭りについて、富士山世界遺産センター（富士河口湖町）学芸員の堀内真氏の研究を参考に簡単に触れておきたい。

四月第二亥《い》の日に行われる御幸が最も重要な祭礼であった。二宮美和明神（美和神社）と三宮国玉《くにたま》明神（玉諸神社）と合同で祭礼が行われ、十一月の初亥の日にも三社が合同で上石田村三社《さんしゃ》神社（現甲府市上石田）へ御幸をした。これらの御幸をそれぞれ夏御幸、冬御幸と称し、甲府盆地内随一の大祭・公祭として、その道筋は旧来の道（御幸道という）を変更せずに一定の格式をもって行われてきた。

一宮浅間神社の大祭は、夏冬二度の川除《かわよ》け（堤防を堅固にし、川底をさらい、河川の氾濫を防ぐ工事をすること）祭りである。富士山の鎮めを第一とする神社の祭りではなく、浅間神社のある盆地一帯の農業に水を供給する水神ないしは川除けの神となり、甲斐国一宮にふさわしい勧農《かんのう》の神の祭礼である。御坂山塊

「大神幸祭宝暦絵巻」（部分、甲斐国一宮 浅間神社蔵）
江戸時代まで甲斐の一宮・二宮・三宮によって合同で行われていた。その神輿渡御（みこしとぎょ）は大名行列風の風流をともなっていた。

御幸祭（笛吹市一宮町一ノ宮）

を隔てて甲府盆地に祀られる一宮としての浅間神社は、富士山の火山活動の沈静化以降、この地の神社として、より緊急の課題である河川の氾濫から耕地を守護し、生産をあげていくことを何にもまして重要な祭祀《さいし》とした。

格式の獲得と系図の整備

笛吹市の一宮浅間神社の宮司家に伝わる「古屋《ふるや》家《け》家譜《かふ》」において、甲斐国の大伴（伴）氏の始祖を六世紀の大伴連公磐《むらじのきみいわ》に求め、「甲斐国山梨評山前之邑《こおりやまさきのむら》」に遷居したこととした。八世紀末の延暦の富士山噴火以降、甲斐大伴（伴）氏の一族の長は八代郡の郡領、貞観六年（八六四）の大噴火以降は浅間神社の神官を兼務する。

古代末から中世にかけての一宮制の成立・整備にともない、国府の置かれた山梨郡に設立された浅間神社は甲斐国一宮として最も高い格式を得た。その段階で、大伴氏の本系図と、始祖を「大伴連公磐」に求め、甲斐国八代郡ではなく「山梨評（郡）山前邑」に遷居という設定の系図を整備したのではないだろうか。

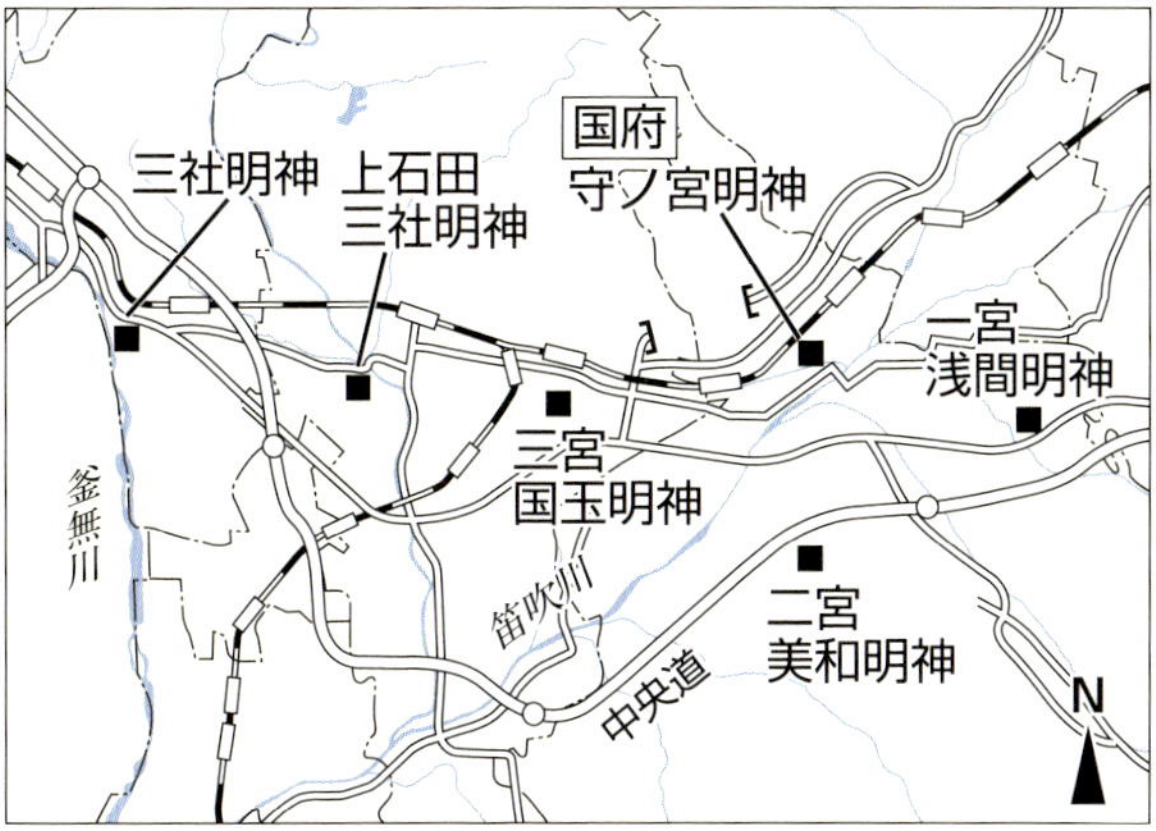

三社御幸の道筋と関係神社

国分寺と国府

出土文字が伝える信仰・文化

国分寺・国分尼寺の創建

甲斐《かい》国府《こくふ》の最先端技術による多様な生産と流通システムなどの都市景観は、西部のみでなく東部にも大きく展開している。その中核をなすのは国分寺（僧寺）と国分尼寺《にじ》である。

奈良時代、聖武《しょうむ》天皇と光明《こうみょう》皇后は、国ごとに国分寺と国分尼寺を、都には総国分寺として東大寺《とうだいじ》を建て金銅の大仏を造らせた。国家は仏教に対して、呪力《じゅりょく》で国家に繁栄をもたらすことを期待した。律令国家の統制を受ける寺院の内部では鎮護国家のための修法《しゅほう》（災いをはらい福を祈る作法）を行い、僧尼たちが修行をつんでいた。

天平十三年（七四一）、「国分寺建立詔《みことのり》」といわれる長文の詔勅《しょうちょく》（天皇の命令）が出された。国分寺には塔を造り、聖武天皇から配布された金泥《きんでい》（漆でといた金粉）で書き写した『金光明最勝王経《こんこうみょうさいしょうおうきょう》』と『法華《ほけ》経《きょう》』を塔に納めることとされた。さらに、僧寺は「金光明四天王護国之《してんのうごこくの》寺《てら》」とし、僧二〇人、封戸《ふこ》（租は半額、庸・調は全額を寺に納める戸）五〇戸、水田一〇町を置き、尼寺は「法華《はっけ》滅罪之《めつざいの》寺《てら》」とし、尼一〇人、水田一〇町を置くこととされた。

国分寺・国分尼寺に関わる墨書土器

国分寺の所在地の多くは、国府が置かれた郡である。甲斐国の国府は奈良時代には、山梨郡（現笛吹市春日居町国府《こう》）に置かれていたとされ、現在の笛吹市一宮町国分《こくぶ》に国分僧寺が、その北方約五〇〇《メートル》の同市一宮町東原に国分尼寺が建立された。これまでの発掘調査による出土土器から、甲斐国分僧寺は七五〇年前後に創建され、国分尼寺は僧寺よりやや遅れて七五〇年代中ごろに着手したと推定されている。

甲斐国国分二寺（国分寺、国分尼寺）跡および周辺遺跡の発掘調査で「金寺」「法寺」「花寺」という墨書土器が出土している。「金寺」は僧寺「金光明四天王護国之寺」、「法寺」「花寺」は尼寺「法華（花）滅罪之寺」という正式寺名をそれぞれ

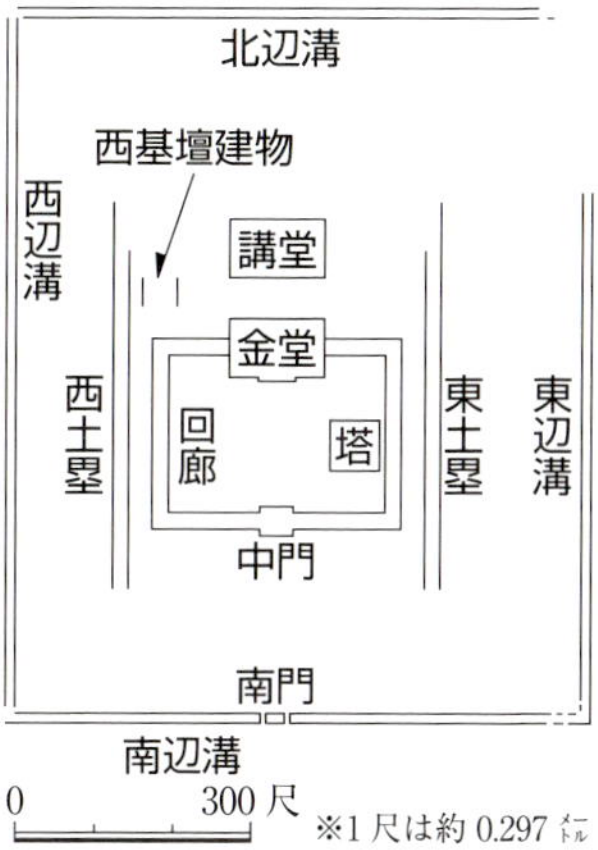

甲斐国分寺伽藍配置図

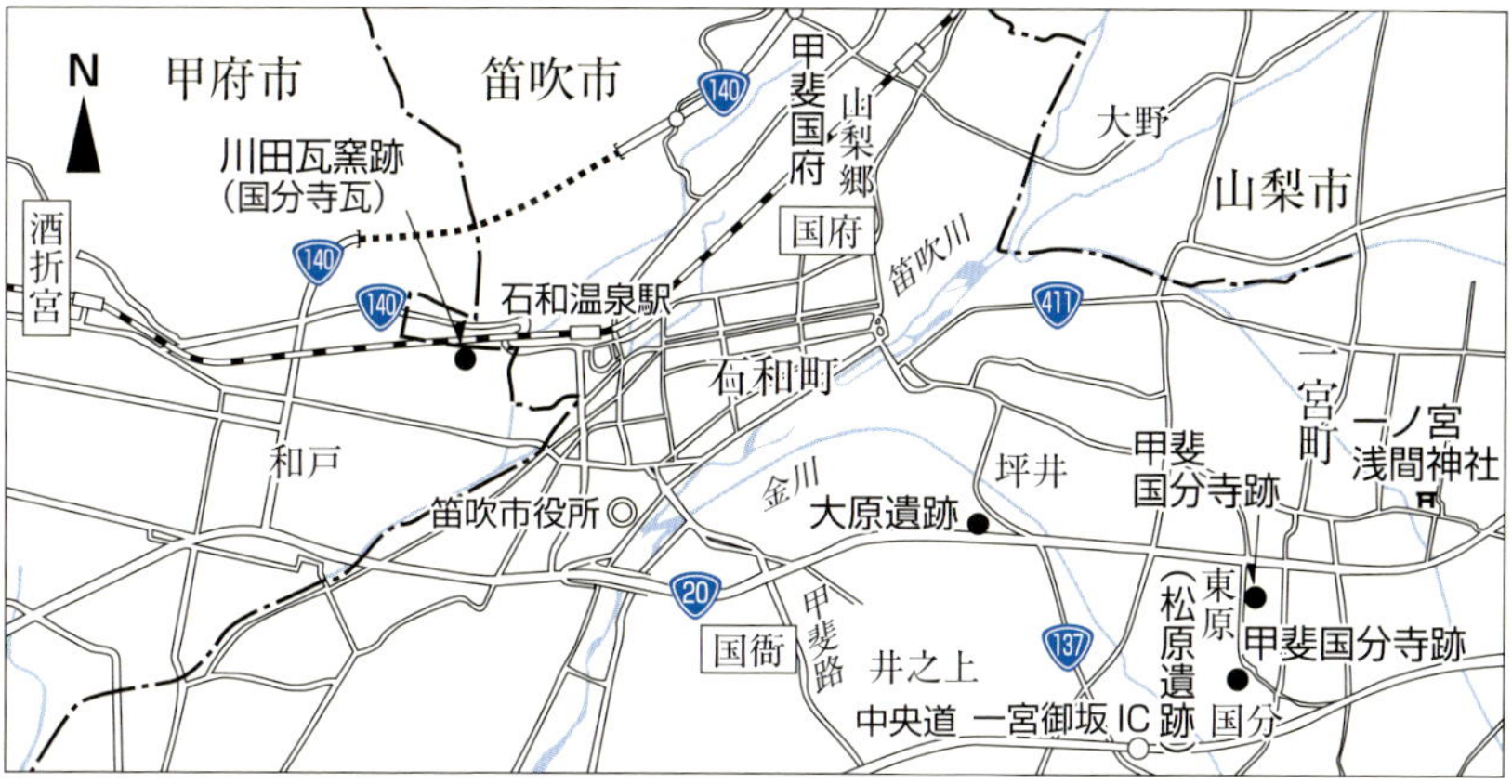

国分寺・国分尼寺・国府と山梨郡内の郷分布

甲斐国分寺の鬼瓦と軒丸瓦
（笛吹市教育委員会蔵）

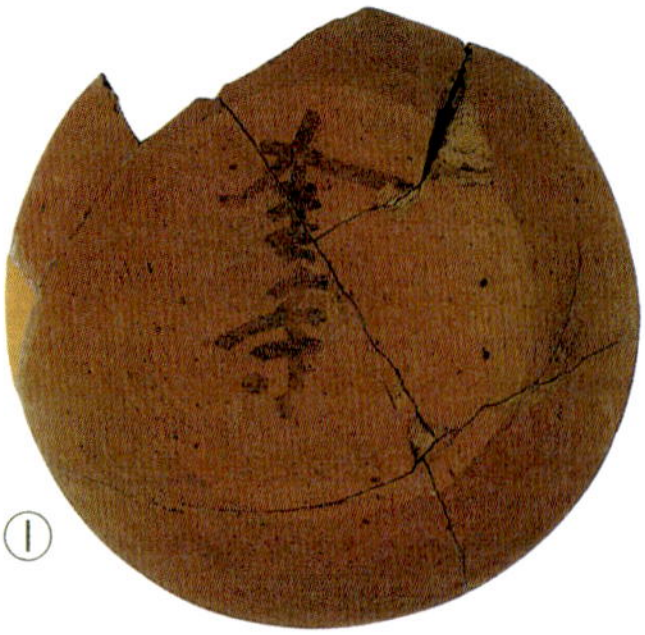

①

②

③

①「金寺」銘墨書土器
（笛吹市一宮町金山遺跡出土）
②「法寺」銘墨書土器
（笛吹市一宮町甲斐国分尼寺遺跡出土）
③「花寺」銘墨書土器
（甲斐国分尼寺遺跡出土）
3点とも笛吹市教育委員会蔵

略したものである。

一方、僧寺と尼寺を合わせた総称として、寺名と併用して「国分寺」の用語が使われている。日常、僧寺は「金光明寺」「金寺」、尼寺は「法華寺」「法寺」などの寺名を用い、「国分寺」は非日常の特別な場合に用いたとされている。その「国分寺」と記された墨書土器も、同市一宮町東原の松原遺跡から出土し、九～一〇世紀の土師器《はじき》の皿の体部外面に鮮やかな筆致で書かれた貴重な資料である。

「国分寺」銘墨書土器（笛吹市一宮町の松原遺跡出土、笛吹市教育委員会蔵）

国分二寺の僧尼たちを統括するのは、国師《こくし》である。延暦十四年（七九五）には国師を改称して国ごとに「講師《こうじ》」が置かれ、講師を補佐したのが「読師《とくし》」である。甲斐国分二寺跡をはじめ、諸国の国分寺跡の発掘調査で、「講院」「読院」などと墨書された土器が出土しており、講読師制が実際に機能していたことがわかる。

国分寺の選地

国分寺建立詔の一節に注目すると、「その造塔の寺は、兼ねて国華とせむ。必ず好《よ》き処《ところ》を択《えら》びて、実《まこと》に久しく長《なが》かるべし。人に近くは、薫臭《くんしゅう》の及ぶ所を欲《ほり》せず。人に遠くは、衆《もろもろ》を労《わずら》はして帰集することを欲《ねが》はず」とある。

国分寺は〝国の華〟であり、国分寺造営に際しては国府や官道に近く、人家の密集地を避けることとされた。甲斐国分寺は、国府が設置された山梨郡内にあり、官道である甲斐路が付近を通り、また水利に適する笛吹川の支流である金川《かねがわ》に面した絶好の地が選ばれた。国分寺の創建の軒丸《のきまる》・軒平《のきひら》瓦を生産した国府西部の川田瓦窯《かわらかま》（甲府市川田町）は、運河を開削し、笛吹川、金川の水運を利用して国分寺に供給していた。

国分二寺（国分寺、国分尼寺）周辺の集落遺跡の状況からも、この国分寺建立詔の立地条件に適合する選地が実施されたことがわかる。

大集落と墨書土器

国分二寺周辺の遺跡のなかでも、最大規模の集落跡は、笛吹市一宮町坪井の大原《おおはら》遺跡である。本遺跡は御坂《みさか》山地八丁峠付近に源流をもつ金川によって形成された扇状地の先端部にあり、一宮町と石和《いさわ》町の境界線上に位置する。一九八八年から八九年にかけて二万二四〇〇平方メートルが発掘調査され、古墳時代中期から平安時代末ごろにかけての竪穴《たてあな》住居跡三五八軒が検出され、遺跡の一部の五六〇〇平方メートルは盛土《もりど》保存された。

「薬□（司）
玉井郷長□」

「薬」銘墨書土器
（2点とも笛吹市一宮町大原遺跡出土、笛吹市教育委員会蔵）

竪穴住居跡は平安時代になると爆発的に増加し、本遺跡で検出された住居跡の九〇%以上を占めている。墨書土器の出土量は県内でも有数な量の五五五点。硯《すずり》も、土師器の風字《ふうじ》硯《けん》（「風」の字に似た形の硯）二点と須恵器《すえき》などの転用硯が一〇〇点ほど確認されている。

墨書土器では、土師器坏《つき》の口縁部小破片に非常に小さな文字で次のように書かれている。

「　薬□(司)
　玉井郷長
　□」

『和名類聚抄《わみょうるいじゅしょう》』によると、山梨郡の郷名は右の図のとおりである。

山梨郡の場合、ほとんどの郷は、現在に遺る地名から比定地がほぼ定まっている。

▽於曽《おぞ》―甲州市塩山上於曽・下於曽▽能呂《のろ》―笛吹市一宮町北野呂・南野呂▽井上―同市御坂町井之上▽石禾《いさわ》―同市石和町▽表門《うわと》―甲府市和戸町に隣接する横根町に所在する大坪遺跡から出土したヘラ書

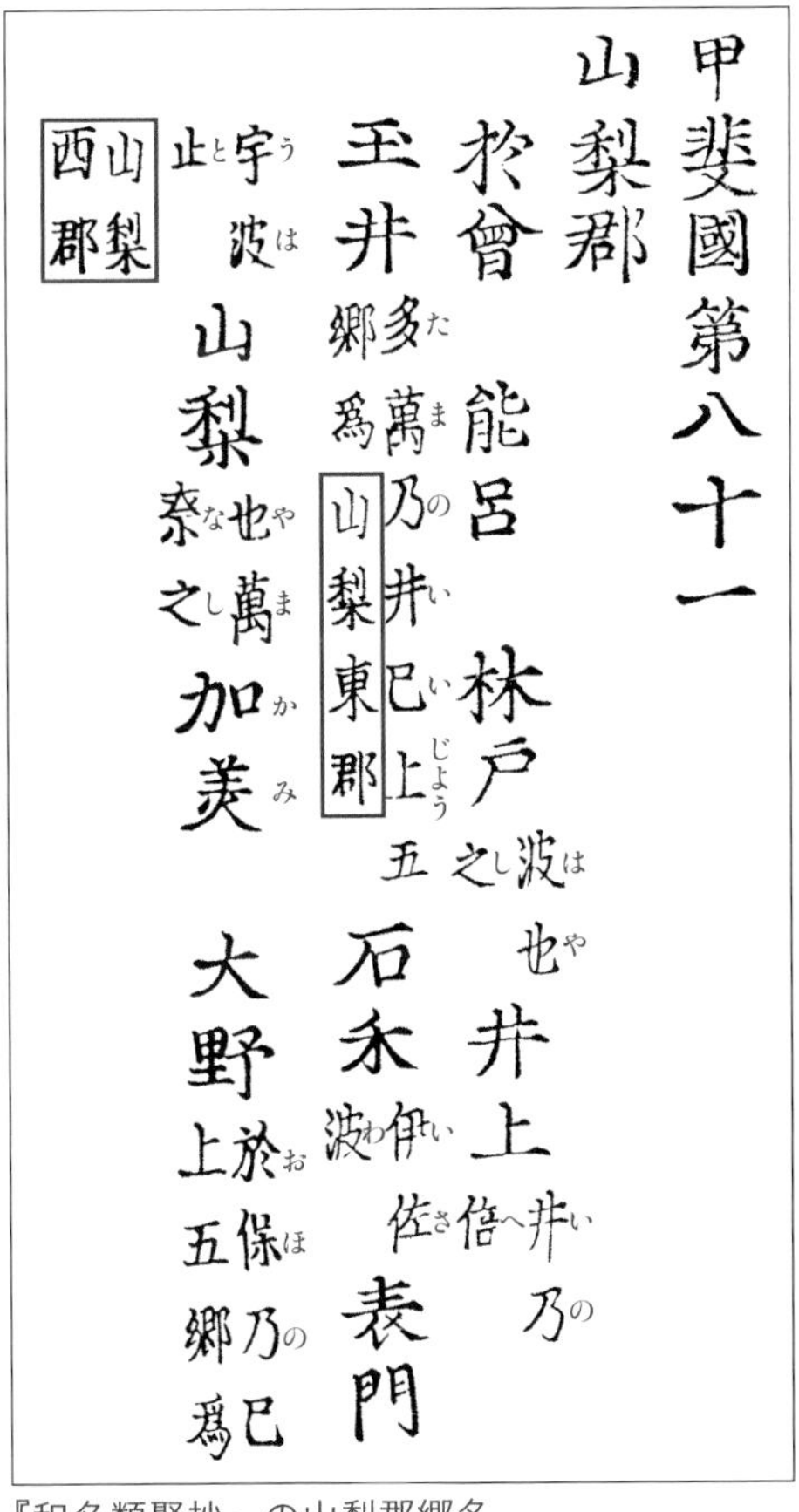

『和名類聚抄』の山梨郡郷名

き土器「甲斐国山梨郡表門」により表門（ウワト）が和戸（ワト）に変化▽山梨—笛吹市春日居町鎮《しず》目《め》に山梨市岡（延喜式内社「山梨岡神社」）▽加美《かみ》—遺称地はないが山梨市北部中心▽大野—同市大野。

墨書土器にあらわれた薬の役所

そのなかにあって玉井郷の位置は現在に遺る地名がなく、諸説あったが、この墨書土器「玉井郷長」（玉井郷の行政責任者）の発見により、大原遺跡の所在する笛吹市一宮町坪井の地が玉井郷と判断できよう。なお、一行目は「薬司」と読むことができ、本遺跡から「薬」と一文字で記した墨書土器も三点確認されている。

「東　石禾」銘墨書土器
（「東」は別筆、松原遺跡出土、笛吹市教育委員会蔵）

律令法の施行細則を一〇世紀初めに集成した法典『延《えん》喜《ぎ》式《しき》』によると、宮内省所管の典薬寮《てんやくりょう》（官人の医療を担当し、医師らを養成する役所）に「九月九日くれのはじかみ（生姜の古名）二〇把《は》を〝薬司〟に附《ふ》して供す」と記されている。甲斐国分二寺にも「薬」に関わる役所「薬司」の存在を想定できよう。

古代の山梨郡に関する地名も国分二寺周辺のいくつかの遺跡で確認できる。同市一宮町東原の松原遺跡から「林戸《はやし》」と墨書された土師器坏（九世紀前半ごろ）、また

「石禾」と「東」を並列に記す、二点の土師器坏（九世紀）が出土している。この松原遺跡の所在する古代の林戸郷はまさに石禾郷《いさわ》（笛吹市石和町）の東に隣接している。

「国の華」として地方文化の中心であった甲斐国分寺・国分尼寺が、その周辺を含めて、甲斐国の信仰や文化の精粋とよぶにふさわしいことを、ここに紹介した豊富な内容と熟達した字体の文字資料が如実に物語っているであろう。

第二部

地方行政の実態

坂東の要・武蔵国
東山道から東海道への移管

武蔵国と相模国

現在の関東地方の前身「坂東《ばんどう》八国」(相模《さがみ》・武蔵《むさし》・上野《こうずけ》・下野《しもつけ》・下総《しもうさ》・上総《かずさ》・安房《あわ》・常陸《ひたち》)のなかで異彩を放つ国は武蔵国である。

これまで、武蔵国は相模国との関係で語られてきた。両者の国名由来がその端的な例である。江戸時代の本居宣長《もとおりのりなが》は「牟佐《むさ》」が「牟佐上《むさかみ》」「牟佐下《むさしも》」の二国に分割され、「牟佐上」の「む」が略されて「さがみ(相模)」に、「牟佐下」の「も」が略されて「むさし(武蔵)」となったと説いている。ただし「牟佐」の意味は不明である。

ところで相模の古い訓《よ》みは、『古事記』上巻(歌謡)「さねさし佐賀牟の小野に燃ゆる火中《はなか》に立ちて問ひし君はも」とあるように、「さがみ」ではなく、「佐賀牟《さがむ》」と知られている(「さねさし」は相模にかかる枕《まくら》詞《ことば》)。

また、古代の国を分割した国名の付け方は、上・下の場合、上毛野(上野)・下毛野(下野)、上総・下総のように冒頭に上・下と記し、前・中・後の場合、越前《えちぜん》・越中《えっちゅう》・越後《えちご》、備前《びぜん》・備中《びっちゅう》・備後《びんご》のように末尾に前・中・後を記す。その点からも、本居宣長の解釈は成り立ちがたい。

武蔵の国の立地と所属

武蔵国の立地をみると、隣国六国（甲斐・信濃《しなの》・相模・上野・下野・下総）と境を接している。この六国と境が差し向かい合っていることこそ「六差《むさし》」という国名の由来であると江戸時代成立の『武蔵志料』（山岡凌明著）にも説かれている。いうまでもなく、古代の武蔵国は現在の東京都と埼玉県を含めた領域である。その武蔵国の国府は、武蔵国の南部、現在の東京都府中市の東京競馬場に近い大国魂《おおくにたま》神社境内に置かれていたことが発掘調査で明らかになった。東海道《とうかいどう》ルートでいえば、甲斐→相模そして武蔵となるべきであるが、八世紀後半までは、武蔵国は広域行政区としては、東海道ではなく、東山道《とうさんどう》に属していたのである。甲斐国が東海道と東山道を結節させる役割を果たしたと同様に、武蔵国はさらに大規模に東海道・相模国東部（夷参駅《いさまのうまや》）からほぼ直線道路で東山道の上野国新田駅（群馬県大

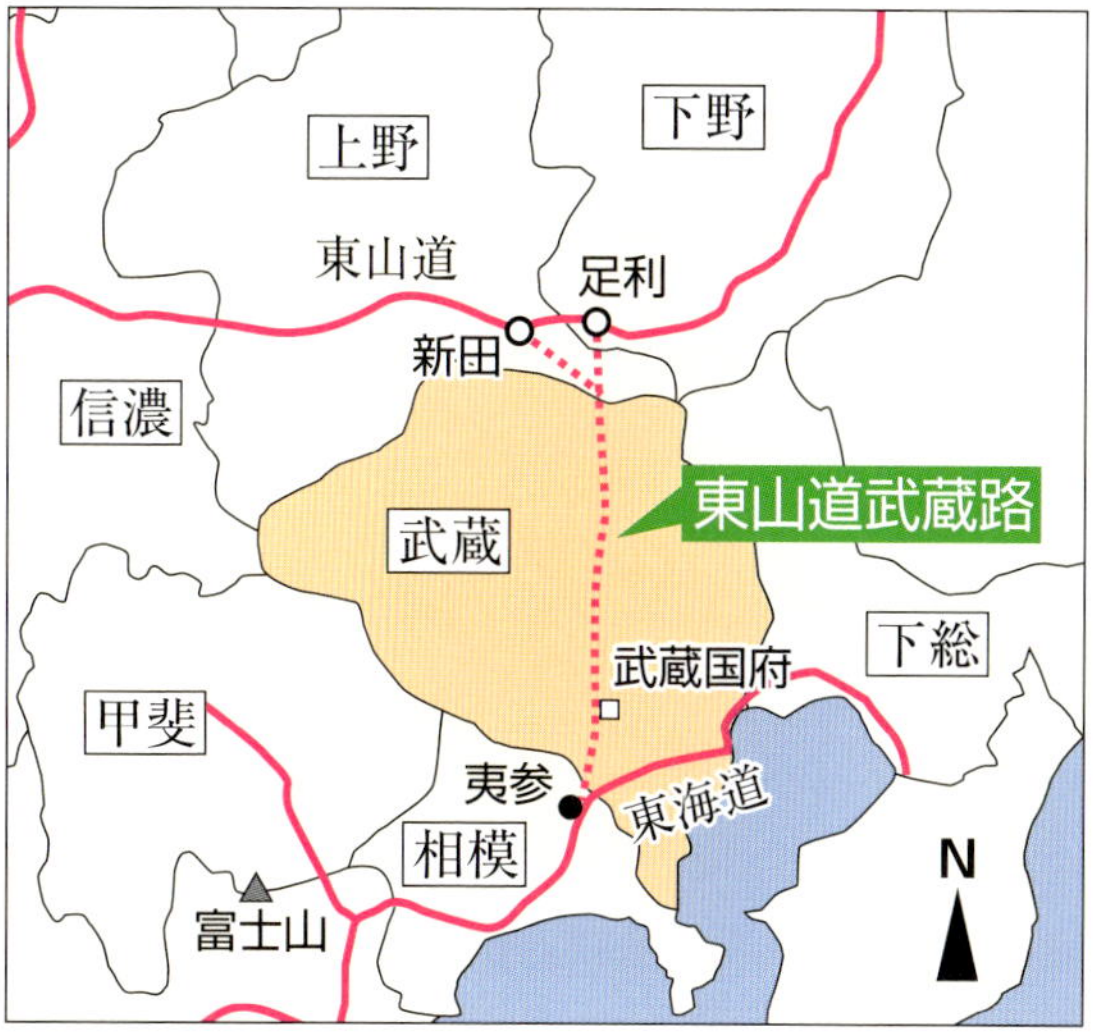

武蔵国と周辺六国

田市）および下野国足利駅《あしかが》（栃木県足利市）と連結させていたのである。

東山道武蔵路

その直線道路は東山道武蔵《むさし》路《みち》とよばれる。一九九五年に、東京都国分寺市の旧鉄道学園内の発掘調査によって、幅約一二メートルの直線道路が三四〇メートルにわたって検出された。また、武蔵国府跡の西方約一キロの府中市分《ぶ》梅《ばい》町から古代道路が国分寺市東恋ヶ窪まで、約四・五キロにわたって一直線に通っていることも確認されている。それらの道路の構造は両側に側溝を備え、路面を踏み固めた程度のものであるが、両側

東京都国分寺市で発掘された推定東山道武蔵路
（武蔵国分寺跡資料館提供）

溝間一二メートルの直線道路である。しかも、国分寺市西恋ヶ窪付近の東山道武蔵路は、低地部分を横切る地点では、砂礫《されき》層上面に粗朶《そだ》（葦《あし》や木の枝など）を敷き、その上に径一〇〜二〇センチの礫《れき》を敷きつめ、さらにその上に版築《はんちく》（板で枠《わく》を作り、土をその中に盛り、一層ずつ杵《きね》でつき固める築造法）により土を積み上げるという工法で作られている。

東山道に属する陸奥国や下野国などの役人が、平城京に向かう時には、東山道から武蔵路を経て東海道に入っている。たとえば、天平十年（七三八）の正倉院文書「駿河国正税帳《しょうぜいちょう》」（駿河国の天平九年度の財政報告書）によると、陸奥国から都へ進上した馬とその引率者がおそらく東山道から武蔵路を南下し、駿河経由で都へ向かったことが記されている。また、反対に、万葉歌人としても有名な大宰大弐《だざいのだいに》（大宰府の長官）小野朝臣老《おゆ》という人物が重い病を患い、療養のため下野国那須湯（那須温泉）まで行くのに、駿河国を通過し、その後、武蔵路を経由したのであろう（小野老の短歌「あをによし奈良の都は咲く花のにほふがごとく今盛りなり」『万葉集』巻第三―三二八番）。

東山道から東海道への所属替え

『続日本紀』宝亀二年（七七一）十月二十七日条によると、武蔵国は東山道に所属するが、東海道の往来をも承《う》けていたために公使繁多となっていたので、武蔵国の所属を東山道から東海道に改めることとしたと記されている。

古代には、東海道が「ウミノミチ」とよばれたのに対して、東山道は「ヤマノミチ」とよばれ、陸奥《むつ》・

出羽《でわ》など古代国家の東および北の辺境に至る最も長い官道であった。古代官道が都と各国との間の政務伝達や租税の輸送などに利用されたのに加えて、東山道は東北地方の蝦夷を征するいわゆる「征夷《せいい》」の道として、物資や兵士などの輸送路でもあった。

先に紹介した中央政府が、宝亀二年に広域行政区として東山道から東海道に変更したのは道路事情のみでなく、さらに大きな変更理由があったのではないか。

それは、東山道を「征夷」の道として兵士と物資を輸送するのはきわめて過重な負担となり、しかも、八世紀後半からの大規模な「征夷」事業の展開は、主たる輸送手段を武蔵国をはじめとする東海道諸国による海上からの輸送に切り換えざるをえなかったからであろう。

命令伝達のしくみ——官道と河川による区分

一〇世紀前半当時の日本は、六六ヵ国と二島（壱岐《いき》・対馬《つしま》）、五九二郡、約四〇〇〇郷であった。一国内の行政支配を徹底させ、命令伝達などの各郡間の時間的ずれ（タイム・ラグ）をできるだけ少なくするために、道前《みちのくち》・道後《みちのしり》という方式が実践されていた。国内を二分し、都に近い地域を道前（「道口」とも書く）、遠い地域を道後とする広域行政区画を設定したのである。国からの命令書（符《ふ》）を多くは二通発行し、道前・道後の各郡をリレー式に伝達するシステムとしても活用された。

ただ、道前・道後制は正式な律令制度として規定されたものではないので時期的な郷の改廃を考慮しながら、各国ごとの実態を調査し証明しなければならない。上野国は一四郡一〇二郷という広大な国を二分して貫く古い流路の利根《とね》川と官道である東山道が、国内を西部（道前）と東部（道後）に区分したのであろう。西部（道前）は碓氷《うすい》・片岡・甘楽《かむら》（良）・多胡《たこ》・緑野《みどの》・那波《なは》の六郡五一郷、東部（道後）は国府の所在する群馬郡をはじめ、吾妻《あづま》・利根・勢多《せた》・佐位《さい》・新田・山田・邑楽《おはらき》の八郡五一郷で、文字通り二分されている。この上野国と同様に、武蔵国の場合も東山道・武蔵路が武蔵国のほぼ中央を縦断していることから、武蔵路の西部（道前）・東部（道後）に二分されていたのではないか。

西部（道前）は入間《いるま》・高麗《こま》・比企《ひき》・横見・大里・男衾《おぶすま》・幡《は》羅《ら》・榛沢《はんざわ》・賀美・児玉・那珂《なか》・秩父《ちちぶ》の一二郡六〇郷、東部（道後）は国府の所在する多麻《たま》郡をはじめ、都築《つづき》・久良《くら》・橘《たち》樹《ばな》・荏原《えばら》・豊島《としま》・新座《にいざ》・足立《あだち》・埼玉《さきたま》の九郡六〇郷と文字どおり二分され、道前・道後がほぼ同規模であることが文書伝達・行政実務などにおいて、合理的な行政区分といえる。

律令郡制がしかれたときに、地方豪族としての郡領氏族の拠点が中核となり、郡家所在郷が設定され、その郷名は郡名を冠した郡名郷である。また大家《おおやけ》郷も豪族の拠点を示し、郡家所在郷であろう。それらに対して、郡家郷は郡家所在郷として郡家経営を目的として、一定の戸を他郷から割いて設定したのであろう。『和名類聚抄』には、「郡家郷」と称する郷

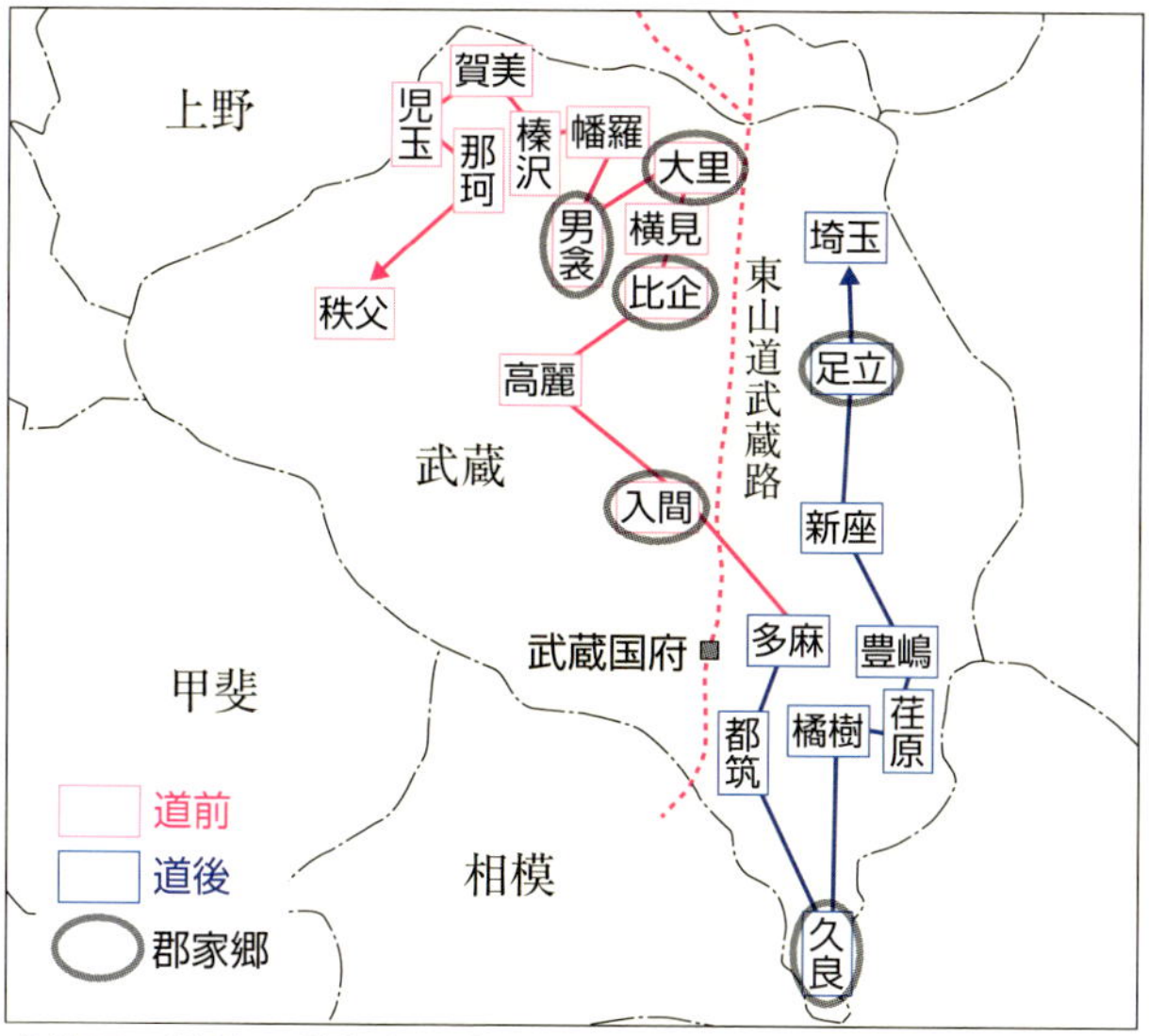

武蔵国の道前・道後方式案

が六ヵ国の一五郡に存在するが、そのうち武蔵国に六郡も設置されていることに注目したい。

諸国の財政の出納状況や現在量を記録した正税帳《しょうぜいちょう》という帳簿（正倉院文書）によると、官道沿いの各郡は中央・地方の役人が公務で通過する際に彼らの食料などを支給する過重な負担を課せられた。七道制整備としての東海道と東山道はともかく、七世紀後半から八世紀前半に古代国家の東国・東北支配政策で新たに設置された東山道武蔵路はおそらく沿道の郡を支配する地方豪族の抵抗と、その対策として新たに郡の行政に特化した郡家郷を設置したことが想定できるのではないか。六郡のうち、五郡はいずれも武蔵路沿いの、足《あ》立《だち》（七郷）・入間《いるま》（八郷）・比企《ひき》（四郷）・大里《おおさと》（四郷）・男衾《おぶすま》（八郷）の有力郡である。

甲斐国の行政区分と河川

これらの国を参照しながら、甲斐国についても、道前・道後制を想定してみたい。

甲斐国の郡郷配置と道前・道後方式案

甲斐国の国府所在の山梨郡は笛吹川を挟み東西に行政が二分されていた（本書149ページの「地方行政区分と郡役所」を参照）。山梨郡は『和名類聚抄《わみょうるいじゅしょう》』（一〇世紀前半成立）によると、一〇郷のうち、於曽《おぞ》・能呂《のろ》・林部・井上・玉井の五郷を「山梨東郡」、石禾《いさわ》・表門《うわと》・山梨・加美・大野の五郷を「山梨西郡」とされていた。

この山梨郡と同様に、甲斐国全体も笛吹川・富士川で行政的に分けられていたのではないか。すなわち、官道に近い東部（道前）は国府山梨東郡五郷から発して、八代《やつしろ》郡五郷・都留《つる》郡七郷、一方西部（道後）は、国府・山

武蔵国（抜粋）

久良郡
鮎浦《布久良》　大井《於保井》　服田《波止太》　星川《保之加波》
郡家　諸岡《毛呂乎加》　洲名《須奈》　良椅《与之波之》

橘樹郡
高田《多加太》　橘樹《多知波奈》　御宅《美也介》　県守《安加多毛利》
駅家

荏原郡
蒲田《加万太》　田本《多毛止》　満田《上音下訓》　荏原《江波良》
覚志《加々之》　御田　木田《木多》　桜田《佐久良太》
駅家

足立郡
堀津　埴田《宇恵太》　稲直《伊奈保》　郡家
大里　余戸　発度

入間郡
麻羽《安佐波》　大家《於保也介》　郡家　高階《太加之奈》
安刀　山田《也万多》　広瀬《比呂世》　余戸

高麗郡
高麗《古万》　上総《加無豆布佐》

比企郡
郡家　渭後《沼乃之利》　都家《都介》　醎瀬《加良世》

埼玉郡
大田《於保太》　笠原《加佐波良》　草原《加也波良》　埼玉《佐以万多》
余戸

大里郡
郡家　楊井《也木井》　市田《以加多》　余戸

男衾郡
榎津《衣奈都》　鴉倉　郡家　多笛　川原
幡々　大山　中村

幡羅郡
上秦　下秦　広沢　荏原　幡羅
那珂　霜見麗《之毛美》　余戸

榛沢郡
新居　榛沢　瞻形　藤田　余戸

那珂郡
那珂　中沢　水保　弘紀

『和名類聚抄』元和古活字本（筆者注＝══郡家郷、┄┄郡名郷、──大家郷）

梨西郡五郷、巨麻《こま》郡九郷とほぼ二分されていたと想定できるのではないか。

この古代の東部（道前）と西部（道後）が、笛吹川・富士川の流路の変遷のなかで、その後、中世以降現代に至るまで甲斐国・山梨県にどのような影響を与えたのだろうか。

古代の医療官人の発見
正倉院宝物に記された国医師

正倉院宝物の銘文解読——甲斐国貢納の布に記された墨書

〝奈良の大仏〟とは、東大寺大仏殿の本尊で、毘《び》盧《る》舎那《しやな》仏《ぶつ》という高さ約一五メートルの金銅座像のことである。聖武《しょうむ》天皇の発願《はつがん》により天平勝宝元年（七四九）竣工《しゆんこう》、同四年四月九日大仏開眼《かいげん》供養会が実施された。その当日の儀式で使用された太孤児《たいこじ》という伎楽《ぎがく》（仮面舞踊劇）面とそれを入れた白絁《しろあしぎぬ》（太糸で織った粗製の絹布）製の袋が正倉院に遺《のこ》っている。この面袋の白絁裏には、銘文が墨書されていた。松嶋順正氏による釈文（『正倉院寶物銘文集成』一九七八年）は、次のとおりである。

□（甲斐）國巨麻郡青沼郷物部高嶋調絁壹疋 長六丈 闊一尺九寸

□正八位□連恵文

私は山梨県史編纂《へんさん》の際、宮内庁正倉院事務所から本銘文の紙焼き写真を提供してもらい、それを解読した結果、三ヵ所について新たな釈読を加えることができた。

太孤児面袋の白絁裏に記された銘文
（正倉院宝物）

甲斐國巨麻郡青猪郷物部高嶋調絁壹匹長六丈 闊一尺九寸 □正八位□井連恵文

〔闊＝広
傍点部分が新釈読〕

当時税として都へ貢進する繊維製品の場合、反物《たんもの》（一反に仕上げてある織物）の形態で、その首端と尾端に、「国・郡・里・戸主姓名年月日」を墨書し、国印を捺《お》すことと定められていた。『和名類聚抄《わみょうるいじゅしょう》』（一〇世紀前半成立）には、甲斐国巨麻《こま》郡「青沼郷」の表記がある。この白絁袋の墨書銘文の郷名も「青沼郷」と読まれていたが、「青猪郷」と明確に判読できた。「猪」は「豬」の俗字《ぞくじ》で、「潴」とも「瀦」とも作り、「ぬま」と読む。古代の地名としては、筑後国三瀦《みぬま》郡（現福岡県三潴《みずま》郡）の例があり、「水沼」とも表記している。

墨書銘にみえる「青猪郷」は「あおぬまのさと」と読み、現在の甲府市青沼町にあたる。

「正八位□井連恵文」の部分は、調庸物の収納・検査などの責任者（専当・主当）の国司と郡司の署名に相当する。この人物は、天平勝宝四年以前ごろ、正八位という官位と「□井連恵文」の姓名をもち、甲斐国の国司相当という条件を満たすことで特定できるであろう。

光明皇太后と昇叙された三人の人物

聖武天皇は光明《こうみょう》皇后とともに仏教を篤《あつ》く信じ、全国に国分寺・国分尼寺、奈良に東大寺を建て、大仏を安置したことでよく知られている。天平勝宝元年（七四九）に聖武天皇は譲位し太上《だじょう》天皇となり、光明皇后も皇太后《こうたいごう》となった。『続日本紀《しょくにほんぎ》』天平宝字二年（七五八）七月四日の記事が興味深い。

「このごろ光明皇太后の病状が思わしくない。そこで、今日から年末まで、仏教の慈悲の精神から、鳥・獣・魚などの狩猟を禁ずる」いわゆる〝殺生禁断〟の命令を全国に発した。また、「従七位上葛井連《ふじいのむらじ》恵文《えぶみ》、正八位上味淳龍丘《うまさけのたつおか》、難波連奈良《なにわのむらじなら》」の三人が「外従五位下」に昇叙されている。この三人の人物に注目してみたい。

「難波連奈良」らの遠祖徳来《とくらい》は、高麗《こま》であるが百済《くだら》国に帰していた。雄略《ゆうりゃく》天皇が百済国に才能のある人を求めたときに貢進された。その後、徳来の五世の孫恵日《えにち》は推古《すいこ》朝の時、中国の唐に遣わされ、医術を学んだので、難波薬師を姓としたが、天平宝字二年に難波連に改めた。「難波連（薬師）奈良」「味淳（酒）龍丘」は、いずれも朝廷で医薬・診療をつかさどった役所である典薬寮《てんやくりょう》（宮内省所属。宮中の医療・医薬・薬園・乳牛などをつかさどる）や内薬司《ないやくし》（中務省所属。宮中で診療・薬香・薬の調合などをつかさどる）の長官・次官などを歴任している。

「葛井連恵文」の葛井連は、藤井とも書き、河内国志紀《しき》郡長野郷藤井寺（現大阪府南東部の藤井寺市）の地を本拠とした百済系渡来人である。葛井連の旧姓は王《おう》であり、のちに白猪史《しらいのふひと》、次いで葛井連となった。

古代日本の医学は唐の影響に加えて、古代朝鮮の医薬文化の受容や医師の出自《しゅつじ》（出身）氏族の問題も重要であると指摘されている。

新釈読で浮かび上がった医療官人

天平宝字二年（七五八）七月の葛井連恵文・味淳龍丘・難波連（薬師）奈良の三名の昇叙は、光明皇太后の治療にたずさわった医療関係の官人に対するものであったと理解できる。そして白絁墨書銘文中の「正八位□□井連恵文」という人物は、「正八位□葛井連恵文」の可能性が高い。

問題の葛井連恵文については、正倉院文書に数回登場する。本貫地《ほんがんち》（本籍地）は平城京の左京六条三坊である。地方官人に任命されても、本貫地を都の左・右京にもつことは一般的である。

「正八位□葛井連恵文」は医療関係の官人で、甲斐国に関わるとすれば、国医師《くにいし》が最もふさわしい職名である。国医師は諸国に置かれた国学において、医生に医学を教授し、あわせて診療にもあたった教官兼技官である。法令によれば国博士《くにはかせ》（国学にお

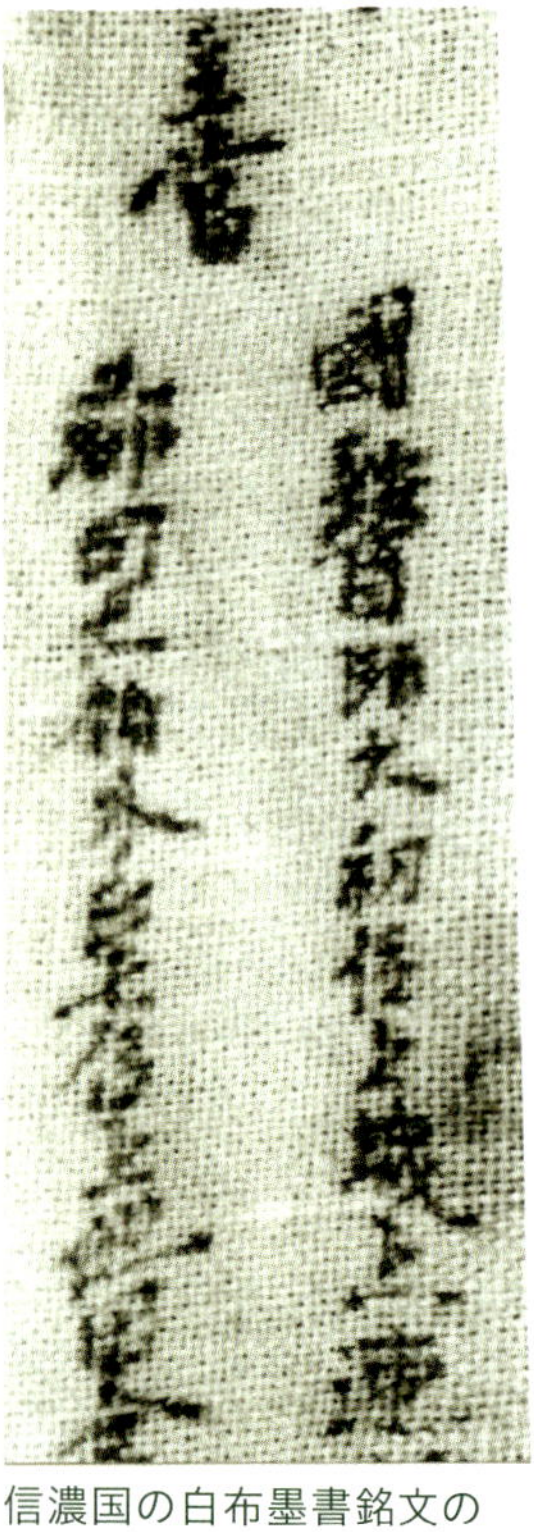

信濃国の白布墨書銘文の一部（正倉院宝物）

いて郡司の子弟より選ばれた学生に『論語』などの儒学を教授する教官）とともに国内からの任用を建前としたが、実際はほとんど中央から派遣された。その待遇は諸国史生《ししょう》（書記にあたる下級官人）に準ずるもので史生同様の行政事務にも従事していたとされる。

正倉院宝物の中に、調庸布などに墨書されたもののうちに、専当・主当国司部分に「国医師」が常陸国・信濃国の二例確認できる。

白布

信濃国筑摩郡山家郷戸主物部東人戸口小長谷部尼麻呂調并庸壹端長四丈二尺 廣二尺四寸

主當 國醫師大初位上城上連村岡 郡司大領外正七位上他田舎人國麻呂 天平勝寶四年十月

結局のところ、甲斐国関係の白絁墨書銘文「正八位□□井連恵文」は〝（主當）国醫師正八位□葛井連恵文〟となろう。おそらく、甲斐国の国医師として中央から任ぜられた葛井連恵文は、史生同様に調庸物の貢進事務にも関わったと考えられる。そののち、都に戻り、天平宝字二年には重い病床に臥《ふ》していた光明皇太后の療養に携わったと推測できる。

地名・墨書土器とのつながり

このの ち、『続日本紀』宝亀九年（七七八）三月十日の記事より、「葛井連道依《みちより》」という人物が甲斐国守を務めていたことがわかる。中央官職の重職との兼任で、おそらく甲斐国には直接赴任しなかったのであろう。一九八四年に韮崎《にらさき》市中田小学校遺跡から「葛井」と墨書された九世紀前半から半ばごろの土師器《はじき》坏《つき》が出土した。同遺跡のある一帯は通称〝藤井平〟とよばれる肥沃《ひよく》な沖積平地である。八世紀代に国医師「葛井連恵文」、国守「葛井連道依」と相次いで甲斐国に深く関わったことと、韮崎市「藤井」の地が渡来人を集住させた巨麻郡の中核であり、先進的に開発され、そして中世には「藤井五千石」と称された穀倉地帯となる事実も、きわめて興味深い。「□井連恵文」という一人の人物が特定されたことから、古代日本の医療と甲斐国の国政の一断面を明らかにすることができた。こうした一つ一つの史実を積み重ねることによって、古代の歴史が鮮明にみえてくるのである。

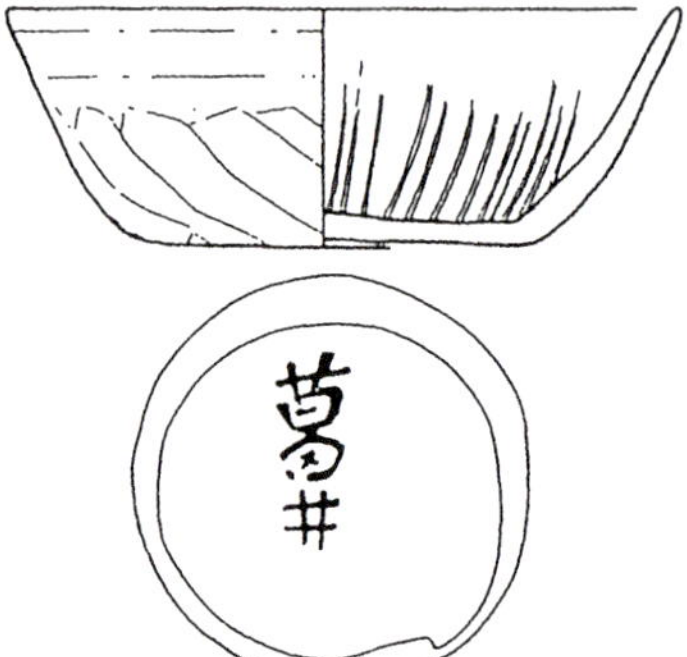

韮崎市中田小学校遺跡出土墨書土器
「葛井」の実測図

通称「藤井平」周辺。正面に八ヶ岳を望む
（閏間俊明氏提供）

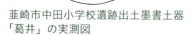

財政運用のしくみ
出挙と農民

寺院の資金運用

現在の厳しい財政状況のなかで、自らの資産をいかに運用するか、公私の機関や個人も頭を悩ますところである。利回りの良い外国の国債も、突然の財政破綻となれば、大損失を被ることもある。

古代においても、公私ともに財政運用が行われていた。その実態が、近年の出土文字資料の発見、および正倉院文書や古代の仏教説話集『日本霊異記《にほんりょういき》』などと合わせて明らかになってきた。

『日本霊異記』によると、奈良の官営の七大寺《しちだいじ》（東大寺・興福寺・元興寺《がんごうじ》・大安寺《だいあんじ》・薬師寺・西大寺・法隆寺）の一つ、

平城京から敦賀津へのルート

大安寺は、仏教儀式の費用を調達する方法として、手元の資金を周辺住民に貸し与えた。楢磐嶋《ならのいわしま》という人物は、銭三〇貫文を借りて、遠路、越前の「都魯鹿《つるが》」（福井県敦賀市）の津（港）まで赴いた。おそらく大量の魚介類や塩などを買い付け、内陸の大和国で高い価格で売って利益を得ようとしたのであろう。大量の荷物の輸送は琵琶湖の水運を利用している。

この説話のように、銭を借りた人はその資金をもとに物価の地域差を利用して利益を生みだし、元金と所定の利息を大安寺に納入すれば、残りの利益はすべて銭を借りた本人の収入となる仕組みであった。もちろん赤字が生ずれば、当然借り出した人が負担しなければならない。貸し主である大安寺は、資金運用で得た利息によって仏教行事を実施することができるのである。

住民に稲を貸し付ける出挙——国家の財政運用

つぎに古代国家の財政運用のしくみをみてみよう。農民は田の収穫量の約三%を税として納めた。その税を租《そ》という。租は郡家の正倉に穀《こく》（籾《もみ》）の形で蓄積された。正倉にはこれに加えて国ごとに数十万束にのぼる膨大な稲が穎稲《えいとう》（稲穂）のまま収納された。この穀と穎稲を正税《しょうぜい》（当初、大税《おおちから》）とよぶ。穀は非常用に蓄積され、穎稲は春・夏に農民に貸し付けて種籾《たねもみ》などに使用させ、秋の収穫期に五割の利息とともに返

武蔵国都筑郡家の正倉（復元模型、横浜市歴史博物館蔵）

納させた。これが出挙《すいこ》という制度である。正税のうちの約半分を割いて公廨《くがい（くげ）》（「廨」は广〈いえ〉と解、訴訟や紛争を解く家。つまり役所の意）稲を設置し、その稲を出挙して得た利息の稲を、正税の欠損分の補塡《ほてん》と国司の給与に充てた。

治水事業のための出挙

古代の法令集『延喜式《えんぎしき》』によると、諸国の出挙する正税・公廨、そして特定の用途に用いられるさまざまな雑稲《ざっとう》には、それぞれの総額が法定されており、甲斐国は正税・公廨が各二四万束、雑稲一〇万四八〇〇束の計五八万四八〇〇束である。このうち雑稲についてみると、「堤防料二万束」がある。これは全国的には、河内国《かわち》（大阪府）以外に計上されていない。河内国は、渡来者集団を投入し、治水灌漑《かんがい》による大開拓事業を実施したことで知られている。甲斐国も渡来人による技術を導入し、古代以来治水事業を重視していたことがわかる。堤防料の二万束をファンドとして農民に出挙し、それで得た利息をもって、堤防事業費に充てたのである。

また、「大安寺料一万二〇〇〇束」が計上されている。古代国家は、平城京内の官営の大寺である薬師寺、興福寺そして大安寺などを経営するための財源として諸国に多量の出挙稲を割り当てた。ただ個々の仏教行事の運営費は、先にみたように周辺住民に資金を貸し出し、利息でまかなったのである。

東国社会でも実施された出挙

諸国に課せられた大規模な法定の出挙が東国社会でも着実に実施されていたことが、埼玉県児玉郡児玉町出土の一点の木簡で証明された。

「檜前マ名代女上寺稲肆拾束
　宝亀二年十月二日税長大伴国足」

この木簡は、「檜前マ名《ひのくまべのな》代女《しろめ》」という女性が寺の稲「肆拾（四〇）」束を宝亀二年（七七一）十月二日に納めたことを郡の税長（税務担当の責任者）「大伴国足《おおとものくにたり》」が記録した札である。十月二日は稲の収穫直後にあたり、「寺稲」は武蔵《むさし》国の場合、薬師寺の「出挙稲四万二千束」が割り当てられていた。同様の例としては、駿河《するが》国で八世紀前半、「二寺稲」（大安寺と薬師寺の出挙稲）の貸付のために国司が各郡を巡回していることが正倉院文書に記録されている。

「二寺稲春夏出挙国司目一口従二口（目一口　従二口）
二寺稲収納国司史生一口従一口（史生一口　従一口）」

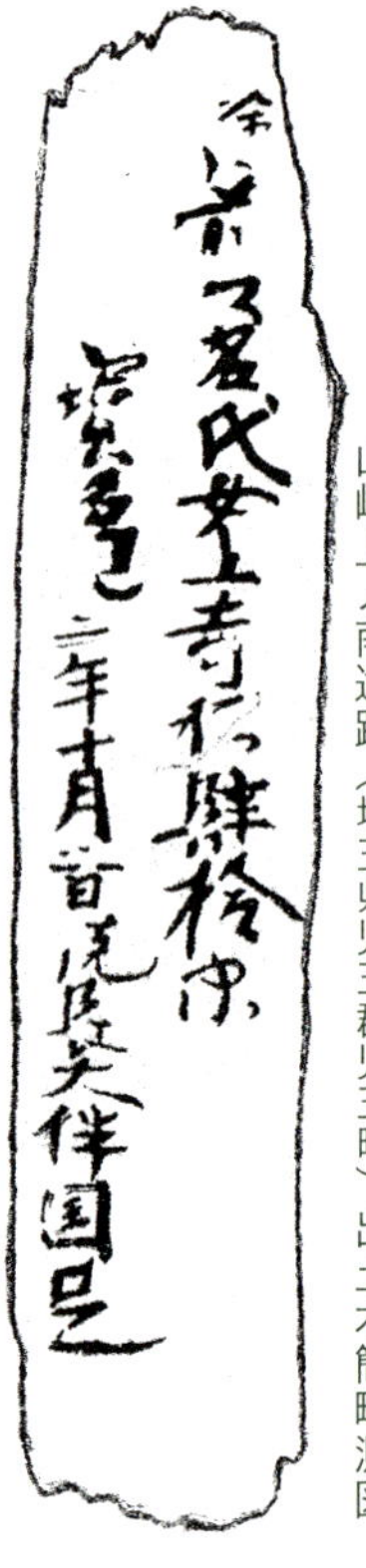

山﨑上ノ南遺跡（埼玉県児玉郡児玉町）出土木簡略測図

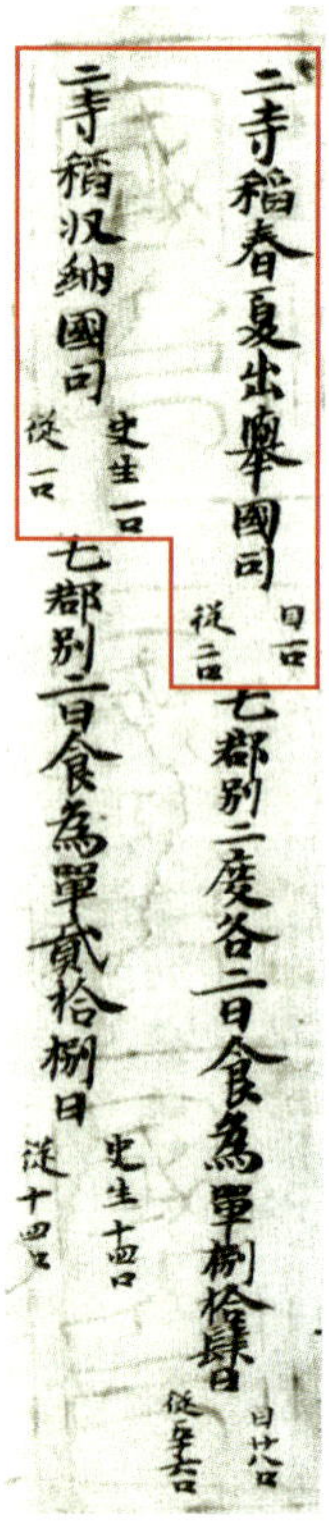

「天平十年駿河国正税帳」部分（正倉院文書）

古代朝鮮でも行われていた稲の貸付け

一方、古代朝鮮における百済《くだら》最後の都・泗沘《しひ》（韓国扶餘《ふよ》郡双北里）から、米を役人に貸し付けた帳簿木簡が二〇〇八年に発見された。

「戊寅年六月中　（刻線）　固淳□〔夢カ〕三石
　○　　止夫三石上四石　（以下略）
佐官貸食記　佃目之二石上二石未一石」

（○は穴を示す）

「戊《ぼ》寅《いん》年」は六一八年と考えられている。古代日本の出挙制の場合、通常三月と五月の二回貸し付けるが、「六月」ごろは前年の秋（七月～九月）に収穫した稲がほぼ消費し尽くされ、米価が急騰する時期である。

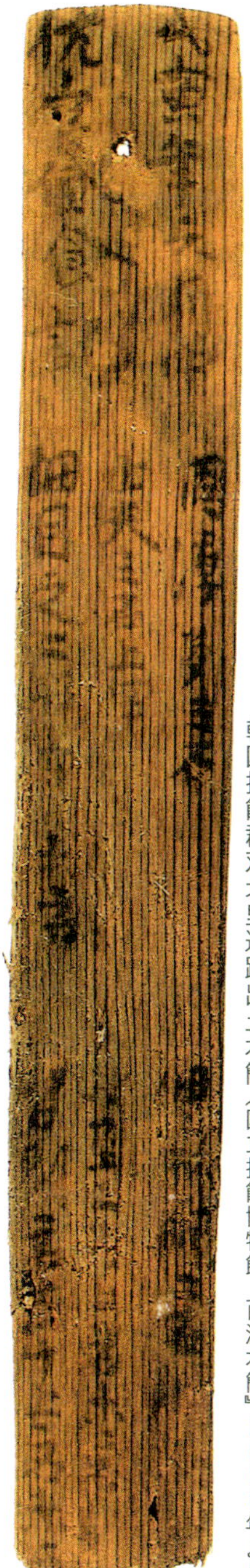

韓国扶餘郡双北里遺跡出土木簡（国立扶餘博物館『百済木簡』2008年より）

「佐官貸食記」という帳簿のタイトルは〝官を佐《たす》くる食米を貸すの記〟、すなわち役人に援助を名目として、食米を出挙するという意味である。内容は、「佃目之二石上二石未一石」（個人名「佃目之」＋食米の支給額二石＋上（上納）二石＋未（未納）一石）などと表裏合わせて一〇人分連記されている。食米支給は五割の利息とともに返納しなければならない点、古代日本の公出挙制と同様である。

古代朝鮮では、日本より早く七世紀初めに、市場に米が欠乏する六月に、官倉に蓄えておいた税の米を役人に貸し付けたのである。役人たちは、都を離れ、さらに米価の高い地域で取引し、大いに稼ぎ、貸し付けられた分と五割の利息を役所に納め、残りはすべて役人たちの収入となったのであろう。

古代日本も朝鮮も、古代も現代も財政運用のしくみはほとんど変わらない。

第二部
地方行政の実態

古代戸籍の特徴
諸国から中央へ

正倉院文書と戸籍

二〇一二年六月十三日、「最古の「戸籍」木簡発見」のニュースは、テレビや本紙でも大きく報じられた。「戸籍」木簡は福岡県太宰府市国分松本遺跡から出土した。大宰府は、古代の九州地方の統括と外交をつかさどった〝遠《とお》の朝廷《みかど》〟とされた役所である。私も解読に加わったが、この木簡は、日本古代史学界が永年待ち続けてきた、七世紀の戸籍の実態を明らかにした画期的な発見である。

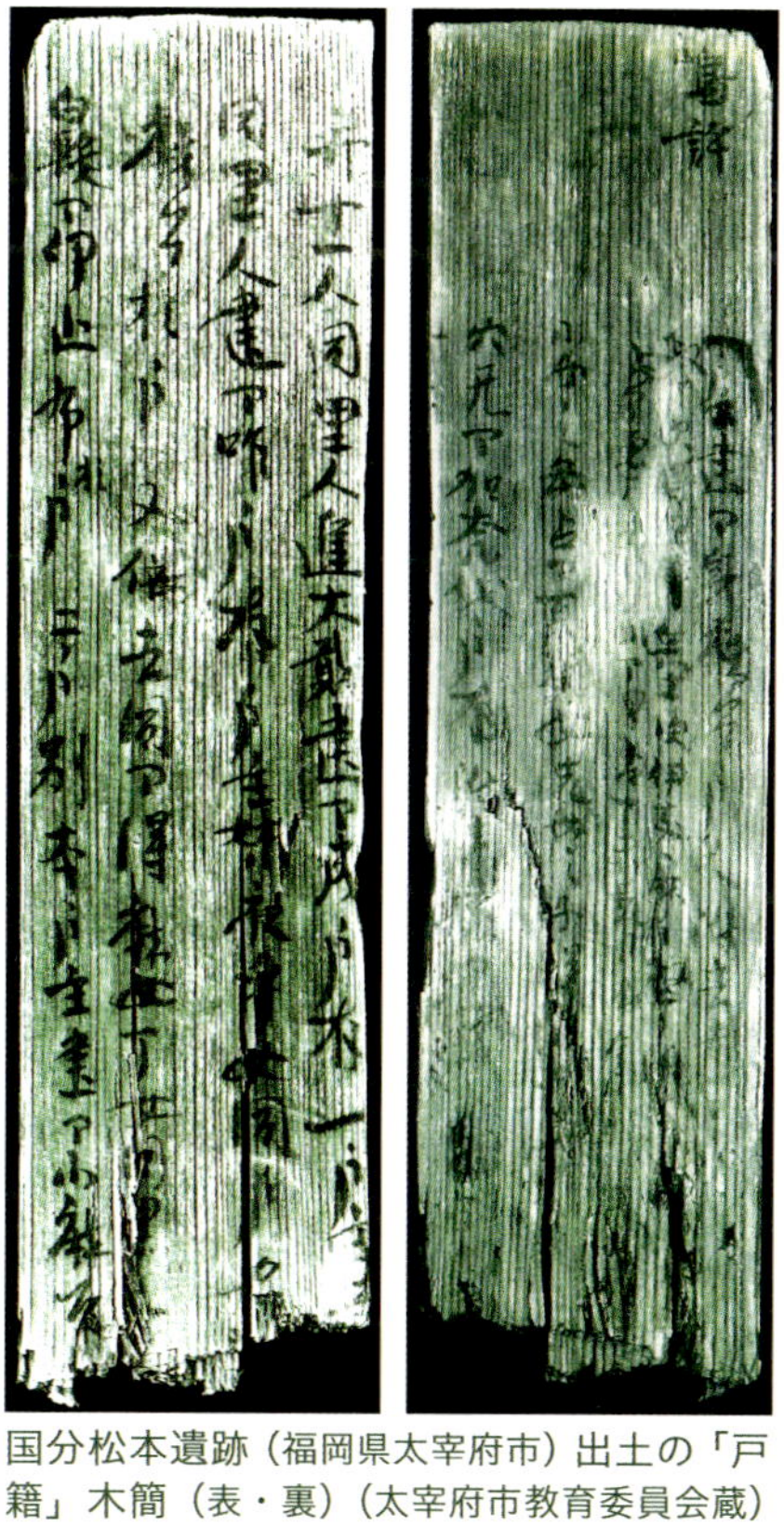

国分松本遺跡（福岡県太宰府市）出土の「戸籍」木簡（表・裏）（太宰府市教育委員会蔵）

奈良の正倉院宝庫には、多数の宝物とともに、表裏あわせて一万数千通にも及ぶ八世紀の正倉院文書とよばれている文書類があり、古代史研究上、欠くことのできない重要な史料となっている。正倉院文書は勅封《ちょくふう》（勅命によって封印すること）の正倉院宝庫に大切に保管されてきたので、一三〇〇年前の紙の文書とは思えないほど、虫喰《く》いもなく、保存状態はきわめて良好である。その大部分を占めるのは、東大寺写《しゃ》経所《きょうじょ》という役所で業務のために作製された文書であるが、それらのなかには、中央官庁で廃棄された行政文書の裏を利用しているものが数多く含まれている。その諸官庁の廃棄文書は、大宝二年（七〇二）の筑前国《ちくぜん》（福岡県）や御野国《みの》〈美濃国〉（岐阜県）などの戸籍をはじめ、奈良時代に諸国から上申された文書類、官庁間の往復文書などである。それらのなかには、天平宝字五年（七六一）の甲斐国から提出した文書で、逃亡した仕丁《しちょう》（中央官庁などの雑用に従事した者）の替わりの者を貢上したという文書もある。

このように正倉院文書は東大寺の写経所という一役所と、そこに働く人びとの姿をいきいきと伝えるとともに、諸官庁の廃棄文書によって、古代国家の文書による行政の実情を物語っている。

民衆支配の基本台帳

戸籍は、古代国家が民衆支配を行うための最も基本となる公文書である。戸籍には一人一人が登録され、人びとの氏姓《うじかばね》や身分を確定し、各種の税や兵役を課したり、班田収授《はんでんしゅうじゅ》を行ったりするための基本台帳である。その作業は国司の職責となっていたが、実際には郡司の関与するところが大きかった。戸籍は、国・郡の下の行政単位である里（のち郷）ごとに一巻にまとめられた。里（郷）を通じて戸ごとに実状の申告書（手実《しゅじつ》）を提出させ、それを整理し、データを確認し、清書するまでの作業には手間がかかり、十一月上旬から翌年五月末までが作業期間とされていた。

戸籍は三セット造られ、国から中央の民部省《みんぶしょう》と中務省《なかつかさのしょう》に各一セットが提出され、残りの一セットは国府にとどめられた。

天智天皇九年（六七〇）庚午の年に造られた「庚午年籍《こうごねんじゃく》」は、全国的な戸籍制度として日本最初のものであり、その後、氏姓を照合する台帳として永く保存された。

『日本書紀』持統天皇三年（六八九）閏《うるう》八月十日条によると、「今冬に戸籍を造るべし」と命ぜられた「戸籍」があり、それが持統天皇四年庚寅の年の〝庚寅年籍《こういんねんじゃく》〟であり、この庚寅年籍以降、戸籍は六年ごとに一回造ることと定められた（六年一造制）。

正倉院に伝わる戸籍としては大宝二年（七〇二）の御野（美濃）・筑前・豊前《ぶぜん》各戸籍、養老五年（七二一）下総《しもうさ》国戸籍をはじめとする八世紀の戸籍がよく知られている。

大宝四年四月にはじめて諸国の国印を中央の鍛冶司《かぬちのつかさ》に鋳造させていることからすると、大宝二年戸籍のうち、国印の押されていない御野国戸籍はその国印頒布《はんぷ》以前に、国印のある西海道《さいかいどう》戸籍はそれ以後に造籍が完成したものではないかとされている。

地域により異なる戸籍の記載方法

また、同じ大宝二年（七〇二）の戸籍でも、御野国戸籍と筑前・豊前・豊後《ぶんご》国戸籍など、九州地方の広域行政区の西海道型戸籍とはその記載様式がまったく異なっている。

○大宝二年御野国加毛郡半布里戸籍

中政戸秦人都弥戸口十三　正丁二 兵士一　少丁一 小子三　并七　正女二 少女一　小女二 緑女一　并六

男

下々戸主都弥 年五十四 正丁　嫡子安麻呂 年廿二 兵士　次奈弥 年十九 少丁

次荒山 年十五 小子　次久須理 年十四 小子　次川内 年九 小子

戸主同党久比 年卅 正丁

女

戸主妻秦人阿伎太売 年五十二 正女　児太須売 年廿 少女

次伊世尓売 年十五 少女　次真木売 年十 小女　久比妻秦人太利売 年廿四 正女

児阿多麻志売 年三 緑女

○大宝二年筑前国嶋郡川辺里戸籍

受田參町漆段參佰歩

戸主物部牧夫　年陸拾肆歳　老夫　課戸

妻大家部咩豆賣　年伍拾肆歳　丁妻

男物部加布知麻呂　年參拾肆歳　正丁　嫡子

男物部奈美　年參拾歳　廃疾

男物部神山　年弐拾捌歳　正丁

男物部建　年弐拾肆歳　兵士

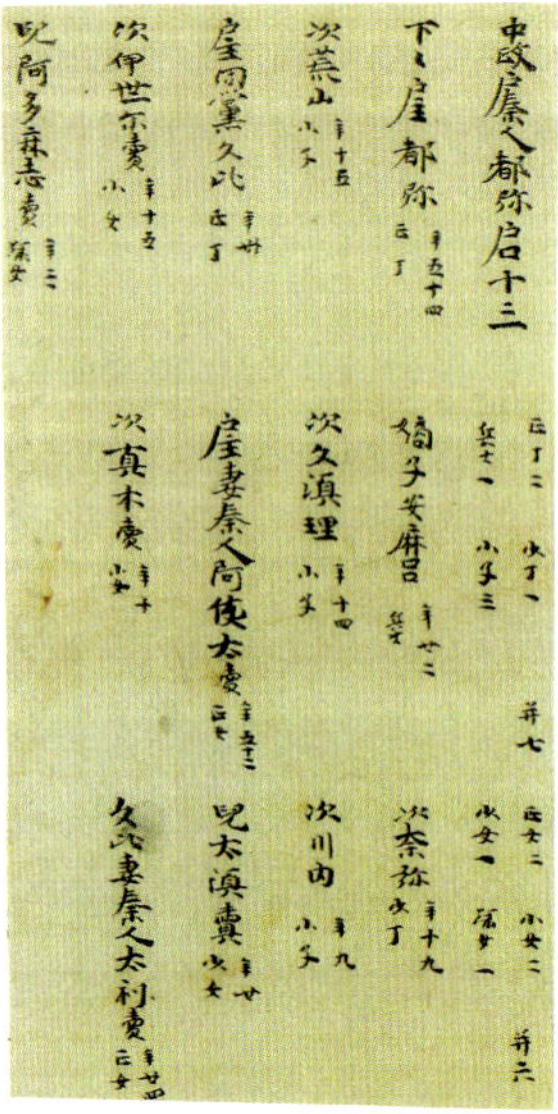
中政戸秦人都弥戸口十三　正丁二 兵士一　少丁一 小子三　并七　正女二 少女一　小女二 緑女一　并六
下々戸主都弥 年五十四 正丁　嫡子安麻呂 年廿二 兵士　次奈弥 年十九 少丁
次荒山 年十五 小子　次久須理 年十四 小子　次川内 年九 小子
戸主同党久比 年卅 正丁　戸主妻秦人阿伎太売 年五十二 正女　児太須売 年廿 少女
次伊世尓売 年十五 少女　次真木売 年十 小女　久比妻秦人太利売 年廿四 正女
児阿多麻志売 年三 緑女

御野国加毛郡半布里戸籍
（正倉院文書）

男物部久漏麻呂　年弐拾壱歳　正丁
男物部穂太利　年拾漆歳　小丁　上件五口　嫡弟
女物部娑婆売　年弐拾陸歳　丁女　嫡女
孫物部小野　年伍歳　小子

両戸籍の主な特徴を挙げると次のとおりである。

御野（美濃）型戸籍

㋑人名を三段または二段に記す。㋺男女順の戸口配列法をとっている。㋩人名を「次」「次」と連続して記述する。㊁男性を先に記載し、その後に女性を「戸主妻」「久比妻」などと記す。

西海道型戸籍

㋑一行一人ずつ記す。㋺戸の構成員の記載順は、戸主の血縁の親近性に基づく男女混同となっている。㋩受田面積が記載されている。㊁用紙・体裁・記載様式において高度の統一性が認められる。

大宝二年（七〇二）の御野国戸籍では、成人男子三人の内から一人が兵士に指定されていることがわかる。

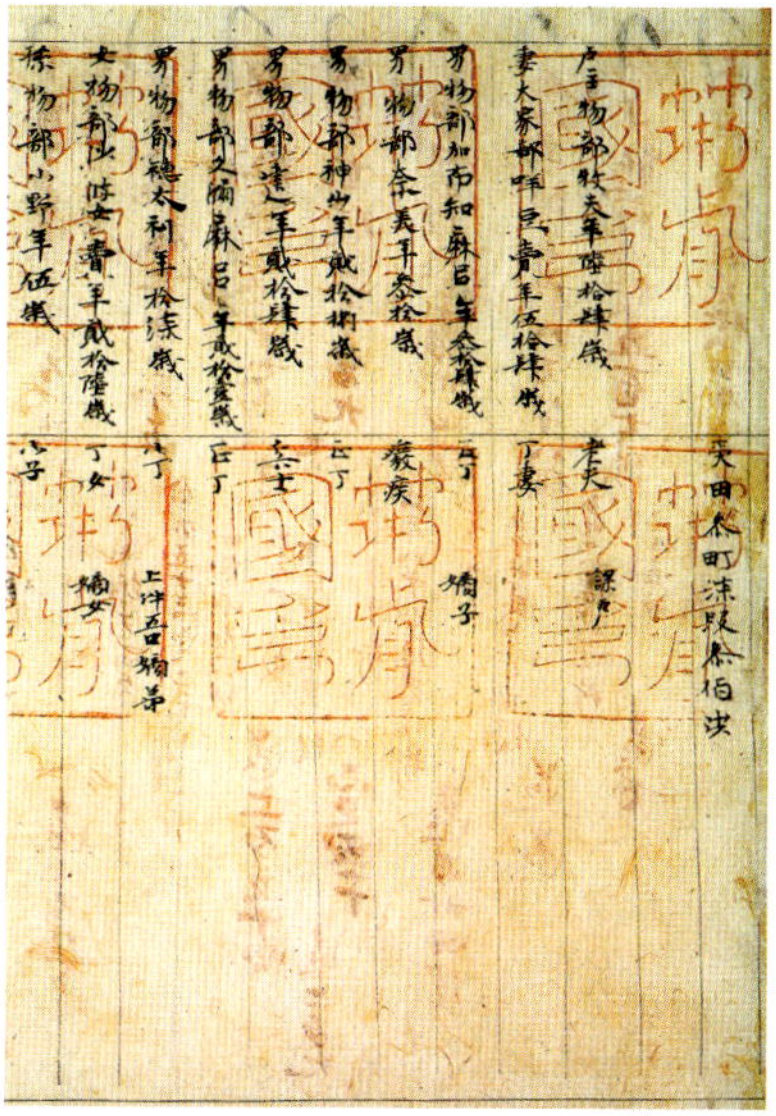

筑前国嶋郡川辺里戸籍
（正倉院宝庫外文書、奈良国立博物館蔵）

新発見の戸籍木簡は御野型

太宰府市国分松本遺跡出土木簡の記載様式には、次のような特徴が認められる。

・嶋評　戸主建ア身麻呂　戸□〔人カ〕附　去□□□□　×
　　政丁　次得□□兵士　次伊支麻呂政丁□　×
　　占ア恵□□〔万呂カ〕□　川ア里占ア赤足□□□□□　×
　嶋□戸
　　小子之母　占ア真□〔廣カ〕女　老女之子　□□　×
□□□穴凡ア加奈代　戸有　附□□〔建ア〕□□　占ア　×
　　□□　□　□

・裏の釈文省略

（長さ三一〇×幅八二×厚さ八ミリ）

㋑続柄を「次」「次」と連続して記述している。㋺「戸主妹夜乎女《やおめ》」（裏面）「小子之母」「老女之子」などは、御野国戸籍「戸主妻秦人阿伎太女《はたひとのあきため》」などと共通する続柄表記である。なお、「川ア里」＝「川部里《かわべり》」は偶然にも、正倉院の大宝二年筑前国嶋郡川辺里戸籍と同一の里である。

これらの特徴は御野型戸籍と合致する。「戸籍」木簡の年代は六八五〜七〇一年の間と考えられている。この発見によって、六九〇年の庚寅年籍の記載様式は全国的に御野型戸籍を採用したことが明らかとなったといえるのでないか。また、この木簡は庚寅年籍後の筑前国嶋評《しまのこおり》□里の戸口の増減を記載したいわゆる「戸口損益帳《ここうそんえきちょう》」に類似する文書であるとみられる。

兵士徴発を目的とした記載方法

大宝二年（七〇二）、大宝令施行とともに西海道型戸籍が全国的に実施されたが、なぜ、東山道など一部地域では御野型戸籍が養老五年（七二一）段階まで継承されたのか。

六六三年、倭《わ》・百済《くだら》は白村江《はくそんこう》の戦いで唐・新羅《しらぎ》軍に敗れた。白村江の敗戦後、倭国は唐・新羅軍侵攻の脅威から防御体制の整備が急務となった。筑紫《つくし》から瀬戸内海沿岸まで一大防衛網を構築した。八世紀に入ると、唐・新羅からの脅威もうすれ、それに代わって古代国家は東北地方の経営を最重要施策と位置づけ、本格的な城柵《じょうさく》造営を推進することとした。東山道は、東北地方に物資や兵力の輸送経路と「征夷《せいい》」の道としての役割を果たすことと位置づけられた。

このような役割を担った東山道管卜の諸国の戸籍は、兵士徴発を目的に男子を先に記す御野型の記載様式を大宝二年段階でも継続したと考えられる。また、防人《さきもり》・蝦夷《えみし》政策に対する軍事的役割を重視するならば、東山道と同様に甲斐国を含む東海道においても御野型戸籍を養老五年戸籍以前まで保持した可能性が高いであろう。

御野型戸籍は兵士徴発に便利な書式であったが、事務量の増大とともに、行政文書の全国的様式統一が実施され、養老五年までで役割を終えた。その後大宝二年の西海道型戸籍のスタイルが一三〇〇年経た現在の戸籍まで基本的に継承されていることから、文書行政の根強さに驚かされる。

地下から発見された住民台帳

税収管理の実態

思いがけず残された文書

厳しい寒さのなか、大学をはじめ、高校・中学の受験シーズン真っただ中である。今年（二〇一六年）の大学入試センター試験問題（日本史B　第2問、問2）には驚かされた。

ここでとりあげられている漆紙文書《うるしがみもんじょ》（計帳《けいちょう》）は、古代東北地方の行政・軍事の一大拠点であった多賀城《たがじょう》跡（宮城県多賀城市）から出土したものである。

漆塗りの作業の際に、漆液を曲物《まげもの》（ヒノキやスギの薄板をまるくしてサクラの皮で閉《と》じ、底板を付けた桶《おけ》）に入れ、漆をほこりや乾燥から防ぐために、漆液の上に直《じか》に

問２　下線部ⓐに関連して，多賀城跡から出土した次の史料（漆紙文書）に関して述べた下の文**X**・**Y**について，その正誤の組合せとして正しいものを，下の①～④のうちから一つ選べ。 8

史料　多賀城跡出土の計帳の一部　＊上下左右が欠けている。

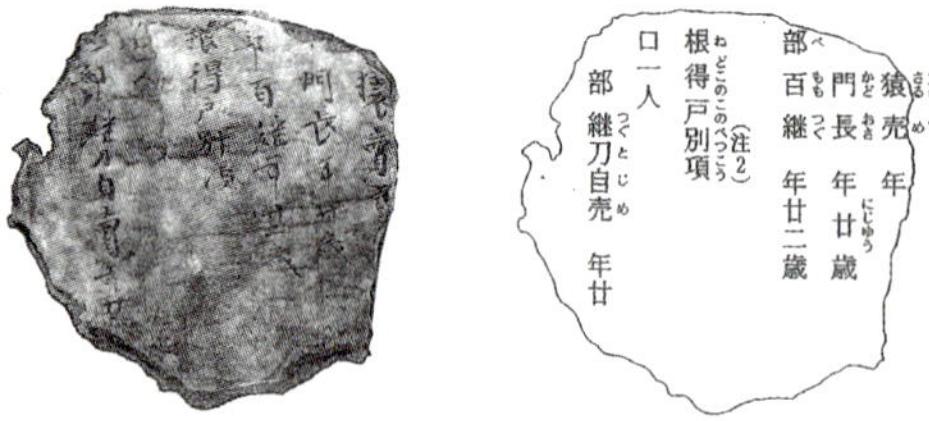

（注１）　猿売：人名。名前の末尾に「売」がつくのは女性。
（注２）　別項：戸の人数に変動があったことを示す記載。

X　「猿売」は女性なので，調・庸を負担しなかった。
Y　計帳を使った支配は，東北地方にまでおよんでいた。

①　**X**　正　**Y**　正	②　**X**　正　**Y**　誤
③　**X**　誤　**Y**　正	④　**X**　誤　**Y**　誤

大学入試センター試験問題「日本史B」の問題（2016年）

役所などで不用になった文書の紙（反故紙《ほご》）で蓋《ふた》をする。これが漆紙である。この漆紙は塗り作業の時は、はずされて捨てられる。しかし、漆が染み込んだ紙は、漆の力により、地中にあっても腐食することはない。古代の文書が漆の力で地下から出土する、それが漆紙文書である。

センター試験問題の漆紙は土器に付着していたものである。漆塗り作業の時に、土器をパレットに用い、漆桶からパレットの上に漆液をとり分けて使い、残った漆の上に紙で蓋をしておき、後日使うはずだったものが、その機会を失い、そのままゴミ捨て穴（土坑《どこう》）に捨てられたものである。

漆紙文書発見の衝撃

この漆紙文書は全国ではじめて発見された第一号文書であり、私の古代史研究の第一歩となる忘れることのできない資料である。その出土時の驚きと興奮した状況を私は岩波新書『よみがえる古代文書—漆に封じ込められた日本社会』（一九九四年刊）で次のように記述した。

計帳がみつかる

一九七三年の発掘調査でのこと。現場から、調査員のひとりが青ざめた顔で、事務所に駆け込んできた。手にした土器（土師器《はじき》）のなかには、ちょうどサルノコシカケ状のものが付着している。「もっ、もじが書いてあるんですよ！」手渡された土器をのぞいて一瞬わが目を疑った。墨痕《ぼっこん》あざやかに、

漆塗作業用品（復元、東北歴史博物館蔵）

鋭い筆跡で人名そして年齢が連記されているではないか。人名と年齢が連記されているとなれば、想起するのは戸籍（六年ごとに作成）か計《けい》帳《ちょう》（毎年作成する公民台帳）である。だが、それはごくわずかな例外を除き、正倉院文書のなかにしか現存していないと思われていたものだ。

土器が発見されたのは、政庁地区の西方約三五〇メートルの地点にある土坑。土器の口径は約一五センチ、文書断簡の大きさは縦約九センチ横一三センチで、わずか六行しか記されていない。しかし、行を読み進めてみると、「別項」の文字がとびこんできた。「別項」とは、各戸の末尾に戸《こ》口《こう》の異動を記入したもので、

土器に付着した漆紙文書「計帳」断簡

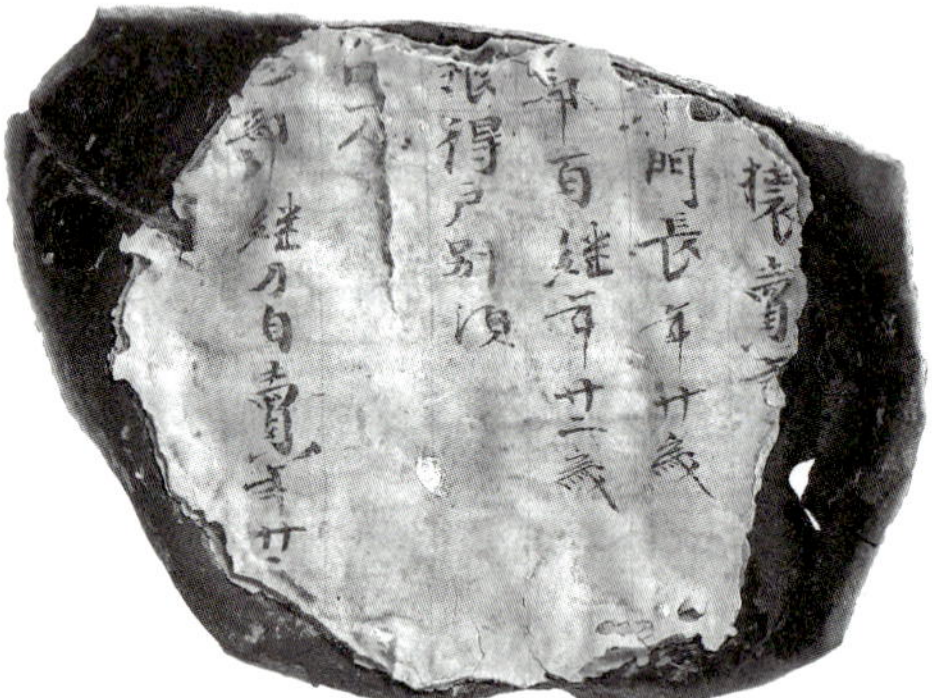

漆紙文書「計帳」断簡赤外線テレビカメラ画像

多賀城ではじめて発見された漆紙文書「計帳」が出土した土坑（上記はいずれも東北歴史博物館提供）

計帳（計帳歴名《れきめい》）の大きな特徴である。これはまさに計帳だ。二重のラッキーである。

この一九七三年に多賀城跡ではじめて漆紙文書の出土が報告されてから四十数年が経過し、現在漆紙文書が出土した遺跡は一〇〇遺跡を超え、点数は一〇〇〇点以上に及ぶ。

古代の税制と住民台帳「計帳」

古代国家は中国にならい、税制を定めた。人びとが納める税は、基本的に租《そ》・調《ちよう》・庸《よう》とした。国家から戸籍に登録された六歳以上の男女すべてに田が支給された。租は、その田から収穫した稲のうち約三％納めるもので、郡の正倉に蓄えられ地方財政にあてられた。これに対して各地方の特産物（麻布・絹の織物や海産物など。甲斐国の場合、絁《あしぎぬ》〈粗製の絹布〉や胡桃《くるみ》など）を納める調と、一年に一〇日の労働を行う代わりに布・米・塩などを納める庸は、いずれも中央に運ばれ、中央政府の財源となった。

多賀城跡で出土した漆紙文書の一行目の人名「猿賣《さるめ》」は、「猿」は「猨」の異体字、「賣」は「女」と同じで「〇〇賣」「〇〇女」のように、女性の名前に用いる。調や庸は「正丁《せいてい》」とされる成人男子（二一歳から六〇歳）だけからとりたてた〔入試問題Xは正解〕。

国家は、財源となる調や庸を全国から確実にとりたてるために、毎年、全国で計帳を作り、住民台帳とした。住民の異動については「別項」として、戸の人数の変動（死亡など）を記載し、とくにその年の成人男子の数を把握した。戸籍は六年に一度作成されるものであり、氏名（とくにウジ名）の確認、兵士の徴発、班田収授などの基礎台帳として利用した。

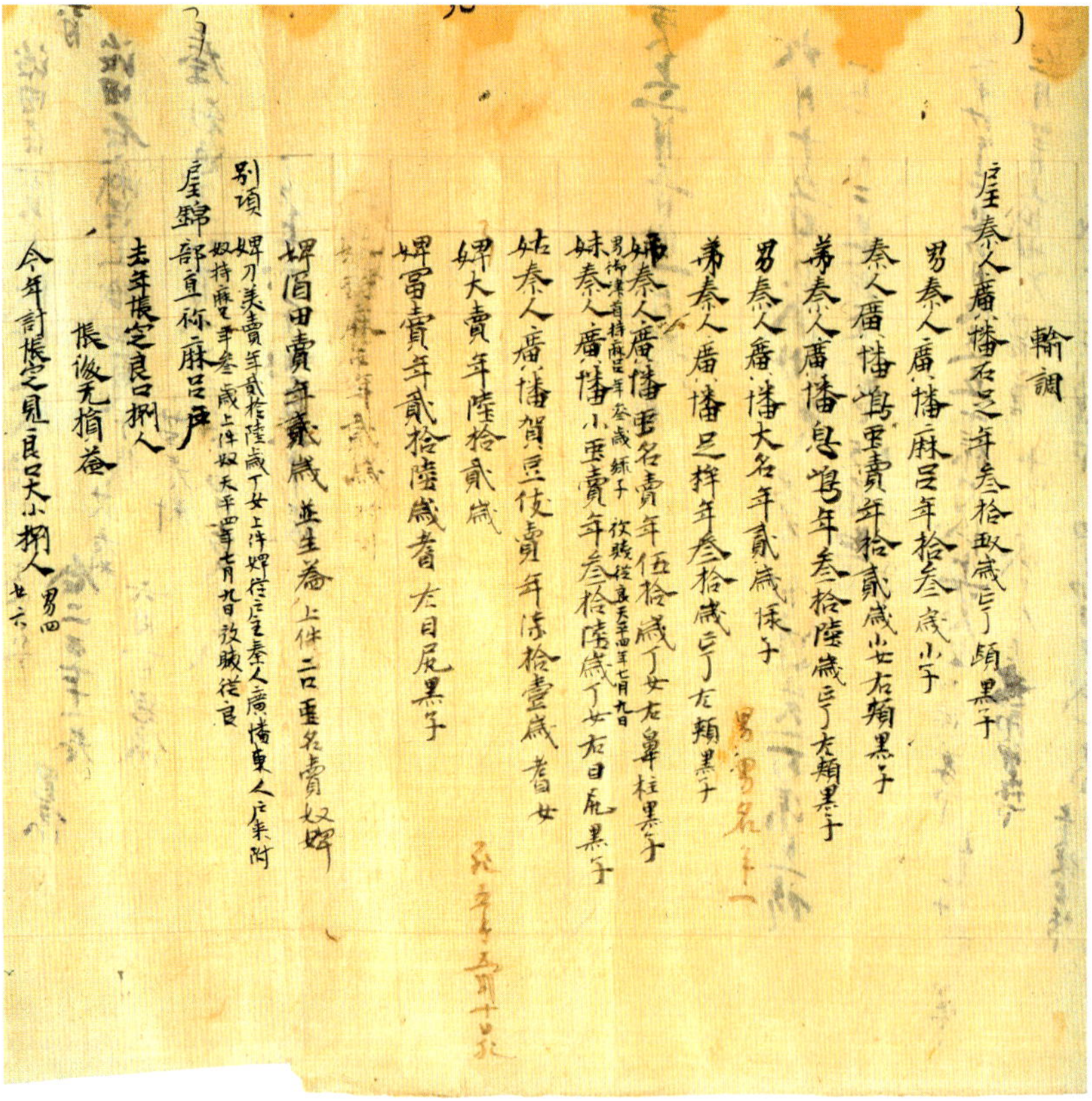

計帳（「山城国愛宕郡計帳」、正倉院文書）

この計帳断片のみでなく、その後、多賀城跡（陸奥《むつ》国府）や秋田城跡（八世紀の出羽《でわ》国府）などの国府跡から、戸籍や計帳に関する貴重な漆紙文書が発見され、古代国家の文書行政は確実に東北地方にまで及んでいたことは明らかである〔入試問題Yは正解〕。

身体の特徴や逃亡先まで記した計帳

このように人びとを支配するために作られたのが戸籍・計帳である。ここで、計帳について、神亀三年（七二六）の山背《やましろ》国（のちに山城、現在の京都府）の計帳を例に、もう少し詳しくみてみたい。

一行ごとの名前の部分と続柄《ぞくがら》・年齢・年齢区分までは戸籍と同じであるが、それぞれ名前の下に「右手《みぎて》於黒子《うえほくろ》」「左頬《ひだりほほ》黒子」と右手・左頬にホクロ（黒子）があるなどと、体の特徴までも記している。これは国家が一人一人を名前と身体的特徴とあわせて登録させたことを示している。

さらに「和銅二年逃武蔵国前玉郡」と書かれている例もある。これは四〇歳の男性が和銅二年（七〇九）に山背国から武蔵国の前《さき》玉《たま》（埼玉）郡に逃亡したとあり、逃亡先を明記している。逃亡先で〝浮《ふ》浪人《ろうにん》〟として「浮浪帳」に記載され、

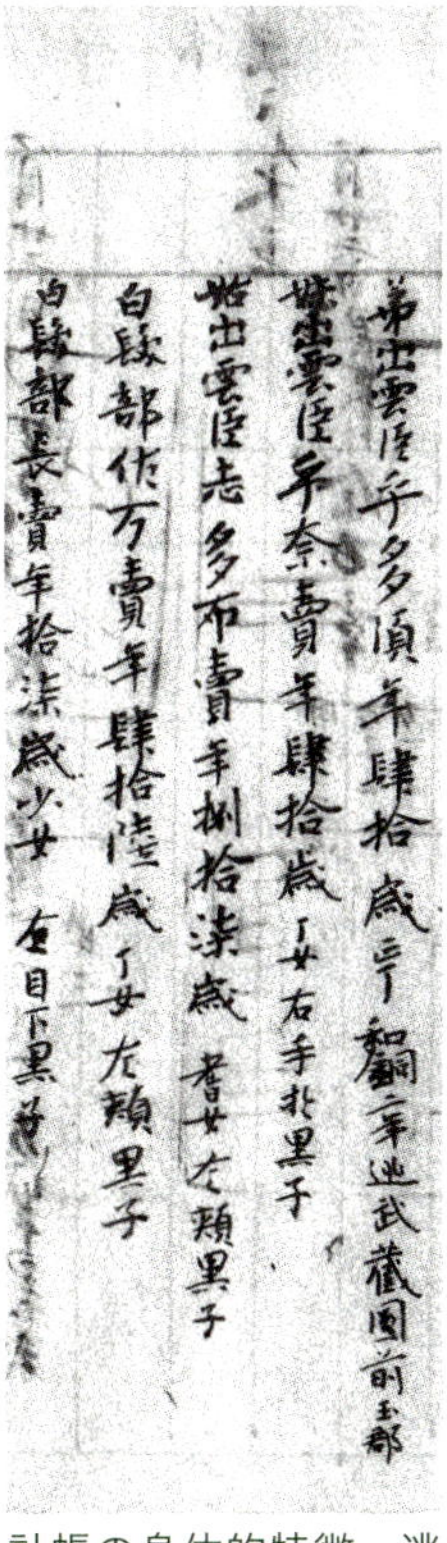
弟出雲臣乎多須　年肆拾歳　正丁　和銅二年逃武蔵国前玉郡
妹出雲臣乎奈売　年肆拾歳　丁女　右手於黒子
姪出雲臣志多布売　年捌拾柒歳　耆女　左頬黒子
白髪部佐万売　年肆拾陸歳　丁女　左頬黒子
白髪部長売　年拾柒歳　少女　左目下黒子

計帳の身体的特徴・逃亡の記載例（「山城国愛宕郡出雲郷雲下里計帳」、正倉院文書）

その帳簿に基づき再び調・庸を徴収されたかもしれない。律令体制下の人びとは、本貫《ほんがん》（本籍地）・居住地の一致を原則としたので、正当な理由なく本貫地を離れ、他所にいる場合、〝浮浪人〟とされた。

古代国家は膨大な公文書によって政治を行っていた。その文書行政をはじめ、古代社会のさまざまな紙に書かれた記録が、漆の力によって腐食せず、地下に一〇〇〇年以上埋もれている。しかも無尽蔵に。一二〇〇年前の日本列島の戸籍に登録された全人口が五四〇～五九〇万人と推定できたのも茨城県石岡市鹿《か》の子《こ》C遺跡から発見された一片の漆紙文書からである。

こうした新しい歴史資料から古代社会を解き明かすことの大切さを今回の入試問題を機に、多くの人たちに認識していただきたいと思う。

古代のマイナンバーと軍団

兵士徴発のしくみ

胆沢城跡出土の漆紙文書

二〇一六年一月からマイナンバー（個人番号）制度が導入された。私たち一人一人が一二桁の番号で識別される。日本の古代国家も、各戸に番号（戸番《こばん》）を付し、支配システムとして利用していたことが地下から発見された漆紙文書《うるしがみもんじょ》で判明した。

岩手県奥州市（旧水沢市）胆沢《いさわ》城跡の一九八四年の発掘調査で一片の漆紙文書が出土した。胆沢城は征夷《せいい》大将軍坂上《さかのうえの》田村麻呂《たむらまろ》が延暦《えんりゃく》二十一年（八〇二）に築いた中央政府の東北北部経営の拠点である。それまで多賀城《たがじょう》（宮城県多賀城市）におかれていた鎮守府《ちんじゅふ》（軍事機構）は、胆沢城建設後まもな

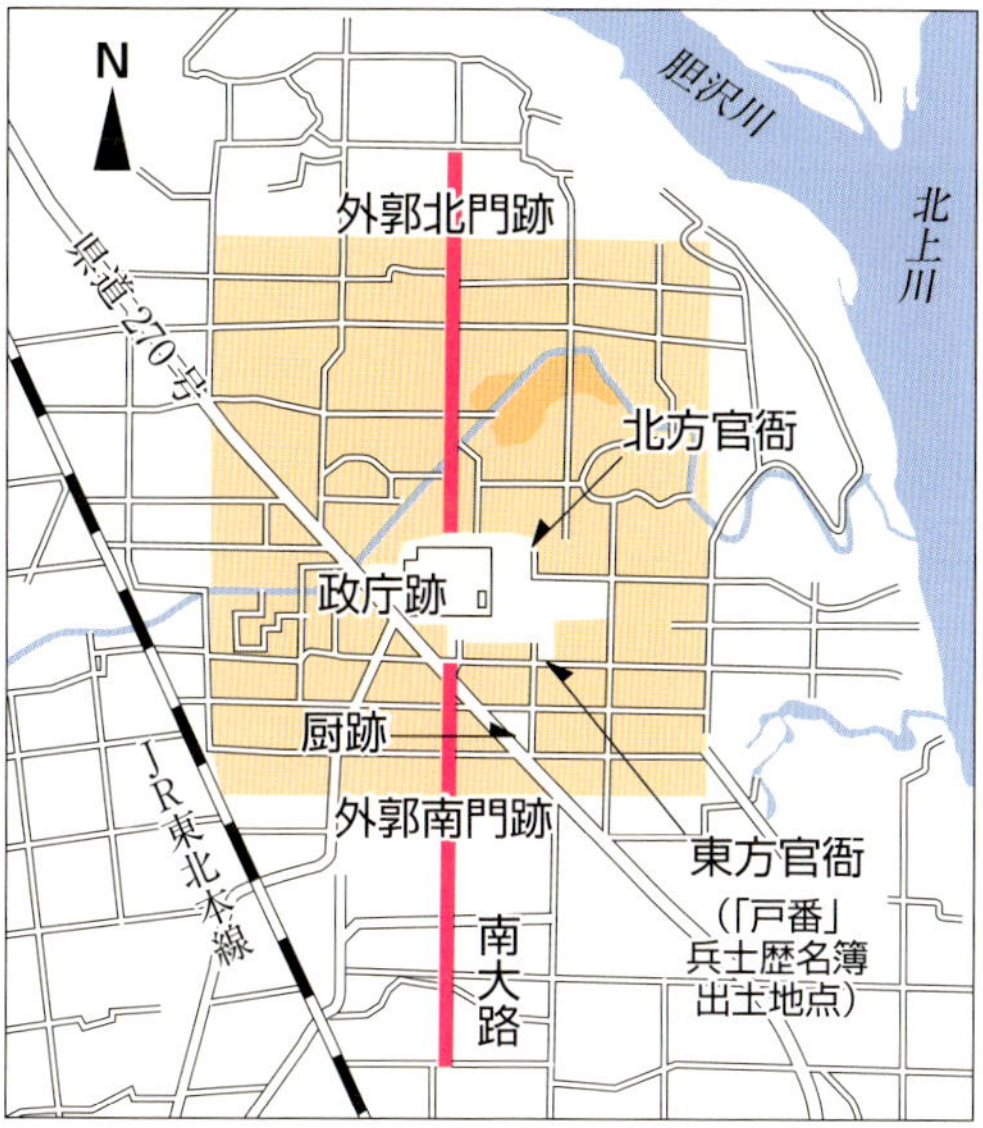

胆沢城跡の配置図

くこの地に移された。

漆液を入れた円《まる》い容器（曲物《まげもの》）に、役所などで廃棄された文書を「ふた紙」に使用する。漆容器の径《けい》をはみでた部分は漆液が浸透していないために遺《のこ》らない。だから漆紙はほぼ円形か、それを二つに折りたたんだ半円形で出土する。今回、紹介する胆沢城跡の漆紙は径二四㌢ほど遺存した。漆塗りの作業の際に、漆液を入れた曲物の径が三〇㌢を超える場合、一枚の紙は縦二八㌢程度なので「ふた紙」として漆桶《おけ》全体をおおいきれなかった部分に別の紙が継ぎ足されている。現在の台所で使うラップのように、役所から払い下げられた巻物になった反故紙《ほごし》をまず漆桶の径に合わせて切ってふた（本紙）をし、足りない部分にその続きの紙を補った（補紙）ので、二紙は一連の文書である。解読した胆沢城跡漆紙文書は次のとおりである。

○胆沢城跡四三号漆紙文書（×は欠損。＊廿＝二十、卅＝三十、卌＝四十）

〔本紙〕（左文字〈反転〉）

×継年□〔卌カ〕×

「戸番」をもつ兵士歴名簿の実物写真
（胆沢城跡第43号漆紙文書、奥州市埋蔵文化財調査センター蔵）

×清成年五×
×□〔連カ〕阿伎麿年廿八×
×部□麿年廿六　、衣前郷□×
×部國益年卌二　、駒椅郷廿一戸主丈部犬麿戸口
×巫部□□〔酒カ〕麿年卌六　、瀦城郷卅八
×年廿三　、駒椅郷卌八戸主巫部諸主戸口
×年卅一　、瀦城郷五十戸主吉弥候部黒麿戸口
×駒椅郷十七戸主巫部本成戸口

（紙継ぎ目）

×年廿三　、高椅郷廿五戸主刑部人長戸口
×、駒椅郷八戸主巫部人永□□〔戸口〕×

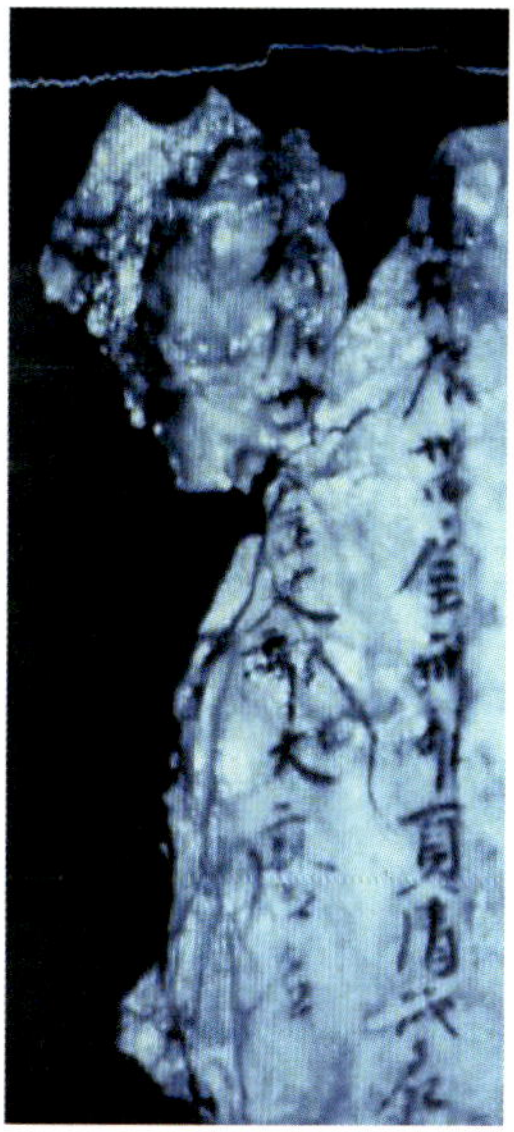

兵士歴名簿の赤外線写真（部分、奥州市埋蔵文化財調査センター提供）

胆沢城跡第43号漆紙文書の実測図

〔補紙〕（正位文字）
×年廿二
×高椅郷□《卅》四戸主刑部真清成戸口
×駒椅郷廿一戸主丈部犬麿戸口

兵士の召集のための文書

記載様式は上段と下段にわけられ、上段は「人名＋年齢（すべて成人男子）」、下段は「郷名＋数値＋戸主＋人名＋戸口」となっている。古代には中央政府や国府《こくふ》が、兵士や労役に従事する人々を召集した。この記載のしかたは、その召集命令に応じた人の進上に関する文書の形式に合致する。たとえば正倉院文書に次のようなものがある。

貢上　経師一人
　　上総国市原郡江田郷戸主刑部荒人戸口
刑部稲麻呂年卅八
　　宝亀四年六月八日　僧興弁

上総《かずさ》国市原郡出身の刑部稲麻呂《おさかべのいなまろ》なる人物を都の東大寺の経師《きょうし》（写経生）として進上した文書である。

胆沢城漆紙文書も進上対象者の名簿であろう。では、どのような人たちがどこから胆沢城に派遣されたのか。人びとは

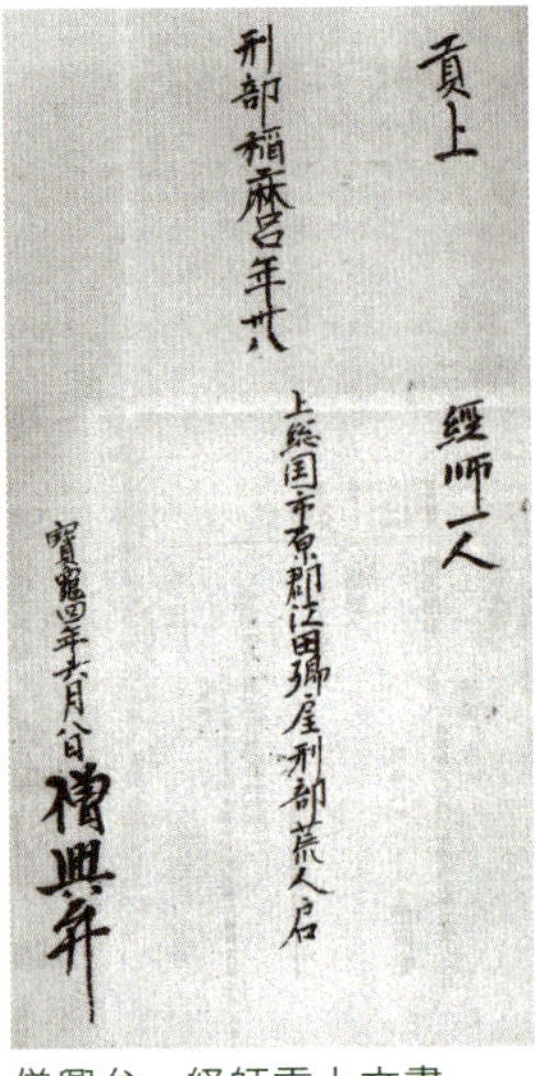

僧興弁、経師貢上文書
（正倉院文書）

五〇戸をひとつの単位の「里《さと》」としてまとめられ、各戸ごと、成年男子（二一歳〜六〇歳）三、四人につき一人の割合で兵士に徴発された。兵士は本貫地《ほんがんち》（本籍地）近くの軍団に配属され、毎年通算一ヵ月あまり訓練を受けなくてはならない。軍団は律令《りつりょう》兵制の基本をなす組織である。一軍団はふつう兵士一〇〇〇人をもって構成された。

軍団の兵士はどのように配置されたのか

古代国家の東北政策において、人と物との過重な負担を強いられたのは、甲斐国を含む東国諸国であった。この古代国家が強行する東北政策は、地域勢力の強い抵抗を生み出した。いわゆる蝦夷《えみし》の反乱である。蝦夷との戦闘が長引くにつれ、坂東《ばんどう》諸国（今の関東地方）から召集され防備にあてられた鎮兵《ちんぺい》はしだいに廃止され、多賀城・胆沢城などの城柵の守備には、陸奥《むつ》国内の軍団の兵士があたるようになる。陸奥国には、白河《しらかわ》・行方《なめかた》・磐城《いわき》・安積《あさか》・名取《なとり》・玉造《たまつくり》・小田《おだ》の七軍団が設置されていた。この七軍団は、陸奥国の郡を越えた広域な行政ブロックに基づき、巧みに配置されていた。

この軍団の兵士が、国府の置かれた多賀城と、鎮守府の置かれた胆沢城にどのように配置されたかを伝える木簡《もっかん》・漆紙文書が近年、多賀城跡・胆沢城跡から相次いで出土し、その派遣方式が明らかになった。

多賀城跡からは「白河団」「安積団」「行方団」「磐城団」、胆沢城跡からは「名取団」「玉造団」「小田団」関係のものが確認できる。このことは多賀城（国府）に四軍団（白河・安積・行方・磐城団）、胆沢城（鎮守府）に三軍団（名取・玉造・小田団）がそれぞれ勤務していたことを示している。

古代の陸奥国においては、阿武隈川《あぶくまがわ》以南と以北では政治的にも文化的にも大きく二分されていた。兵士の徴発も、陸奥国南部の阿武隈川以南の福島県の兵士は宮城県の多賀城へ、阿武隈川以北の宮城県南および県北の兵士は岩手県の胆沢城へ、それぞれ赴いた。実に合理的な行政措置ではないか。

胆沢城の進上文書の名簿にみえる「衣前郷《きぬさき》」「駒《こま》椅《はし》郷」「猪城《ぬまき》郷」「高椅《たかはし》郷」の四郷は『和名類聚抄《わみょうるいじゅしょう》』によると、陸奥国柴田郡の郷名であることがわかる。しかも、成年男子の進上であるならば、本文書は、まさに胆沢城に勤務する柴田郡の兵士名簿（兵士歴《れき》名《めい》簿）であるとみてよい。柴田郡の兵士は名取団（名取郡・柴田郡・刈田《かった》郡の三郡より成る）に所属していたのであろう。

兵士の記載順は、一見すると、規則性が認められない。これは、集団逃亡などを警戒し、同一の郷出身者で隊を編成することを避ける意味で、名取団で編成し直したのではないか。

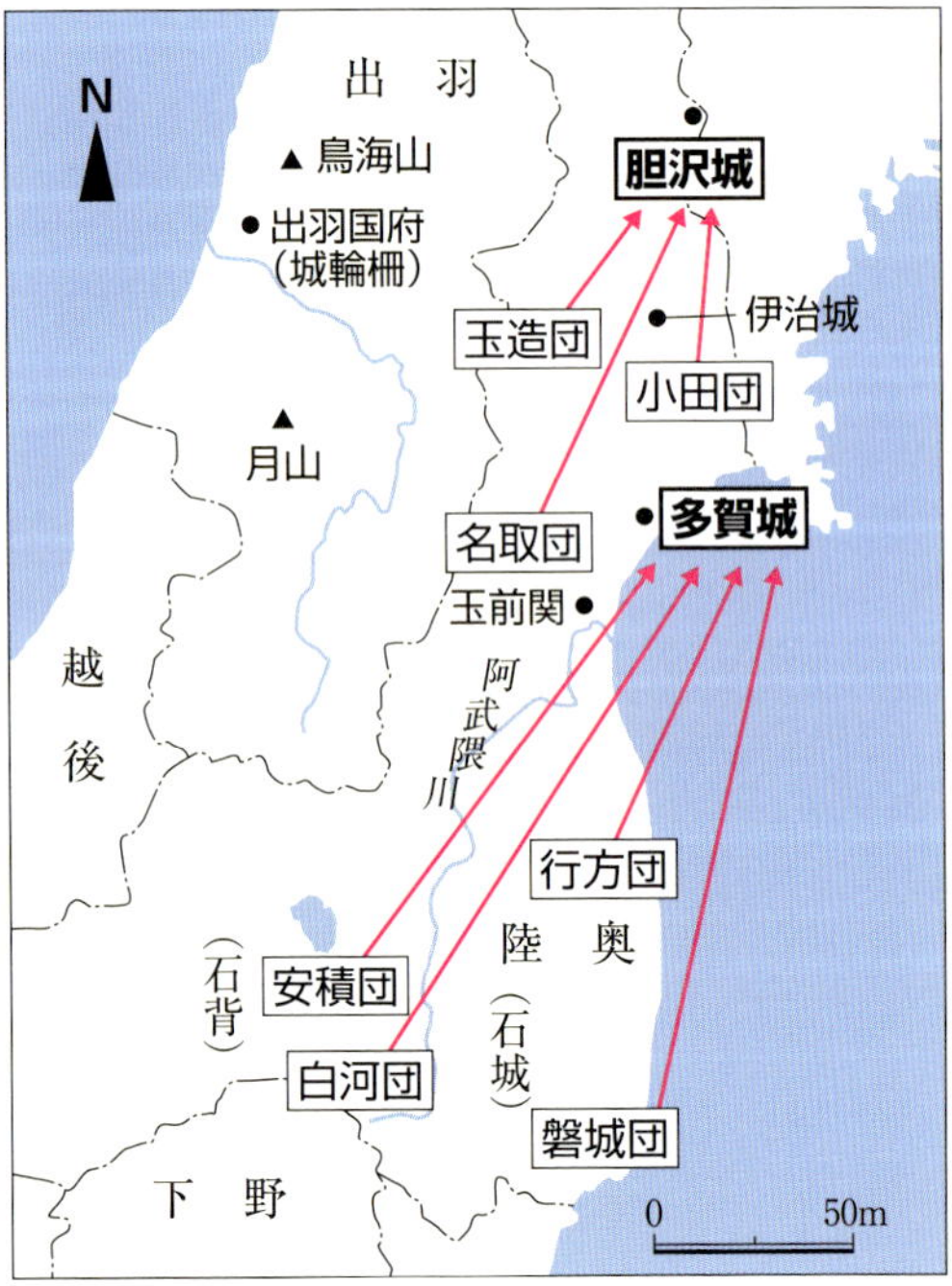

古代東北軍団位置図と派遣方式

古代にもあったマイナンバー制度

　さて、本文書断簡《だんかん》で最も注目すべき点は、郷名と戸主との間に記された数字である。数字は何ら数量単位をともなわない。加えて、その数値は「八」から「五十」までで、とくに「駒椅郷廿一《にじゅういち》戸主丈部犬《はせつかべのいぬ》麿《まろ》戸《こ》口《こう》」は唯一、二例あり、数値は一致している。このことによって、この数値「廿一」が「戸主丈部犬麿」固有のものであることがわかる。その上、わずか一〇行の断簡で、しかも四郷を含みながら、「五十」を最高値としている点、「一郷（里）＝五〇戸」を想起できる。

　この数値は、各郷の戸主それぞれに付された「戸番」すなわち古代のマイナンバーとでもいうべきものではないか。一郷＝五〇戸の戸主それぞれに一から五〇までの「戸番」が付されていたのであろう。しかもこの「戸番」が兵士徴発に有効に活用されていたのである。

　下段の各行の頭に付されている合点《がってん》「、」は、照合の痕跡を示すものだ。兵士進上の際、戸番照合が重要な手順としてあったのではないか。さらに、郷名と「戸番」に着目すると、駒椅郷の場合、「八」「十七」「廿一」（補紙「廿一」）「卌八《よんじゅうはち》」とあり、「戸番」に基づき、一桁番代、一〇番代、二〇番代……というような単位で、平均して兵士を抽出している傾向も興味深い。

　古代の戸番は巧みに兵士徴発に利用されているが、二〇一六年から施行されたマイナンバーは正しい運用を望みたい。

発見された甲斐国出身の防人

なぜ九州に留まり続けたのか

防人の歌

防人《さきもり》は、七世紀後半、倭国・百済《くだら》連合軍が、唐・新羅《しらぎ》軍に白村江《はくそんこう》（韓国南西部を流れる錦江《きんこう》河口）で大敗したことから、唐などの侵攻に備えて北部九州の沿岸に配置された兵士である。防人を「さきもり」と読むのは、「崎守《さきもり》」、すなわち辺土を守る人の意味である。兵士は、成年男子（二一歳から六〇歳）三、四人ごとにひとりを徴発し、軍団に所属させた。ひとつの軍団は、兵士一〇〇〇人で構成されていた。兵士の中で、一年間宮城の内外を警護する者が衛士《えじ》である。これに対して防人は関東地方（山梨、長野、静岡を含む）から三年間、九州の地に赴き、辺境防備の任務についたのである。『万葉集』には、その防人たちが遠い故郷の父母や妻子への思いを詠《うた》った歌が数多く収められている。

「たらちねの　母を別れて　まこと我　旅の仮廬《かりほ》に　安く寝むかも」（母と別れてほんとにわたしは旅先の仮小屋で安らかに寝られるでしょうか）

「常陸《ひたち》さし　行かむ雁《かり》もが　我《あ》が恋を　記して付けて　妹に知らせむ」（常陸をさして行く雁がないもの

か　この恋心を書いて託して妻に知らせたい）
「母刀自《あもとじ》も　玉にもがもや　戴《いただ》きて　みづらの中に　合へ巻かまくも」（母上が玉でもあればよい　高く捧げ　みずら《古代の男性の髪の結い方》の中に　混ぜて巻きつけように）

「防人」木簡の発見

これまで防人に関する資料は、これらの『万葉集』の防人歌をはじめ、『続日本紀《しょくにほんぎ》』などに限られており、列島各地の発掘調査では、なぜか防人に関する出土資料はまったく発見されず、ほとんどその実態はわかっていなかった。ところが、二〇〇四年、佐賀県の唐津《からつ》湾に面した名勝「虹の松原」の背後の中原《なかばる》遺跡から〝防人〟木簡が全国ではじめて発見された。

この防人が配備された唐津の地は、古代の肥前《ひぜん》国松浦《まつら》郡内にあたり、『魏志倭人伝《ぎしわじんでん》』にみえる末盧《まつろ》国の故地である。八世紀に書かれた『肥前国風土記《ふどき》』松浦郡内の記載に、六世紀には中原遺跡付近の「鏡渡し」から、大伴狭手彦《おおとものさでひこ》が朝鮮半島に渡ったという伝承がみえる。唐津湾岸は古代において対外的にも重要な拠点であった。

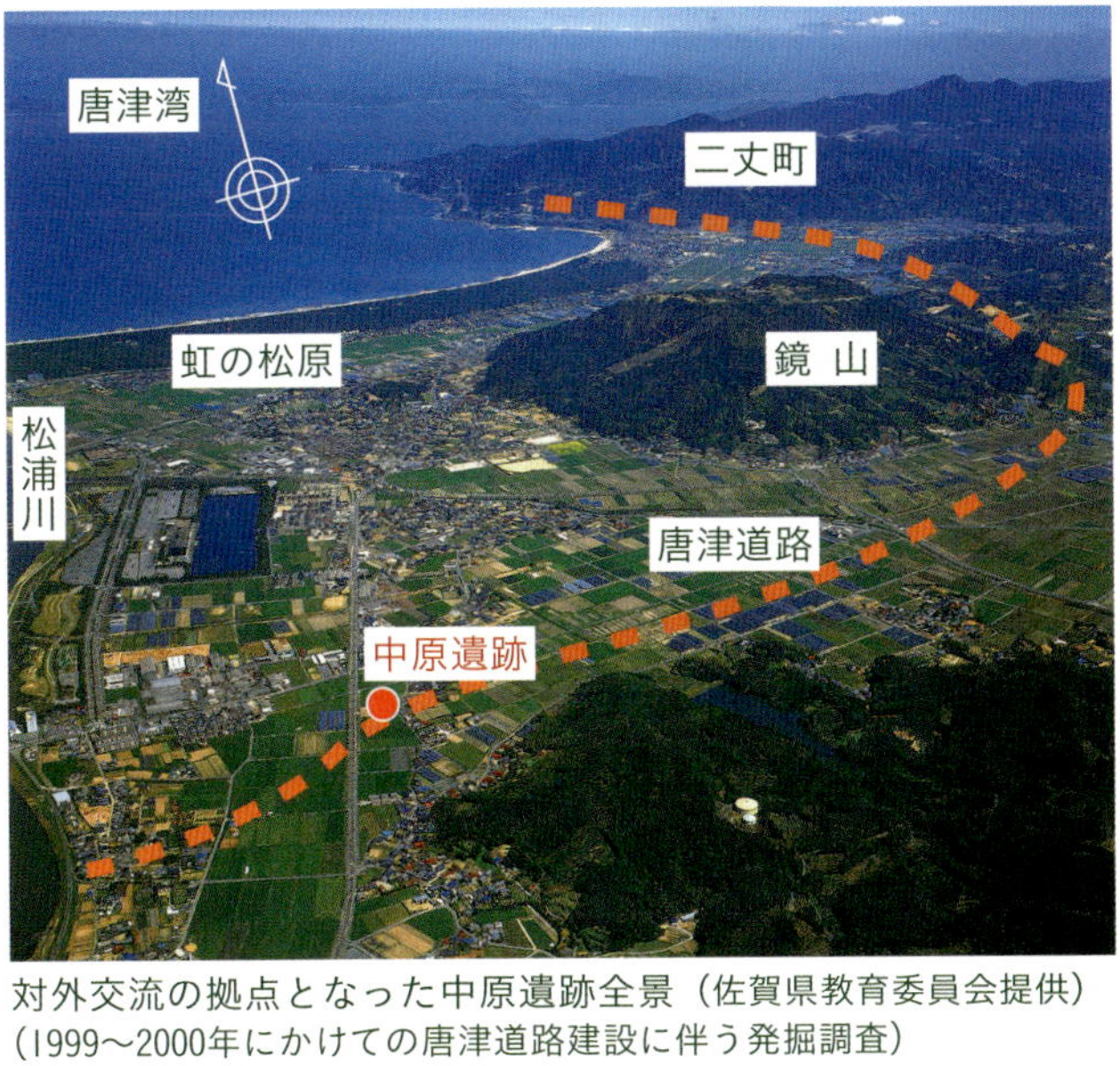

対外交流の拠点となった中原遺跡全景（佐賀県教育委員会提供）
（1999〜2000年にかけての唐津道路建設に伴う発掘調査）

　この木簡は防人に関する名簿であり、防人が「戍人《じゅにん》」と記され守備地（戍＝まもり）に配されていたこと、彼らの出身地が「甲斐国」であること、防人への食料支給に関することなどが記されていた。冒頭の人名のウジ名「小長谷部《おはせべ》」は、正倉院文書「駿河国正税帳」（天平十年〈七三八〉）に、「山梨郡散事（下級役人）小長谷部練麻呂」などとみえる甲斐国の有力氏族名であるので、甲斐国出身者であろう。また、一枚の木簡を二度にわたって使用するため表面を削って再利用した二次文書に、「（延）暦八年」（七八九年）という年号があることなどから八世紀後半のものであることがわかる。しかし、関東地方から派遣する「東国防人」の制度は天平宝字元年（七五七）に廃止されていた。

（一次文書）　小長□部□□（東カ）　（　）□□
□□家□□（注）
甲斐國□（津カ）戍□（人）不知状之

（二次文書）　首小黒七把

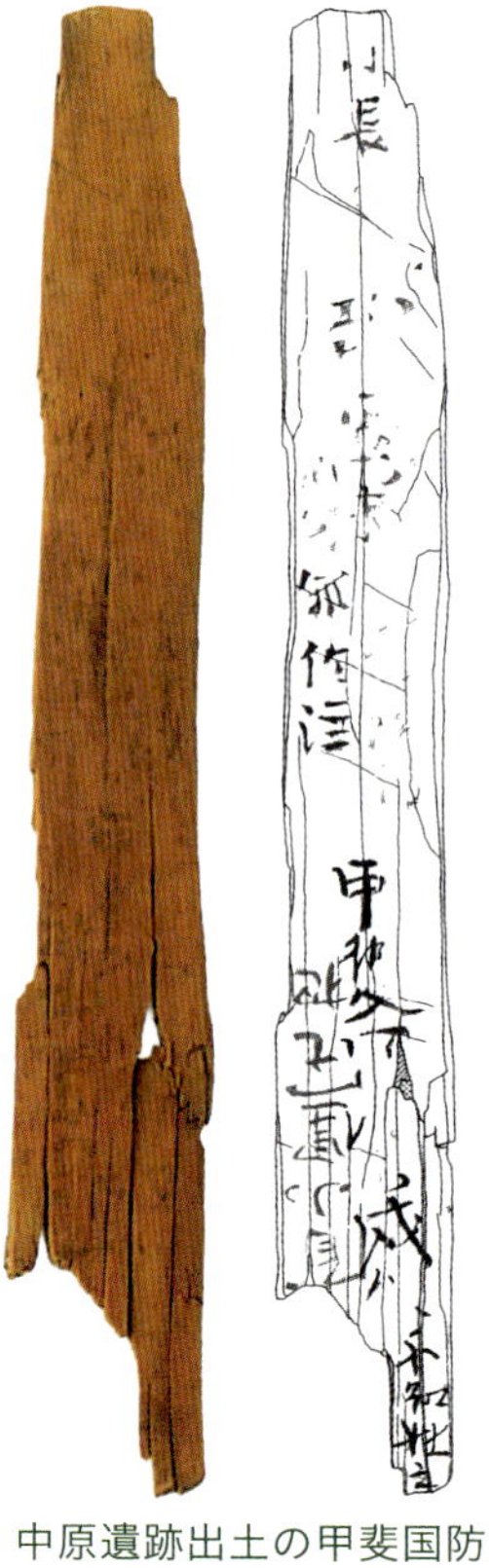

中原遺跡出土の甲斐国防人木簡
（佐賀県教育委員会蔵）

任地に留まり続けた防人

　八世紀後半のものとみられるこの木簡は、明らかに東国防人の廃止以降のものである。おそらくは、この甲斐国出身の防人は、三年の任期満了後も故郷に帰らないで北部九州にとどまっていたのであろう。甲斐国を出発した時に二一歳とすれば、唐津港の防備のために再徴用されたころは、もうすでに五五歳くらいになっていたことになる。政府が東国防人を廃止したのは、東北地方で蝦夷《えみし》との関係が緊迫し、関東地方から大軍の派遣を必要としたからである。東国防人は勤務を終えて故郷に帰れば、三年間は兵役が免除されるが、当時の情勢からすれば、次は東北地方に派遣されるに違いない。冒頭に掲げた防人歌で明らかなように、彼らの望郷の念は計り知れないものであったろう。にもかかわらず、甲斐国の防人が違法行為と知りつつあえて九州の地にとどまったのも、また次の過酷な兵役を逃れたい一心からではなかったか。

軍事訓練以外の防人の日常生活は、一般農民の生活と大差なかったようだ。守備地の近くに土地を与えられ、耕作し食糧にあてた。三〇年経ても甲斐国の防人として徴用されたのは、出身国単位にまとまって生活していたことを示しているのではないか。ところで、木簡の「戍人」の右下の注記「不知状之」とは何を意味しているか。防人で派遣されてきた時は「甲斐国〇〇郡〇〇郷戸主〇〇〇〇戸口」などと名簿に登録されていたが、帰郷せず長い間、西海道に滞在したため、本貫地もわからないと注記されたのであろう（124頁の正倉院文書の上総国から経師として派遣した例が参考となろう）。おそらく防人として最初に任地についた時に、国単位に農耕地をまとめて支給され、その農耕地を中心に「甲斐村」のような集落をなしていたのであろう。

墨痕が薄く、出土してから時を経ても未解読であった「甲斐」の二文字が、二〇〇四年二月に唐津を訪れた時、瞬時に解読できたのは、私が山梨県出身であったからであろうか。

東国の鎮兵
城柵守備の実態

城柵守備の任務にあたった東国の鎮兵

古代中国の〝中華思想〟の影響を受けたわが国では、天皇の支配する〝中華〟の周辺には蝦夷《えみし》や隼人《はやと》が住むとされた。

古代国家において辺境とされた東辺、北辺は、蝦夷（東夷《とうい》、北狄《ほくてき》）と接する地域であった。蝦夷は、「えみし」「えびす」と読まれ、平安中期以降は「えぞ」と読む。古くは東国の人びとを「毛人」といったが、のちに風俗、文化などを異にし、政治的にも国家に従わない人びとを蝦夷とよんだ。

政府は蝦夷に対して、食料をもてなし禄《ろく》を与えるなどの懐柔策をとる一方、彼らの攻撃を予測して、東辺・北辺の地に軍隊を常に駐在させ、行政府に防衛機能をもそなえた城柵《じょうさく》（多賀《たが》城・秋田城など）を設置した。これらの征夷の事業に、主として動員され、城柵守備の任務にあたったのは、東国の諸国から徴発された鎮兵《ちんぺい》であった。

鎮兵にあてられた東国の軍団兵士は、これ以前から防人に徴発されていたが、八世紀半ば以降、東北地方への軍事政策の推進とともに、次第に防人から鎮兵へと力点が移っていった。天平宝字二年（七五八）には桃生城《ものう》（柵）（宮城県北部の北上川河口近く）・雄勝城《おがつ》（柵）（秋田県横手盆地）の造営のために、東国の鎮兵、役夫などが徴発されている。鎮兵の数は、三〇〇〇人ほどと推定される。

兵士は、それぞれの国内において軍事訓練を受けたりしたが、実際はさまざまな雑役に従事させられたのである。こうして軍団の兵士は単なる役夫と化し、ほとんど戦力としては役立たなかった。その後、陸奥《むつ》国の鎮兵は八一五年に廃止された。

「三十八年戦争」と東国からの物流

八世紀後半の、桃生城・雄勝城の造営を足がかりとする古代国家の東北政策は、やがて宝亀五年（七七四）の桃生城の西郭を破る蝦夷の反乱に始まり、弘仁二年（八一一）の征夷将軍文室綿麻呂《ふんやのわたまろ》の蝦夷征討事業まで、いわゆる「三十八年戦争」という状況を迎えることになるのである。

その戦争に甲斐国を含む東国の人と物が頻繁に送られたことが記録されている。甲斐、相模両国の綿（絹綿）五〇〇〇屯《とん》を陸奥国に送り、綿製の甲《よろい》状の軍服（襖《うわぎ》）をつくらせた。天応元年（七八一）には、甲斐など五ヵ国の一二人が、私力で軍事用食料を陸奥国に運んだ功績により、位階を授けられた。延暦九年（七九〇）閏《うるう》三月四日、東海道の駿河《するが》以東（甲斐も含む）、東山道の信濃《しなの》以東の諸国に、革甲《かわのよろい》二〇〇〇領を三ヵ年のうちに作ることが命じられた。

この延暦九年の政府の命令が東国で実行されていたことを証明する木簡が、下野国府跡《しもつけこくふ》（栃木県栃木市）

の土《ど》坑《こう》跡（ゴミ捨て穴）から発見された。

「□□□依国三月廿日符買進□□
□六月廿三日符買進甲料皮」

【読み下し文】

国の三月廿日の符に依《よ》りて買進る□□
同六月廿三日の符に依りて買進る甲料の皮

この木簡は、国府の政庁跡西隣の土坑跡に一括廃棄された木簡の削屑《けずりくず》約五〇〇〇点のうちの一点である。この土坑群から一緒に出土した木簡の年紀は、延暦九年八月から同十年七月までの一年度分にあたる。

下野国は東山道信濃以東の国である。この木簡は、延暦九年閏《うるう》三月の政府の命令に基づき、翌年の三月、六月に下野国府から郡に国符（命令書）が下され、郡が買進した物品名を列記したものであろう。

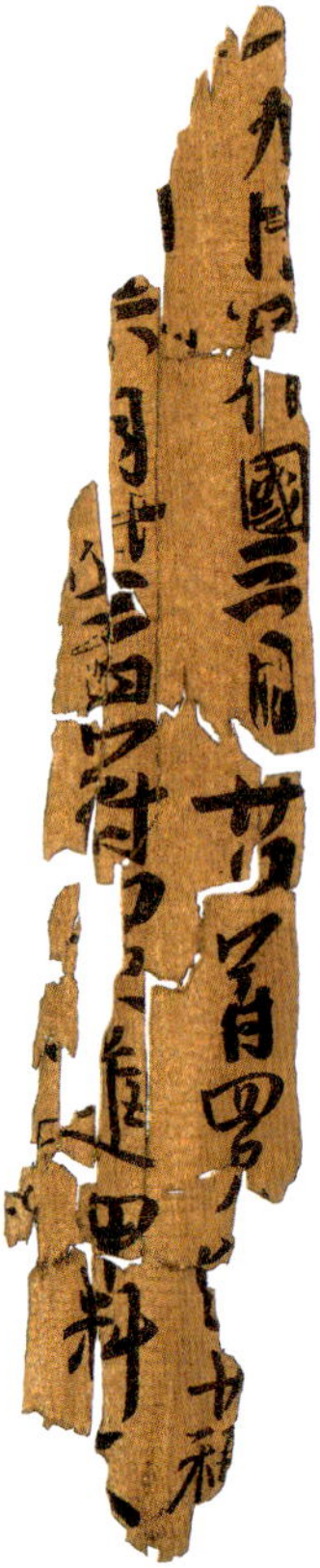

下野国府跡出土木簡（八一一号、複製、国立歴史民俗博物館提供）

木製カブトの発見

古代では、武具のうち、頭を保護するためにかぶるものを冑（かぶと）と、からだをおおい守るものを鎧・甲（よろい）と表記した。このカブトには鉄製、革製、木製があった。その木製のカブトが二〇〇六年、岩手県盛岡市の南、矢巾《やはば》町の徳丹《とくたん》城跡から全国ではじめて発見された。カブトは徳丹城が蝦夷支配のため、政府軍の拠点として使われていた九世紀前半ごろのものとみられる。

カブトは井戸跡を約一メートル掘り下げた地点で、ほぼ原型のまま見つかった。トチノキの一木をくりぬいて作られた楕円《だえん》形で、長径二四・五センチ、短径二〇センチ、高さ一六・八センチ、厚さ約二センチ。表面には黒漆が塗られ、首の後ろを保護する防具を固定するための小さな穴が、周囲の二二ヵ所に開いていた。木製カブトは、文献には記されているが、年月を経るうちに放棄され、地下で腐植してしまうため実物の出土はなかった。

使用しなくなったカブトが井戸水をくむ桶《おけ》として利用されていたため、きれいな水に覆われ完全な形で残ったのである。なお、木製カブトは放射性炭素（C14）年代測定によって、七世紀後半に作製されたことが判明した。おそらく木製カブトは関東から来た兵士の装備品と考えられる。当時は国家が厳重に武具を管理していた。個人所有物ではなく、軍団という公的な保管体制の中で約一五〇年近く伝えられてきたものであろう。

その後、征夷大将軍坂上田村麻呂《さかのうえのたむらまろ》が胆沢《いさわ》地方の蝦夷をほぼ征討し、延暦二十一年（八〇二）胆沢城を築くと、甲斐国をはじめとする、駿河・相模《さがみ》・武蔵《むさし》・上総《かずさ》・下総《しもうさ》・常陸《ひたち》・信濃・上野《こうずけ》・下野一〇ヵ国の浪人四〇〇〇人を胆沢城管下に移したのである。

徳丹城跡出土黒漆塗木製カブト

木製カブトが出土した井戸
(いずれも矢巾町教育委員会提供)

古代国家の九州地方の防備および東北地方の蝦夷征討事業の推進に、東国が果たした役割は大きかった。また、その負担が甲斐国をはじめ、東国社会に与えた影響は計り知れないものがあったであろう。

第二部
地方行政の実態

都へ出仕する人びと

重い負担と相次ぐ逃亡

戸籍を抜き書きした木簡

古代東北地方の政治・文化の中心地である陸奥《むつ》国多賀《たが》城《じょう》の政庁と外郭南門とを結ぶ正面道路下の暗渠《あんきょ》（排水のために覆いをした水路）基礎固めの裏込《うらご》め土から多賀城創建時期の多数の木簡が出土した。木簡の年代は七二〇〜七二一年ごろである。

その中の一点に、紙に書かれた戸籍の原簿から一つの戸をそのまま抜書したと解釈できる木簡があった。表側には紙の戸籍原簿に引かれた罫線《けいせん》をそのままに、上部にクギのようなもので、約一一ミリ間隔で平行する三本の刻線が引かれている。

戸籍抜書木簡
（宮城県多賀城跡出土、東北歴史博物館提供）

『□□』
黒万呂姉占マ麻賣
弟万呂母占マ小富賣□
戸主同族□

111ページの「古代戸籍の特徴」で大宝二年（七〇二）の御《み》野《の》（美濃）型戸籍の特徴は続き柄を「戸主妻」「久比妻」などと記すと指摘したが、本木簡の「黒万呂姉」「弟万呂母」も御野型戸籍の特徴と共通する。また、「戸主同族」も御野型戸籍の「戸主同党」と類似する表記である。木簡群の年代（七二〇〜七二一年）から、この戸籍木簡は和銅七年（七一四）戸籍の抜書と判断される。養老五年（七二一）の造籍年（戸籍作成の年）にあたり、戸籍の記載様式が西海道型に統一されるまで、大宝二年の御野型戸籍が、広域行政区として同じ東山道に属した陸奥国でも採用されていたことを、和銅元年の陸奥国戸口損益帳（正倉院文書）に加えて、戸籍抜書木簡は見事に証明している。この戸籍抜書木簡は使用目的が不明であるが、今でいうところの〝戸籍謄本《とうほん》〟（原本の内容すべての写し）であったろうか。

戸籍の記載様式の変遷

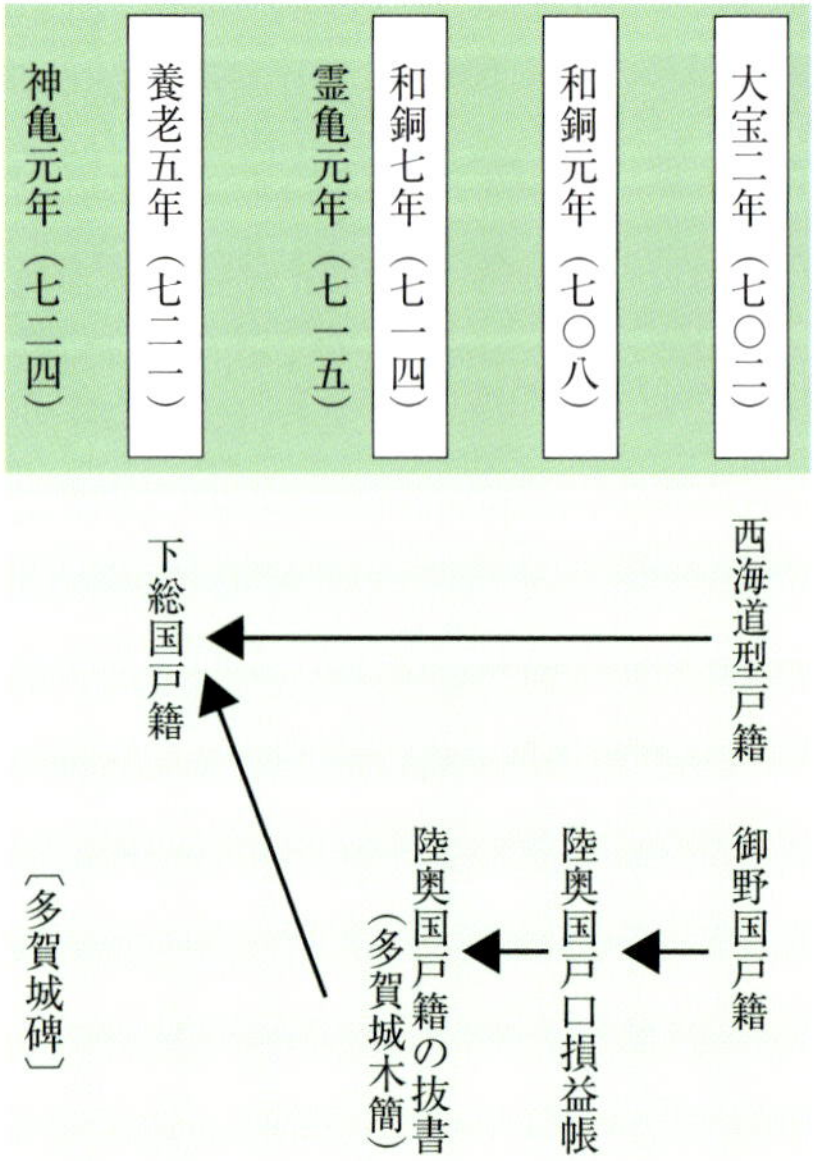

（□枠は造籍年。戸口損益帳は造籍年とつぎの造籍年までの六年間の戸・戸口の異動の集計簿）

戸籍作成年（造籍年）

造籍年	西暦	間隔年数
天智9（近江令施行／庚午年籍）	670	
持統4（浄御原令施行／庚寅年籍）	690	20
持統10	696	6
大宝2（大宝律令施行）	702	6
和銅元	708	6
和銅7	714	6
養老5	721	7
神亀4	727	6
天平5	733	6
天平12	740	7
天平18	746	6
天平勝宝4	752	6
天平宝字2	758	6

逃亡者の代わりに都へ

また、甲斐国戸籍に基づいて、二一歳から六〇歳の成人男子（正丁《せいてい》）に課した労役に関連することを記載した文書が奈良県正倉院宝庫に現存している（5頁の図版参照）。

甲斐国司解　申貢上逃走仕丁替事

坤宮官廝丁巨麻郡栗原郷漢人部千代 年卅二 左手於疵

右、同郷漢人部町代之替。

以前、被二仁部省去九月卅日符一偁、逃走仕丁如レ件、国宜承知、更点二其替一、毎レ司別レ紙、保良離宮早速貢上者、謹依二符旨一、点二-定替丁一、貢上如件。仍録二事状一、附二都留郡散仕矢作部宮麻呂一申上。謹解。

天平宝字五年十二月廿三日従七位上行目小治田朝臣 朝集使

正六位上行員外目桑原村主「足床」（自署）

従五位下行守山口忌寸「佐美麻呂」（自署）

天平宝字五年（七六二）十二月二十三日、甲斐国から都に派遣されていた仕丁《しちょう》の漢人部町代《あやひとべのまちよ》が逃亡したので、その替わりに、漢人部千代《ちよ》を貢上した文書である。この文書は、甲斐国司から全国の仕丁を管理する仁部省《にんぶしょう》（この時期、民部省《みんぶ》を仁部省と改称）に提出された。文書の全面に朱印「甲斐國印」が一七ヵ所押印されている。町代も千代も、甲斐国巨麻《こま》郡栗原郷出身であり、この町代の替わりに都へ送られた千代は、戸籍に年齢三二歳、左手に疵《あざ》があることが記録されている。「坤宮官《こんぐうかん》」は皇后に関する事務をつかさどる役所「皇后宮職《こうごうぐうしき》」のこと。「保良離宮《ほらりきゅう》」は天平宝字五年十月、平城京から遷都（滋賀県大津市付近）、一年のみの都。仕丁は各郷すなわち一郷＝五〇戸につき、正丁二人が戸籍をもとに選ばれた。任務期間は三年間で、都の造営事業や役所などの雑役に従事した。町代と千代は同じ漢人部という姓で、ともに栗原郷が本籍であることから近親関係と考えられる。

漢人部千代は、中央に提出された履歴書（正倉院文書）によると、戸籍では「戸主丸部千万呂」の戸の構成員となっている。仕丁は一郷から二人が出仕するが、そのうち一人は立丁《りってい》といって、役所の使いなどの雑役に従事し、もう一人は廝丁《しちょう》（かしわで）といい、立丁の食事の世話などをするために同行した。この時の千代は、漢人部町代に代わる廝丁としての出仕であった。

千代は都留《つる》郡散仕《さんじ》（散事）という肩書をもつ矢作部宮麻呂《やはぎべのみやまろ》という人に引率されて都に上った。郡散仕（散事）は国司の配下にあって行政雑務にあたった国府の下級役人である。天平十年（七三八）の正倉院文書「駿河国正税帳《するがのくにしょうぜいちょう》」（国の財政報告書）にも、甲斐国から朝廷に馬を進上する引率者として「山梨郡散事小長谷部麻佐《おはせべのまさ》」が従事していたことが記載されている。

逃亡する理由

天平宝字六年（七六二）正月、千代は近江《おうみ》国の造石山院所（石山寺《いしやまでら》〈滋賀県大津市〉の造営にあたる官司）に付属する石山写経所に派遣された。千代が着任してまもなく石山写経所で下総国出身の仕丁が逃亡した事件が起きた。そして千代自身もそれからまもなく同年九月十三日に逃亡したのである。

仕丁が都で生活していくための必要経費は、仕丁の地元が負担することになっていた。具体的には、国養物《ようもつ》として仕丁一人あたり年に銭六〇〇文、月養物として同じく一ヵ月に綿（真綿《まわた》）二屯《とん》または庸布《ようふ》（成人男子が庸〈税〉として一年に一〇日の労働を行う代わりに納めた布）二段が出身国から送られ、各仕丁に支給されると定められていた。

甲斐国山梨郡加美郷から出仕した丈部宇万呂《はせつかべのうまろ》のために送られた天平宝字八年（七六四）の養物銭六〇〇文（国養物）に付された荷札木簡が平城宮跡から出土している。

・斐（追筆）』国山梨郡加美郷丈部宇万呂六百文」
・　天平寶字八年十月　」
（長さ一五〇〈上部欠損〉×幅一七×厚さ四ミリ）

丈部宇万呂のための養物銭600文に付された荷札木簡
（平城宮跡出土、奈良文化財研究所蔵）

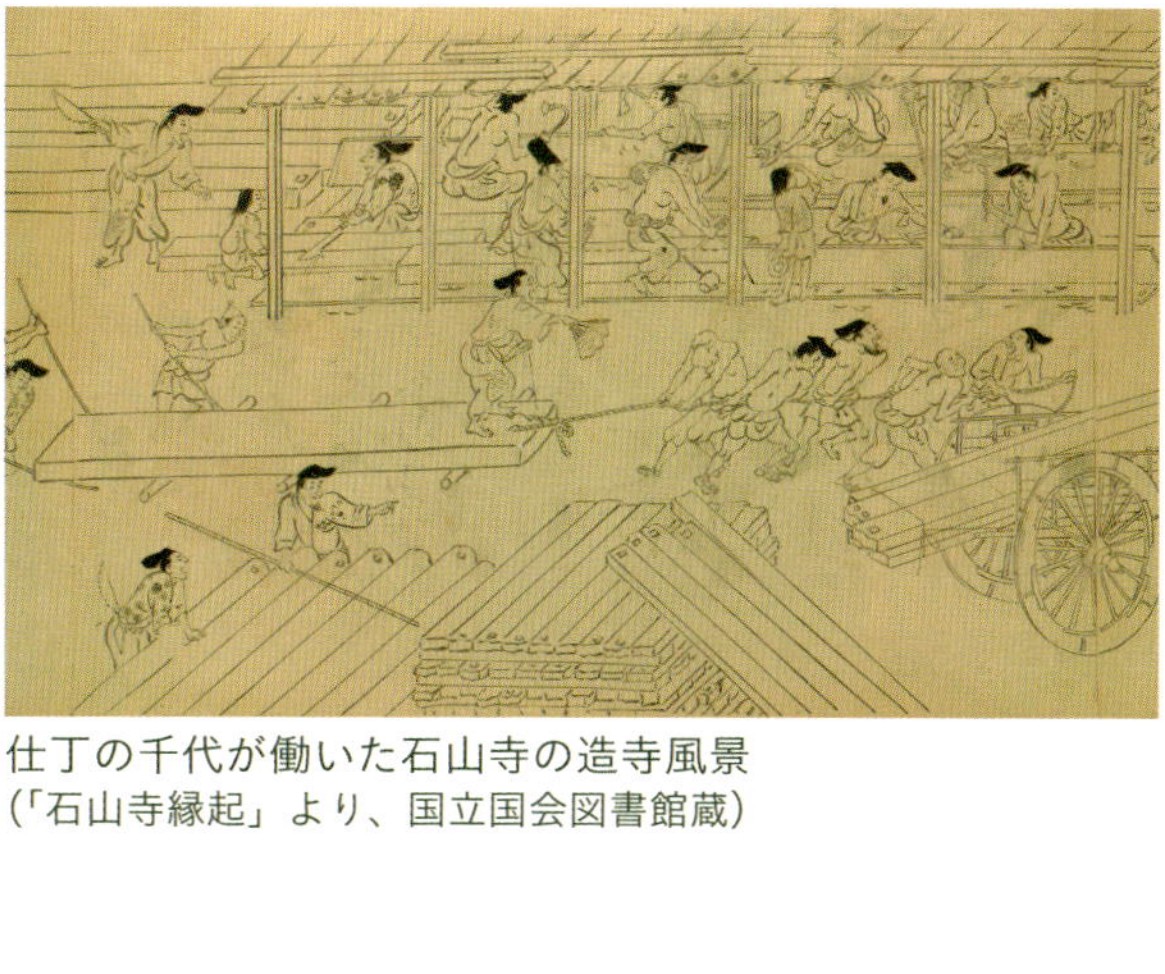

仕丁の千代が働いた石山寺の造寺風景
（「石山寺縁起」より、国立国会図書館蔵）

仕丁が三年の任務を終えてもそのまま都に留まり、官司の役務に従事し、報酬として賃金の支給を受けている例も知られている。

仕丁の相次ぐ逃亡は、厳しい使役に耐えられなかったためとか、郷里からの養物が滞ってしまったなどという理由だけではなく、強制的に都に送られた彼らがよりよい条件を求めてたくましく異郷の地で生き抜いた姿も想定できるのではないか。

地方行政改革
評から郡へ、五十戸から里へ

地方行政組織・評の成立

ヤマト王権は地域社会を治めるために、六世紀ごろから日本列島各地にミヤケ（屯倉・官家）を設置した。ミヤケとは中央と地方を結ぶ王権の拠点であり、農業生産や開発および交通・交易の中核的役割を果たした。王権はミヤケを経営する地域の豪族たちを「国造《くにのみやつこ》」などの地方官に任命した。

大化元年（六四五）六月十二日、中大兄皇子《なかのおおえのおうじ》（のちの天智《てんじ》天皇）と中臣鎌足《なかとみのかまたり》（のちの藤原鎌足）は大臣《おおおみ》の蘇我蝦夷《そがのえみし》一族を滅ぼし、「大化改新」とよばれる政治改革を断行した。その一つとして、これまでの国造が支配した地域＝「クニ」を評《こおり》（行政組織）とし、いくつかの評をまとめて新たな「国」とする行政改革が実施された。各国には、中央より惣領《そうりょう》または大宰《たいさい》とよばれる役人が派遣され、古代国家による地方支配を強めた。とくに、地方において豪族たちは、各地域をそれぞれ個別に支配していた。これまでヤマト王権は各地の重要拠点に設置したミヤケ（屯倉・官家）を経営する権限を地域の豪族に与えていた。また各地で王権に生産物を納め、各種の労働の義務を負わされたいわゆる「部」は地方の国造らが管理し、中央の王族や豪族に仕えていた。新たな改革は、各地に評を設置し、中央政府の地方支配を強化しようとした。評は、現在の市町村にあたるような地方行政組織で、国造が支配していた土地の分割や新たな統合などが行われた。ミヤケや部もしだいに評の支配に取り込まれ、地域の人びとは評を単位に支配されるようになっていくのである。

『日本書紀』に記載されている大化改新の詔《みことのり》は、郡の設置について、四〇里以下を大郡、三〇里以下四里以上を中郡、三里を小郡とし、国造のうち有能な者を大領《だいりょう》（長官）・少領《しょうりょう》（次官）に任ずると定めている。しかし養老四年（七二〇）に編纂《へんさん》された『日本書紀』の「郡」の用字は大宝元年（七〇一）施行の大宝令の規定によるもので、七世紀には「評」であり、「大領・少領」も「評督《こおりのかみ》・助督《すけのかみ》」が正しい表記である。

甲斐の立評については、『山梨県史』では、大化五年（六四九）の全国一斉の評の施行（天下立評）の際に、甲斐国造のクニも、山梨評・八代評の二評に分割された可能性が高いと指摘している。また巨麻《こま》評の立評は朝鮮半島の高句麗《こうくり》の滅亡（六六八年）により高句麗の遺民が多数渡来した以降のこと、都留評は、もとは相武《さがむ》（相模《さがみ》）国造の支配下にあり、都留評が甲斐に編入されるのは、天武朝末年（六八三〜六八五年ごろ）に令制国としての甲斐国が成立した時点とされている。

「五十戸」から「里」へ

次に評（郡）の下の行政組織・サトについてみてみよう。

古代に飛鳥《あすか》とよばれていた地域は、現在の奈良県明日香《あすか》村の一部にあたる。七世紀の飛鳥には、王の宮が多数設置された。飛鳥のやや北寄りに、日本列島で最古の仏教寺院として有名な飛鳥寺がある。その飛鳥寺の西側には、水時計が設置された水落《みずおち》遺跡、その北側には、斉明《さいめい》朝《ちょう》の迎賓館《げいひんかん》（外国の賓客を接待するための建物）として名高い石神《いしがみ》遺跡があり、その北方域から二六〇〇点以上の木簡が出土している。その木簡群のなかにサトの古い表記「五十戸《さと》」がある。

〈表〉乙丑年十二月三野国ム下評
〈裏〉大山五十戸造ム下部知ツ
　　従人田部児安
（長さ一五・二×幅二・九×厚さ〇・四センチ）

乙丑年は六六五年、三野《みの》（美濃）国「ム下《むげの》評《こおり》」は、のちの武芸《むぎ》（義）郡（岐阜県関市）、「大山五十戸造」の「ム下部知ツ《むげべのちつ》」と記し、従者「田部児安《たべのこやす》」が都へ運んだ荷物に付けられた木札である。この「大山五十戸造」は「大山里長《さとおさ》」のことであろう。サトの古い表記「五十戸」の現段階で最古の表記例である。

石神遺跡出土「三野国ム下評大山五十戸造」木簡（奈良文化財研究所蔵）

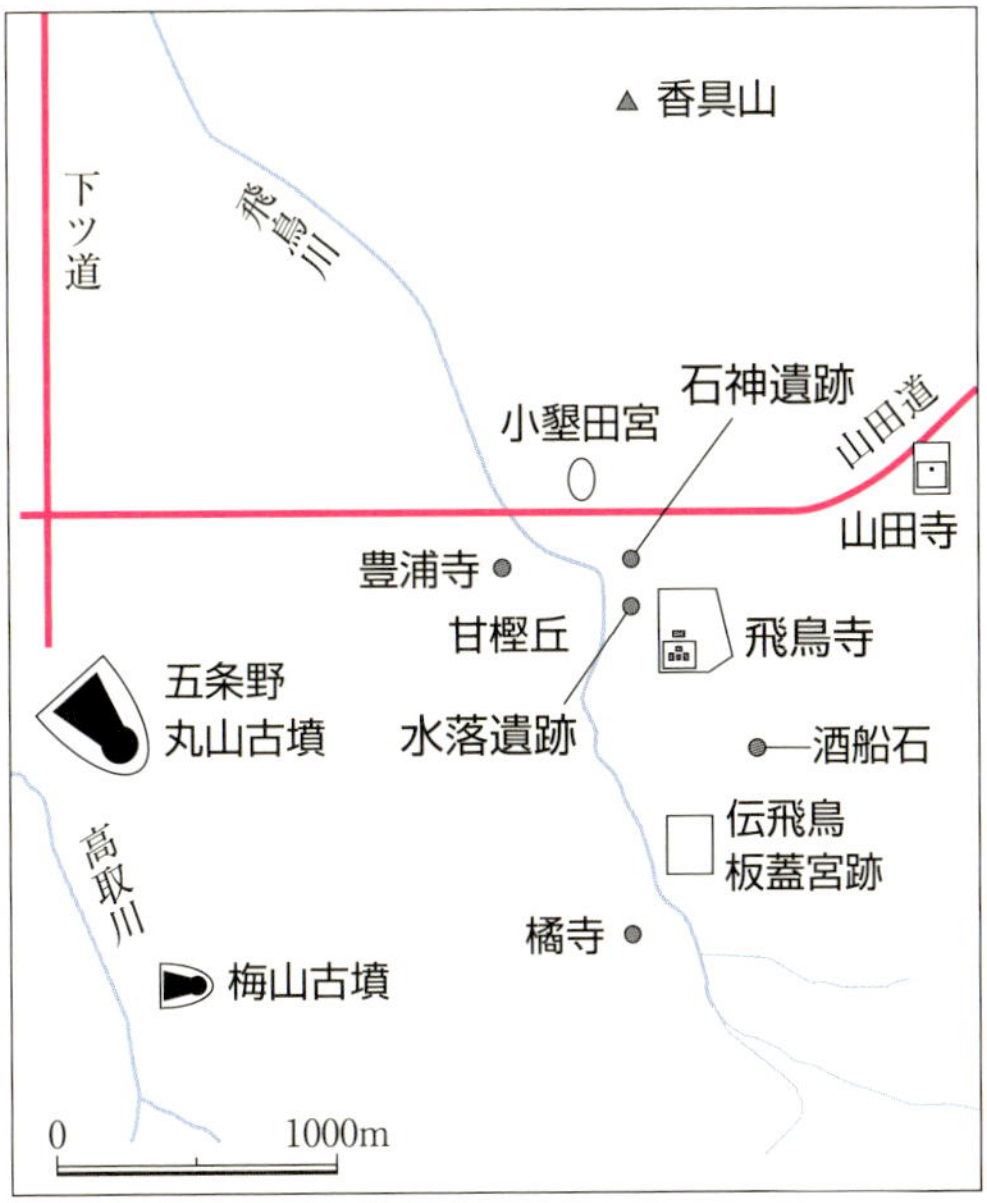

石神遺跡と飛鳥地域

「五十戸」木簡の登場によって「五十戸」表記は、天武天皇十年（六八一）ごろまでもっぱら用いられ、同十二年ごろから徐々に「里」と表記するようになることが明確になってきている。

三段階の組織で租税貢進

七世紀の後半、天智天皇九年（六七〇）にはじめての戸籍である庚午《こうご》年籍《ねんじゃく》が造られた。さらに持統天皇四年（六九〇）の庚寅《こういん》年籍以降、戸籍が六年ごとに一回造ることと定められた。戸籍には戸主を筆頭に一人一人の姓名と性別、および年齢が記載され、税を負担する者と、しない者の区別が記された。そして五〇戸をひとつの単位、すなわち「里（サト）」としてまとめられた。この「五十戸」がサトの古い表記の由縁である。

大宝元年（七〇一）に大宝令《たいほうりょう》が施行された。地方制度では、「評」は「郡」と改められ、国―郡―里という三段階の組織によって全国が統治されるしくみとなった。それぞれに国司―郡司―里長《さとおさ》（郷長）という役人が置かれ、さらに里（郷）は五〇戸で編成された。各戸は二〇〜三〇人単位の構成であった。

古代の貧しい農民の様子をえがいた山上憶良《やまのうえのおくら》の「貧窮問答歌《ひんきゅうもんどうか》」（『万葉集』八九二番）は教科書にも引用されている。その有名な一節は、

「しもと取る　五十戸良《さとおさ》が声は　寝屋処《ねやど》まで　来《き》立ち呼ばいぬ　か

「山田五十戸」文字瓦（栃木県那珂川町那須官衙遺跡出土、那珂川町なす風土記の丘資料館蔵）

くばかり　すべなきものか　世の中の道」（鞭《むち》を持つ五十戸良〈里長〉の声は、寝床まで来てわめき立てる。こんなにも辛《つら》く苦しいものか、世の中の道理というものは）

八世紀では「里長」と表記すべきところをサトの古い表記「五十戸良」が使われている点、興味深い。

甲斐国の国・郡・里制表記の現段階で最古の例は、奈良県正倉院宝庫に遺《のこ》る、和銅七年（七一四）の絁《あしぎぬ》（太糸で織った粗製の絹織物）製の袋に墨書されたものである。

甲斐國山梨郡可美里日下マ
□□絁一匹　和銅七年十月

甲斐国山梨郡可美（加美）里の日下部（名は不明）が絁一匹を税として中央に貢進した。税の繊維製品の場合、反物の形態で貢進され、その端に「国・郡・里・貢進者の姓名・年月日」を墨書し国印（この場合「甲斐國印」）を捺《お》すことと定められていた。

現代の地域社会の根幹に直結する古代のサト（里）とムラ（村）の実像を数回にわたり明らかにしてみたい。

川奈五□戸煮一籠十八列

白髪マ五十戸

「五十戸」木簡
「川奈五十戸」は『和名類聚抄』の駿河国廬原(いおはら)郡「河名郷」にあたる（飛鳥京跡出土、奈良県立橿原考古学研究所蔵）

正倉院白絁墨書銘
（正倉院宝物）

地方行政区分と郡役所

甲斐国山梨郡と都留郡

二つに分かれる郡

南北に細くのびる日本列島の本州には、背骨となる山脈が長く連なっている。この山脈の尾根筋に形成される中央分水界から分かれ出た河川は、太平洋・日本海と、瀬戸内海とに注いでいる。この本州を縦断する中央分水界のなかで、最も標高の低い場所が兵庫県丹波市氷上《ひかみ》町石生《いそう》の「水分《みわか》れ」で、海抜わずか九五メートルにすぎない。

近年、地球の温暖化が問題となっている。もしも気温がさらに上昇して南極・北極の氷がいっせいに溶けはじめ、海水面が一〇〇メートル上昇したならば、丹波市氷上の地は加古《かこ》川をさかのぼって瀬戸内海からくる海水と、由《ゆ》良《ら》川をさかのぼって日本海からくる海水が「水分れ」で合流し、ここに本州を分断する海峡、いわば「氷上海峡（氷上回廊）」が新たに出現するこ

氷上海峡（回廊）

とになる。

この「水分れ」を中心とする地域に、古代の氷上郡が設置された。その氷上郡の一六郷は二つの水系によって東部と西部の二グループに大別される。この二グループは、『和名類聚抄《わみょうるいじゅしょう》』（一〇世紀前半）の一写本（高山寺本）に「東縣《あがた》」（東郡・八郷）、「西縣」（西郡・八郷）と表記されている。

古代の郡には、郡家《ぐうけ》とよばれる役所が設置された。郡家の建物は郡の行政を行う中心施設である郡庁院、郡内から集められた租税稲を収納した倉庫群である正倉院、国司などの宿泊施設である館《たち》院、食料調理の厨《くりや》院から構成されている。

郡家が置かれた郷名は一般的に三種類ある。①郡名と同じ郷名。②「古郡郷」・「大家郷」・「古家郷」など――。③郷名そのものが「郡家郷」という郷名。氷上郡の中心となる郡家は、西部の氷上郷に設置された。もう一つの水系に発展した東部地区には、春部《かすかべ》郷に郡家の〝支所〟である郡家別院が置かれたと考えられる。

東西二郡に分かれていた山梨郡

甲斐国にも似た例がある。高山寺本『和名類聚抄』によれば、山梨郡は少なくとも一〇世紀前半ごろには一〇郷のうち、於曽《おぞ》・能呂《のろ》・林部・井上・玉井の五郷を「山梨東郡」、石禾《いさわ》・表門《うわと》・山梨・加美・大野の五郷を「山梨西郡」と二分されていた（本書81ページの図参照）。この一〇郷のうち現在地名として遺《のこ》るものは、於曽（甲州市上於曽・下於曽〈旧塩山市〉）、能呂（甲州市野呂〈勝沼町〉）、井上（笛吹《ふえふき》市井之上〈旧御坂町〉）、石禾（笛吹市石和《いさわ》町）、表門（甲府市和戸町）、大野（山梨市大野）の六郷である。

さらに、古代の山梨郡域内の発掘調査で、次のような郷名を刻書・墨書した土器が出土している。笛吹市一宮町東原の松原遺跡から土師器《はじき》坏に墨書「林戸」（戸は部と同じ）、一宮町坪井の大原遺跡から土師器坏に墨書「玉井郷長」、甲府市横根町大坪遺跡から土師器皿に刻書「甲斐国山梨郡表門」とそれぞれ記されている。

以上のような各郷の現地比定を行うと、東郡と西郡を分けているのは、現河道でいえば、上流から塩川・重川そして笛吹川というラインとなる。

山梨県甲府市大坪遺跡出土の「甲斐国山梨郡表門」と刻書された土器の部分
（甲府市教育委員会蔵）

古代山梨郡の東西

山梨郡家はどこにあったのか

一九六二年、勝沼町柏尾の大善寺東方の白山で、発電所工事中に経塚《きょうづか》が発見された。そこから「康和五年」（一一〇三年）銘の経筒《きょうづつ》が出土し、戦後山梨県内の最も重要な発見の一つとなった。その銘文中に、甲斐国に入った勧進僧《かんじんそう》の寂円が、康和二年正月に「東海道甲斐国山東郡内牧山村」米沢寺の千手観音の前において如法経《にょほうきょう》書写を発願したとある。この米沢寺の位置は、旧東山梨郡（現山梨市）牧丘町杣口《そまぐち》の米沢山雲峰寺とする説が有力である。米沢寺の位置関係からも「山東郡」は山梨東郡のこととみられる。

郡名と郷名の関係でいえば、山梨郡家は山梨郷に設置され、その郷域に比定される春日居《かすがい》町の初期国府付近に山梨郡家が想定できる。古代の山梨郡はおそらく当初から笛吹川・重川を挟んで東西に二分された行政が実施され、東岸地域には郡家別院が設置されていたであろう。それが、一〇世紀前半には正式に山梨東郡・山梨西郡各五郷ずつに分割されたのである。その郡名も山東郡・山西郡と略称され、くだって明治以降、古代の郡域とは多少異なるが東山梨郡（一八七八～二〇〇五年）・西山梨郡（一八七八～一九五四年）へと変遷したのである。

「山東郡」の文字が入った経筒の銘文部分
（東京国立博物館蔵）

移転した都留郡家

『和名類聚抄』には、都留《つる》郡内の郷名は相模《さがみ》郷、古郡《ふるごおり》郷（上野原町）、福地郷（大月市東部一帯）、多良《たはら》郷（都留市田原）、賀美郷（上郷・都留市南部〜富士吉田市周辺）、征茂《せも》郷（大月市大月町〜初狩町）、都留郷の順に記載されている。

都留郡設立当初の郡家は、「古郡郷」に所在し、そののちに「都留郷」に移転したと考えられる。移転前の都留郡古郡郷を通説どおり現在の上野原市上野原付近とすると、郡家が郡の東辺に片寄って相模国との国境に近く、山梨郡内の国府からは最も遠い立地となってしまう。そこで郡域の中央へ郡家を移転させる必要があったのではないかとされている。

相模と甲斐の国境論争

大月市大月遺跡は、桂川の東岸台地上にあり、笹子《ささご》川と桂川との合流点にあたる。三棟以上の大型建物と区画溝・塀が発見されて、都留郷内に設置された移転後の都留郡家の一部と考えられている。遺跡は輪宝山（菊花山）の山裾《すそ》に近いことから、おそらく、郡家の中心施設である郡庁院は、北側の現都留高校の校庭側に近接して所在したのだろう。このような「古郡郷」から「都留郷」

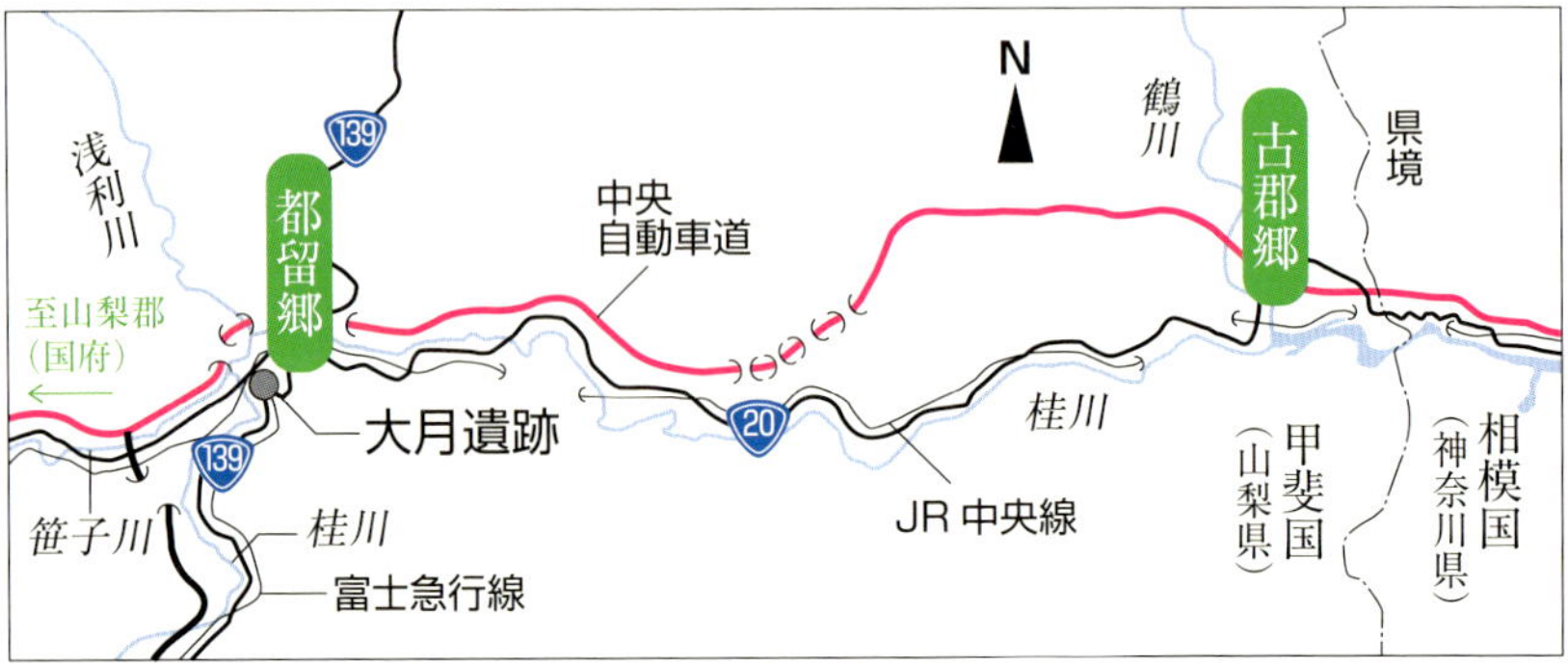

古代都留郡の古郡郷と都留郷

への郡家移転の類例としては、武蔵《むさし》国入間郡大家郷と郡家郷、駿河《するが》国駿河郡古家郷と駿河郷が挙げられる。『日本後紀《にほんこうき》』延暦十六年（七九七）三月条には、都留郡をめぐる甲斐と相模両国の国境問題が次のように記されている。

是より先、甲斐・相模二国の国境を相《あい》争ふ。使を遣わして甲斐国都留郡□留村の東辺の砥沢《とざわ》を定めて両国の堺と為《な》す。

甲斐と相模両国の国境が「都留郡□留村の東辺の砥沢」と表示されている。地方行政区画の国—郡—里（郷）ではなく、郡—村と記している。ここで、古代社会における里（郷）と村の違いをみてみよう。

古代日本においては、まず村（ムラ〈群〉）が各地域に成立し、その村のまとまりを基礎として、各戸を五〇戸に編成し、行政単位として「里」が作られた。したがって、里（郷）は国—郡—里（郷）のうちの五〇戸からなる末端行政単位であり、里を維持するために五〇戸を編成するのであるから、里は一定した領域を示すものではない。

ここに「里（郷）」と「村」が併存する状況が生まれる。「村」表記の特質は、地点・領域表示である。

例えば、『続日本紀《しょくにほんぎ》』によれば、天平神護二年（七六六）、毛野川（鬼怒川）の河道の改修工事は、「下総《しもうさ》国結城《ゆうき》郡少《お》塩《しお》郷少《お》嶋《じま》村」（茨城県結城市南部）から「常陸《ひたち》国新治《にいはり》郡川田《かわた》（曲《わ》）郷受《うけ》

都留郡家とされる大月市大月遺跡の発掘調査現場（山梨県立考古博物館提供）

津《つ》村」（茨城県下妻市）にいたる一千余丈（約三キロ）にわたったと記述されている。A地点からB地点までの距離を示す時は、まず○○国○○郡○○郷と行政区で表記したうえで、具体的な地点を表すために「少嶋村」「受津村」と明記する必要があった。また、和銅六年（七一三）諸国から撰上された『風土記《ふどき》』のうち、『出雲《いずも》国風土記』によれば、「意宇《おう》郡の堺なる佐雑《さぞう》村（現宍道《しんじ》町佐々布）に通《ゆ》くこと、一十三里六十四歩なり」とある「佐雑村」は、出雲郡と意宇郡の郡境を表示している。また伯耆《ほうき》と出雲両国の国境にある鳥上山から国境近くは仁多《にた》郡の「横田村」と明示されている。

　このような古代社会における「村」のあり方から、甲斐と相模両国の国境の地点を明示するために「都留郡□留村東辺砥沢」と定めたのである。最も肝心な村名は正史『日本後紀』の写本の該当部分で欠損してしまっているために不明である。都留郷は大月市大月遺跡を含む都留郡家の所在郷とみられているから、甲斐・相模両国の国境に近い「□留村」は従来いわれてきた都留村とはいえないであろう。

　この相模と甲斐の国境論争と関連して、都留郡相模郷の比定が問題となってくる。相模郷は、『和名類聚抄』都留郡の冒頭に記される郷であり、たしかに国境付近に所在していたと考えられる。しかし、この郷はもともと相模国に所属していたのであろうか。

　古代における国名を負う郷のあり方は、一般的には国境とは無関係である。例えば、征夷《せいい》大将軍坂上《さかのうえの》田村麻呂《たむらまろ》が造営した胆沢城《いさわじょう》（岩手県奥州市）の周辺に、甲斐国をはじめ駿河・相模・上総《かずさ》などの国から四〇〇〇人を強制的に移住させ、江刺《えさし》・胆沢郡内に甲斐郷・信濃郷・下野郷・上総郷などが設置された。また武蔵国では、宝亀二年（七一六）、高麗人一七九九人が甲斐国など東国七ヵ国から遷置され、高麗《こま》郡が建郡された。この高麗郡は高麗郷と上総郷の二郷からなっている。おそらく、高麗人に加えて、上総国から強制的に移住された人びとが高麗郡を支えたのではないか。このような例を参考に考えるならば、都留郡設立にあたり、当初の都留郡家の所在した古郡郷を支えるために、相模国からの移住民による相模郷が甲斐国内の相模国に近接して設置されたと考えることができよう。

都留郡の地名起源

ところで都留郡の地名起源について『和歌《わか》童蒙抄《どうもうしょう》』（平安時代の歌学書、一一一八〜二七ごろ成立）に、『甲斐国風土記』の逸文として、次のように記されている。

かひの国のつるの郡に菊おひたる山あり。その山の谷より流るる水、菊を洗ふ。これによりて、その水を飲む人は、命ながくして、つるのごとし。仍《より》て郡の名とせり。彼国風土記にみえたり。

また、『夫木《ふぼく》和歌抄』（一三一〇年ごろ成立）には漢文で「風土記甲斐国鶴郡。有二菊花山一。流水洗レ菊、飲二某水一人寿如レ鶴。云々」とある。『風土記』の記事を実証するように、先にあげた都留郡家跡とされる大月市大月遺跡背後の山を「菊花山」とよび、山中から菊花紋のある石（菊花石）を出すといわれているのは、きわめて興味深い。

菊花石で作られた急須

古代の村
実態としての集落

古代の地方制度と「里」

古代の地方制度は、国─郡─里（郷）という三段階の組織によって統治された。税を徴収するために、戸主を筆頭に二〇～三〇人単位で一戸をなし、五〇戸で一つの里が作られる。これらの戸を登載したのが戸籍である。税に関わる場合は、国─郡─里（郷）がそのまま活用された。

里は古代の各地に営まれた集落とは基本的には合致しない。かりに平野部に三〇戸程度の集落があるとすると、残りは山合《やまあ》いの二〇戸を加えて一つの里として成立させる。五〇戸＝一里制は、税を賦課するうえでは離れていても問題はない。戸籍台帳に基づいて税を割り当てれば、里長の責任で実施できたであろう。

風土記にみえる「村」

一方、村（ムラ）は「ムレ（群）」と同じ語源とされている。「フレ」も、村の古語、古代朝鮮の村落の呼称である。現在でも朝鮮半島と深い交流をもつ壱岐《いき》・対馬《つしま》（長崎県）などの島々には集落内の小地域を「フレ」とよんでいる所がある。古代の漢和辞書『類聚名義抄《るいじゅうみょうぎしょう》』（一一世紀末成立）によると、「村、音《おん》は尊《そん》、ムラ・サト、聚落《しゅうらく》なり」とある。「村」は、多数の人が集まって営む聚落（集落）のことである。日本の歴史書では、「村」の初見は、『日本書紀』の神武天皇紀に「邑有レ君、村有レ長」（邑（ムラ）に君有り、村（フレ）に長有りて」と記されている。

七世紀後半、古くからの村を基盤として、里制が施行された。その様子は和銅六年（七一三）、諸国に命ぜられた地誌『風土《ふど》記《き》』に記されている。

『播磨《はりま》国風土記』揖保《いぼ》郡

大田の里　大田といふゆえは、昔、呉《くれ》の勝《すぐり》、韓国《からくに》より度《わた》り来て、始め、紀伊国名草《なぐさ》郡の大田村に到《いた》りき。（中略）其《そ》が又、揖保郡大田村に遷《うつ》り来けり。是《これ》は、本《もと》の紀伊国の大田を以《も》ちて名と為《な》すなり。（『和名類聚抄《わみょうるいじゅしょう》』に揖保郡大田郷あ

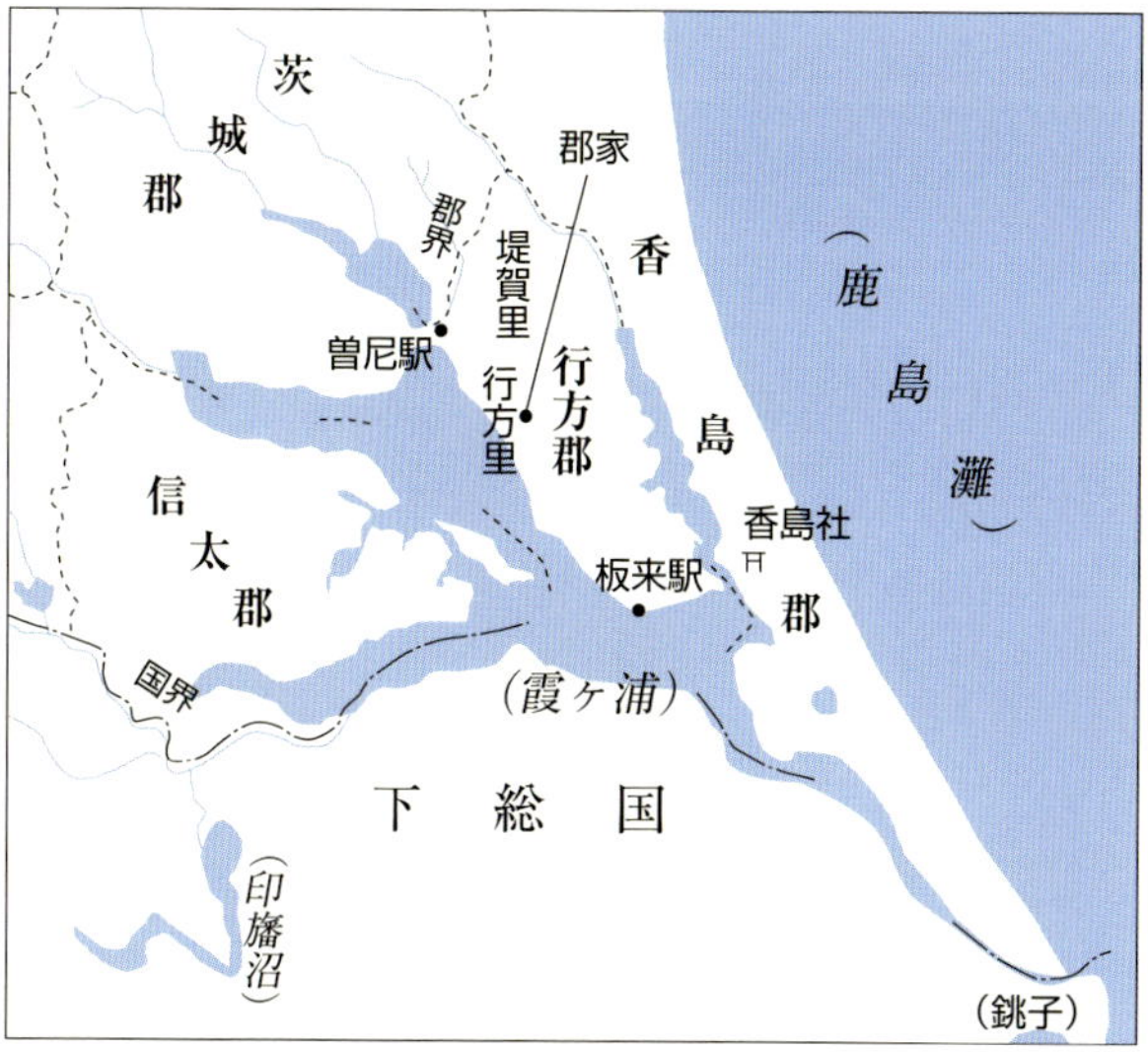

常陸国風土記—行方郡とその周辺—

り）

『常陸《ひたち》国風土記』行方《なめかた》郡

此《ここ》（提賀《てが》里）より北に、曽尼《そね》村あり。古《いにしへ》、佐伯《さへき》（土着先住民）ありき、名を疏祢毗古《そねびこ》といふ。名を取りて村に着く。今、駅家《うまや》を置く。此を曽尼駅《そねのうまや》と謂《い》ふ。

「曽尼村」はのちに「曽祢郷」・「曽尼駅」と引き継がれる。

地点を示すための「村」

ところが、土地売買、到来地点、国郡の境界など、明確に地点を表示する際には一定の領域をもたない「里」ではなく、集落を示す「〇〇村」と明記しなければならなかった。

〇土地表示

『日本三代実録』仁和三年（八八七）五月十六日（己丑）条

是日。勅以㆓山城国愛宕《おたぎ》郡鳥部郷栜原村地五町㆒賜㆓施薬院《せやくいん》㆒。其四至。東限㆓徳仙寺㆒。西限㆓谷幷公田㆒。南限㆓内蔵寮支子《くちなし》園幷谷㆒。北限㆓山陵幷公田㆒。（下略）

施薬院は貧しい病人に施薬・施療した施設で、天平二年（七三〇）光明皇后《こうみょうこうごう》が創設した。その施薬院に朝廷から与えられた土地五町の所在地を「山城国愛宕郡鳥部郷　栜原《からなしはら》村」と、「鳥部郷」に加えて「栜原村」まで記している。さらにその四至《しいし》（境界）、東は徳仙寺、西は谷・公田、南は内蔵寮支子園・谷、北は山陵・公田と明確にその地点と範囲を記している。

○到来地点表示

新潟県柏崎市箕輪《みのわ》遺跡出土木簡

〔釈文〕

表　「牒　三宅史御所　応□□〔出事カ〕　□并□〔米カ〕」

裏　「□〔時カ〕不過可到来於驛家村勿□□〔怠遅カ〕」

（長さ二五・九×幅三・五×厚さ〇・五センチ）

この木簡は「三宅史《みやけのふひと》御所」を宛先《あてさき》とする牒《ちょう》という書式の公文書である。表は「三宅史御所」に対して物品（米など）請求を行っている。裏には、「駅家《うまや》村に到来すべし」とあることから、その物品を「駅家村」に運ぶよう命令している。

駅家は官道に三〇里（約一六キロ）ごとに一駅が設置された。駅家のさまざまな労働に従事させるために、周辺の住民を駅戸に指定し「駅家郷」が置かれた。「駅家村」は、文献・出土文字資料を通じて古代史上の初見である。木簡の出土地は越後《えちご》国三《み》嶋《しま》郡三嶋郷に置かれた「三嶋駅」に該当するとされている。物品の運搬先として明示するために、「三嶋郷」「駅家郷」ではなく「駅家村」と表記したのであろう。

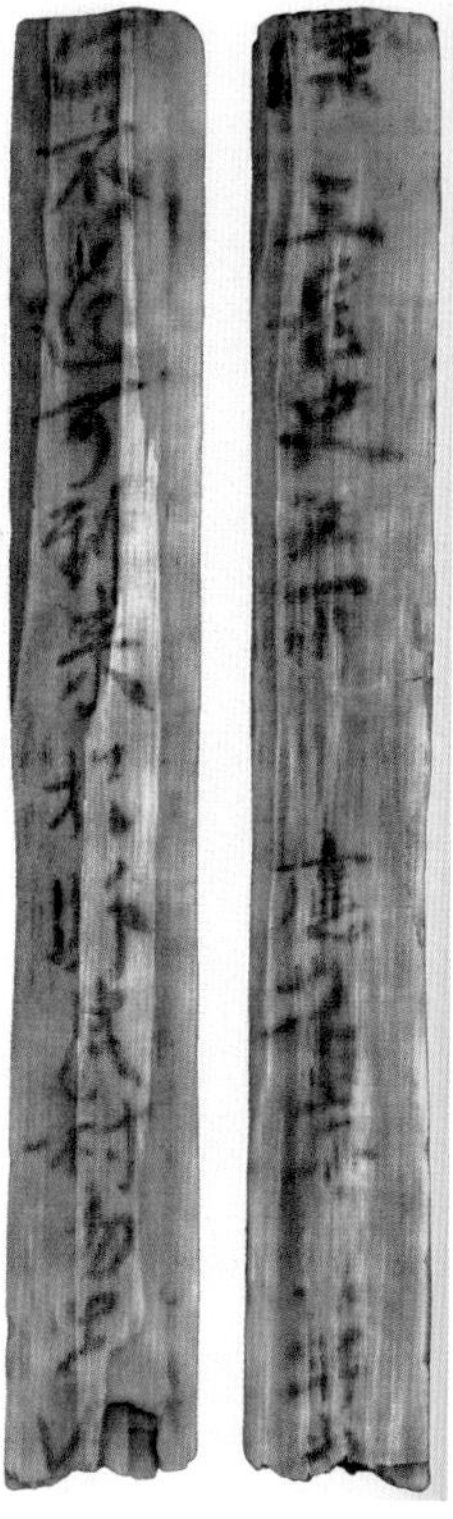

木簡「驛家村」
（新潟県柏崎市箕輪遺跡出土、新潟県教育委員会蔵）

郡・国界を示す「村」

『出雲《いずも》国風土記』の「村」表記は、例外なくすべて郡界の地点を明示したものである。その場合、郡界は道と河川のコースにともなう表示である。

○郡界の例

出雲郡

出雲の大川　源は伯耆《ほうき》と出雲と二つの国の堺なる鳥上《とりかみ》山より出で、流れて仁《に》多《た》郡横田村に出で、即ち横田・三処《みところ》・三沢・布《ふ》勢《せ》等の四つの郷を経て、大原の郡の堺なる引沼《ひきぬ》村に出で、即ち来《き》次《すき》・斐《ひ》伊・屋《や》代《しろ》・神原等の四つの郷を経て、出雲郡の堺なる多《た》義《げ》村に出で、河内・出雲の二つの郷を経て、北に流れ、更に折れて西に流れて、即ち伊《い》努《ぬ》・杵《き》築《づき》の二つの郷を経て、神門《かむど》の水海に入る。此《こ》は即ち、謂《い》はゆる斐伊の川の下なり。

斐伊川（出雲大川）は水源の伯耆と出雲二国の国境にある鳥上山から国境近くの仁多郡の「横田村」を出て郡内の横田・三処・三沢・布勢の四郷を経て、次の大原郡との堺に位置する「引沼村」と明示されている。

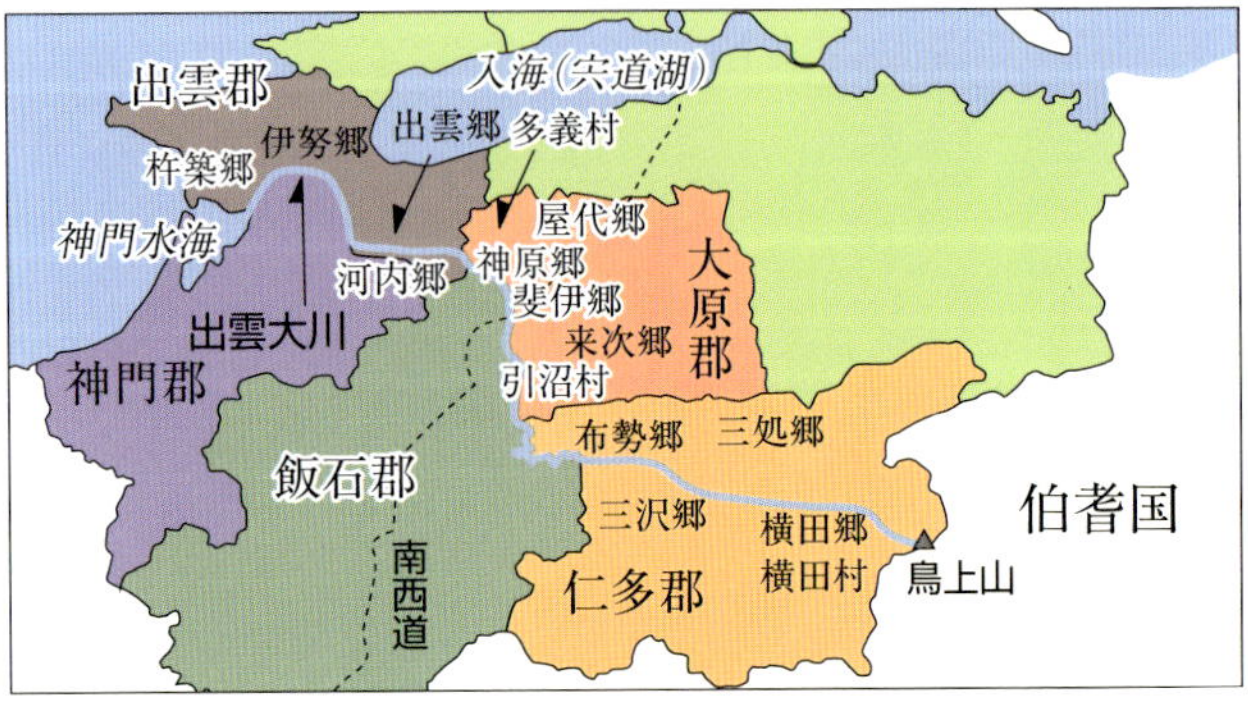

出雲国風土記―出雲大川―郡界と「村」表記

地域のつながりと村

信仰・生産の母体

放生会の木簡

一九八七年、神奈川県茅ケ崎市居村《いむら》遺跡で、次のような木簡が発見された。

○居村遺跡出土2号木簡（上部欠損）

・×□□郡十年料□　放生布施□□（事カ）

（長さ二九・〇×幅四・六×厚さ〇・七センチ）

「放生《ほうじょう》」とは、捕えた生き物を山野や池沼に放ち、逃すことで、仏教の「殺生《せっしょう》をしない」という思想に基づいて「慈悲の行い」とされている。神社や寺院で八月十五日に行われるのが「放生会《ほうじょうえ》」という儀式である。

神奈川県茅ヶ崎市居村Ｂ遺跡（西側より）
（茅ヶ崎市教育委員会提供）

居村Ｂ遺跡周辺地図

最も著名なものは、九州の宇佐《うさ》八幡《はちまん》と京都の石清水《いわしみず》八幡の放生会である。宇佐八幡では、養老四年（七二〇）に放生の法会《ほうえ》が開始された。石清水八幡においても、貞観五年（八六三）から毎年八月十五日（現在は九月十五日）に宇佐にならって催され、しだいに盛大な儀礼に整備されていった。

宴会の大盤振る舞い——放生会の儀式後に

一九八七年の調査からちょうど二五年後の二〇一二年、ほぼ同一地点の発掘調査で、また木簡が発見された。

〔表〕
貞観□年八月十□〔二カ五〕日勾村□殿秋村□□給□
合　市田殿酒一斗　□□殿酒一斗
吉成殿酒一斗　新勾殿酒一斗一　田□殿酒一
□□上□給酒一斗□殿酒一斗　□□□

〔裏〕
□□□□雑物
□□員九□〔十カ〕□人　飯一石七斗
酒一石九斗　雑菜卌一根

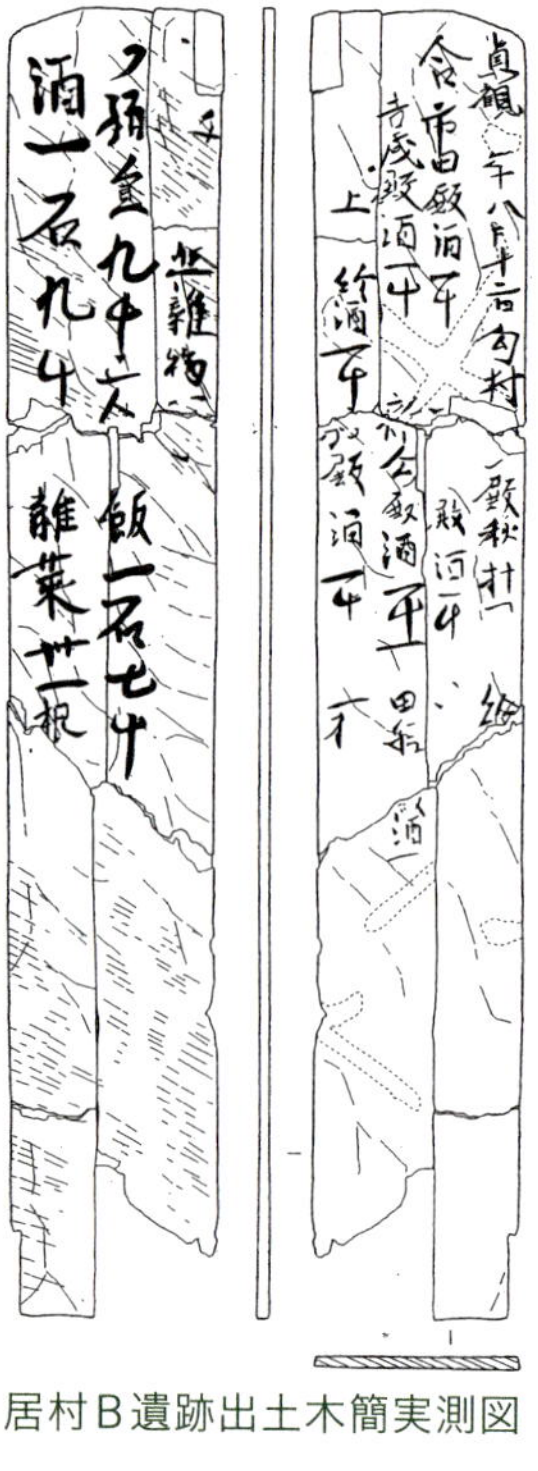

居村B遺跡出土木簡実測図

（長さ四五・八×幅七・八×厚さ〇・五チセン）

この木簡は、大型で情報量も豊かである。冒頭の「貞観」という年号は、八五九〜八七七年にあたる。折敷《おしき》とよばれる曲物の器の底板を再利用して「勾村《まがりむら》」の「□殿」などに酒・飯・雑菜を支給した帳簿である。八月十五日とすれば、まさに放生会の儀式の後に、大がかりな宴会が行われた際の酒などの支給帳簿であろう。

「勾村□殿」「秋村□□」に酒一斗《と》をはじめ、ほぼ各人に酒が一斗単位で支給されている。ただ、古代の一斗は今の約四升《しょう》、七・二トル《リッ》に相当する。それにしても大盤振る舞いである。裏面の「酒一石九斗」を支給総量とすれば、おおよそ一九人分となろう。支給された人物は「〇〇殿」と敬称がつけられていることから、各村の有力者ではないか。裏面の総人数「九十□人」から推測すると、有力者が各自五人単位で動員したことになろう。木簡の裏をみると、この儀式にかりだされた九〇人あまりに酒・飯・雑菜が配られていることがわかる。

放生会のような儀式は、地域社会の人びとの強いつながりがなければ実施できない。現代においても、さまざまな祭りなどの民俗芸能や儀礼は集落をあげて挙行される。その地域のつながりは、徴税単位の「里」ではなく、「勾村」のような「村」である。

「村」よる生産とつながり——房総・龍角寺の瓦を生産した「五斗蒔瓦窯跡」の文字瓦

千葉県印旛沼《いんばぬま》の北東部に、一三五〇年ほど前、七世紀半ばに建立された龍角寺《りゅうかくじ》という寺院が現在もある。

そのすぐ南には、一辺八〇メートルで王陵をもしのぐ全国屈指の方墳（七世紀前半）の岩屋《いわや》古墳が造られている。

この龍角寺の屋根瓦を制作した「五斗蒔瓦窯《ごとまきかわらがま》跡」が寺の北にあり、窯に残された数多くの瓦が出土している。特に四〇〇点を超える七世紀後半の文字の記された瓦は、古代東国最古の出土文字資料群である。文字は、生乾き状態の瓦に竹べらで刻み、焼いたものである。七世紀後半の東国地方の文字文化を知ることのできる貴重な資料として、古代史だけでなく、国文学・国語学の研究者に画期的な文字情報を提供したことでも知られている。

奈良時代に編纂《へんさん》された『万葉集』では、「ア」という音は、「阿」または「安」という漢字で表記を統一している。しかし、五斗蒔瓦窯の文字瓦には、「赤浜」という地名を「赤加皮真《あかはま》」と表記している。千葉県山武《さんむ》郡横芝光《よこしばひかり》町城山遺跡から出土した九世紀の墨書土器にも「赤弥田寺」と記され、「阿弥陀《あみだ》寺」の別表記である。二例とも「ア」音が「赤」という漢字で表わされている。

この四〇〇点あまりの文字瓦に記された「朝布」「赤加皮真」「玉作」「服止×」「皮止卩（部）」などは、

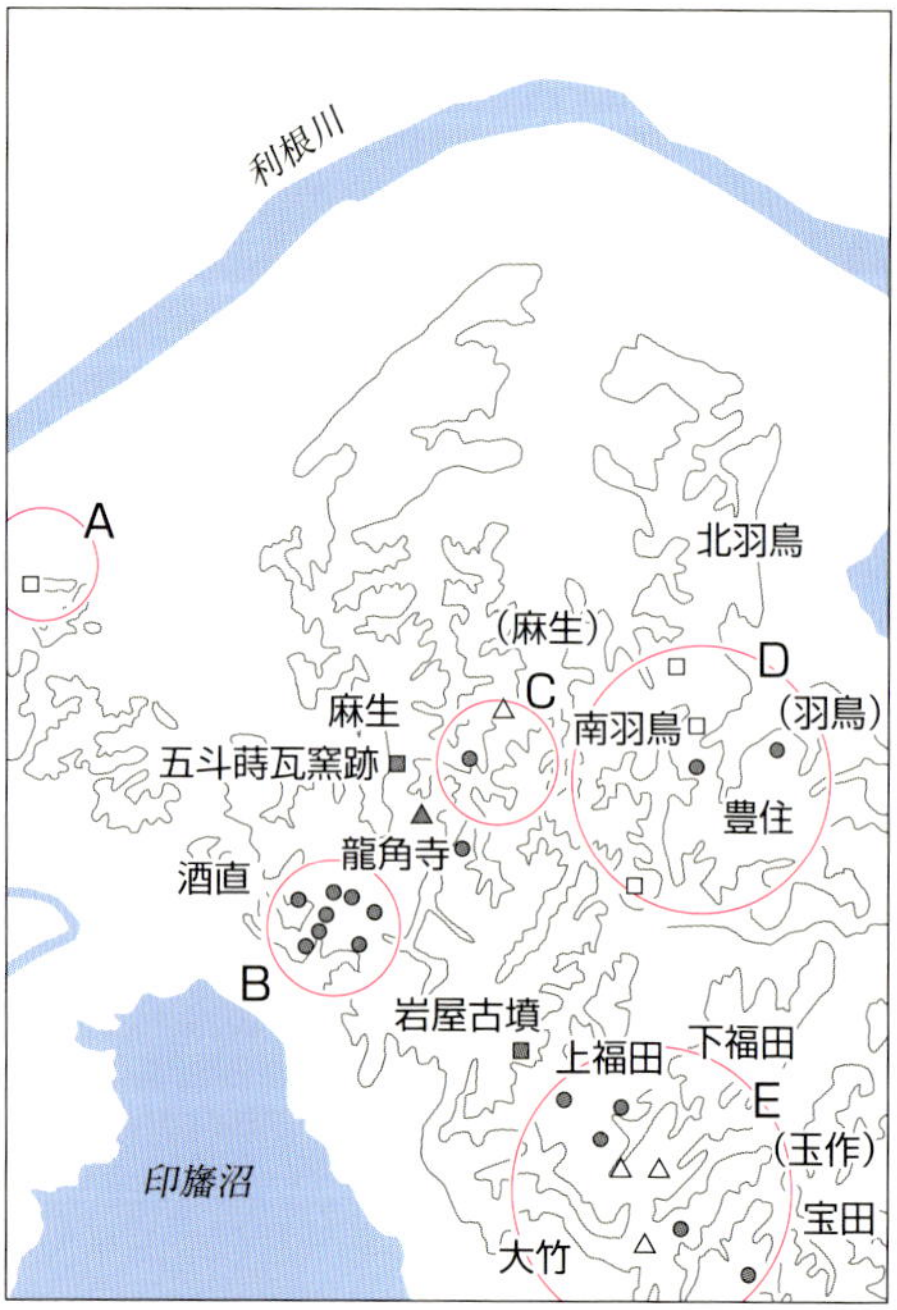

（A～Eは集落群）
房総最古の瓦葺きの寺（龍角寺）・瓦窯跡と周辺の集落群

この地域の地名と考えられる。

「玉作《たまつくり》」は下総《しもうさ》国埴生《はにう》郡玉作里《たまつくり》（郷）に相当する。「朝布《あさふ》」は龍角寺の北に「麻生《あそう》」という集落があり、「服止×」「皮止阝」は「ハトリ」と読み、五斗蒔瓦窯跡の東部に「羽鳥」という地名が現存する。「服部」という苗字は、今はハットリと発音しているが、古代には、織物に従事する職業集団の氏《うじ》名であり、もとは「服（機）織部（ハタオリベ）」がハトリベ・ハトリと変化した。

今、話題のテニスの錦織圭選手の錦織（ニシコリ）も、古代に錦織部という錦《にしき》・綾《あや》などの絹織物を織った職業集団で、錦織部・錦部（ニシキオリベ）がニシゴ（コ）リベ・ニシコリとなった。アイドルグループ「少年隊」の錦織一清《かずきよ》さんは「ニシキオリ」である。

古代の日本語は、母音（a・i・u・e・o）の連続を回避し、二母音の片方を省くという傾向がある。

hataori（ハタオリ）→ hatori（ハトリ）

nishikiori（ニシキオリ）→ nishikori（ニシコリ）

地方豪族が寺院を造営する時には、地域の有力者層を動員し、各集落単位で瓦生産に従事させたのであろう。

この龍角寺の周辺に、「朝布（麻生）」「赤加皮真（赤浜）」「玉作」「皮止阝（羽鳥）」などの集落があり、そのうちの「玉作」が「玉作里（郷）」という行政区画として登録されたが、「赤加皮真」も「皮止阝」もそれぞれ「村」単位として瓦作りに従事したのであろう。

文字瓦「朝布（麻生）」（千葉県印旛郡栄町五斗蒔瓦窯跡出土、栄町教育委員会蔵）

これらのことから、「村」が通常の徴税単位ではなく、信仰や生産などの地域社会の強いつながりに基づく動員の際に、十分に機能していたことが明らかになった。

広域行政区としての大きな村

北陸「深見村」牓示札

発見された古代のお触れ書き

これまで、筆者は全国各地の出土文字資料を数多く調査してきたなかで、「こんなものが地下から出土することがあるのか！」と、一瞬、まったく信じられない資料があった。ちょうど二〇〇〇年、石川県金沢市の北、河北郡津幡《つばた》町の加茂《かも》遺跡で出土した「御触書《おふれがき》」である。この御触書は古代の街や村の人びとの集まる場所に牓示《ぼうじ》（掲示）されることから

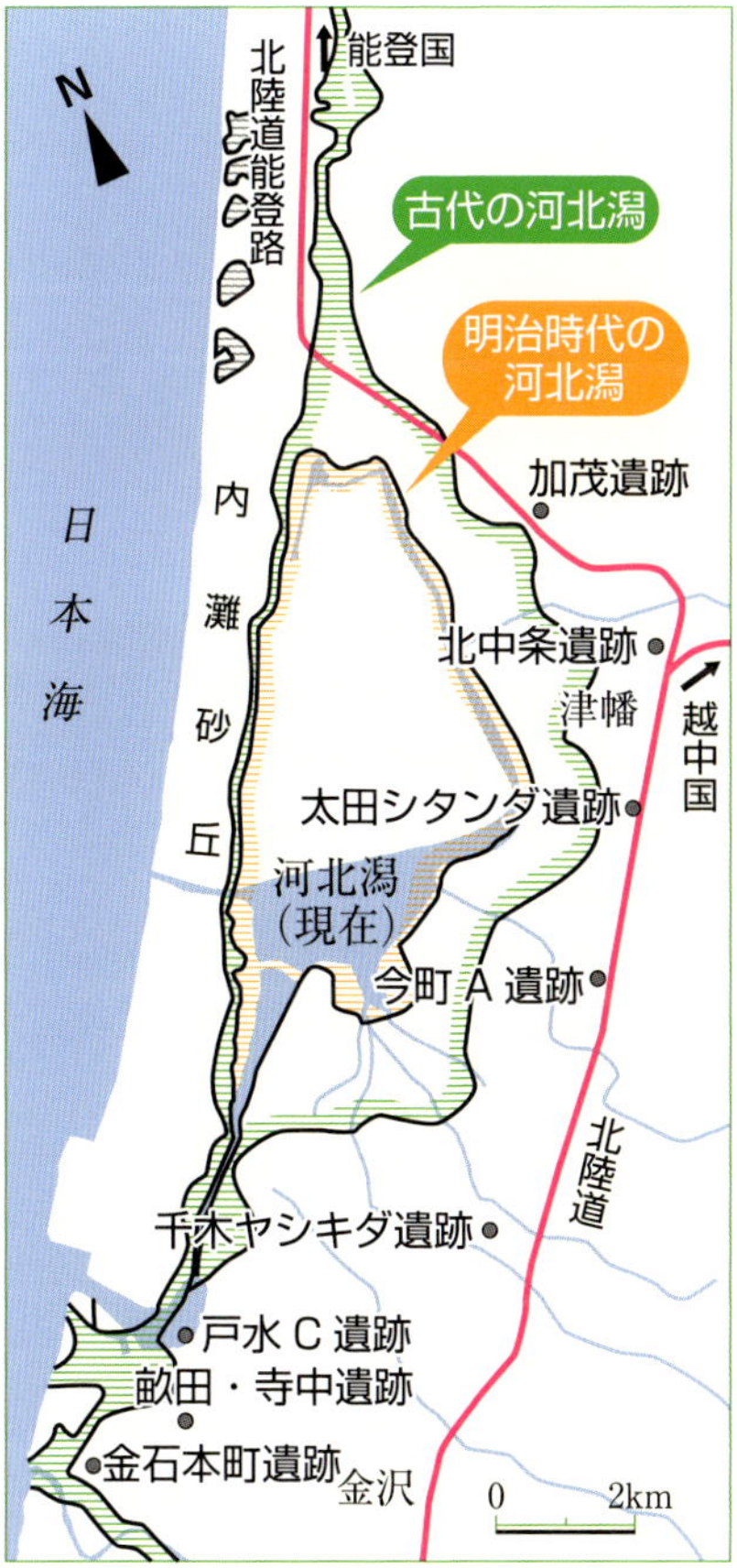

河北潟・北陸道と古代主要遺跡

牓示札《さつ》とよばれる。

加茂遺跡の地は、古代の官道（国道）である北陸道が走り、官道には深見駅《ふかみのえき》が置かれ、西側に河北潟《かほくがた》が広がり、潟には都幡津《つばたのつ》（港）もあり水陸交通の要衝である。物資が行き交うきわめて重要な地域であった。

牓示札には「符《ふ》（命令書）を国道のそばに掲示し、厳しく取り締まれ」と記されている。牓示札の大きさは、古代の紙一枚の規格である縦約三〇センチ（当時の一尺の長さ）、横約六〇センチ（二尺）にほぼ合致する。紙の文書一紙分をそのままヒノ

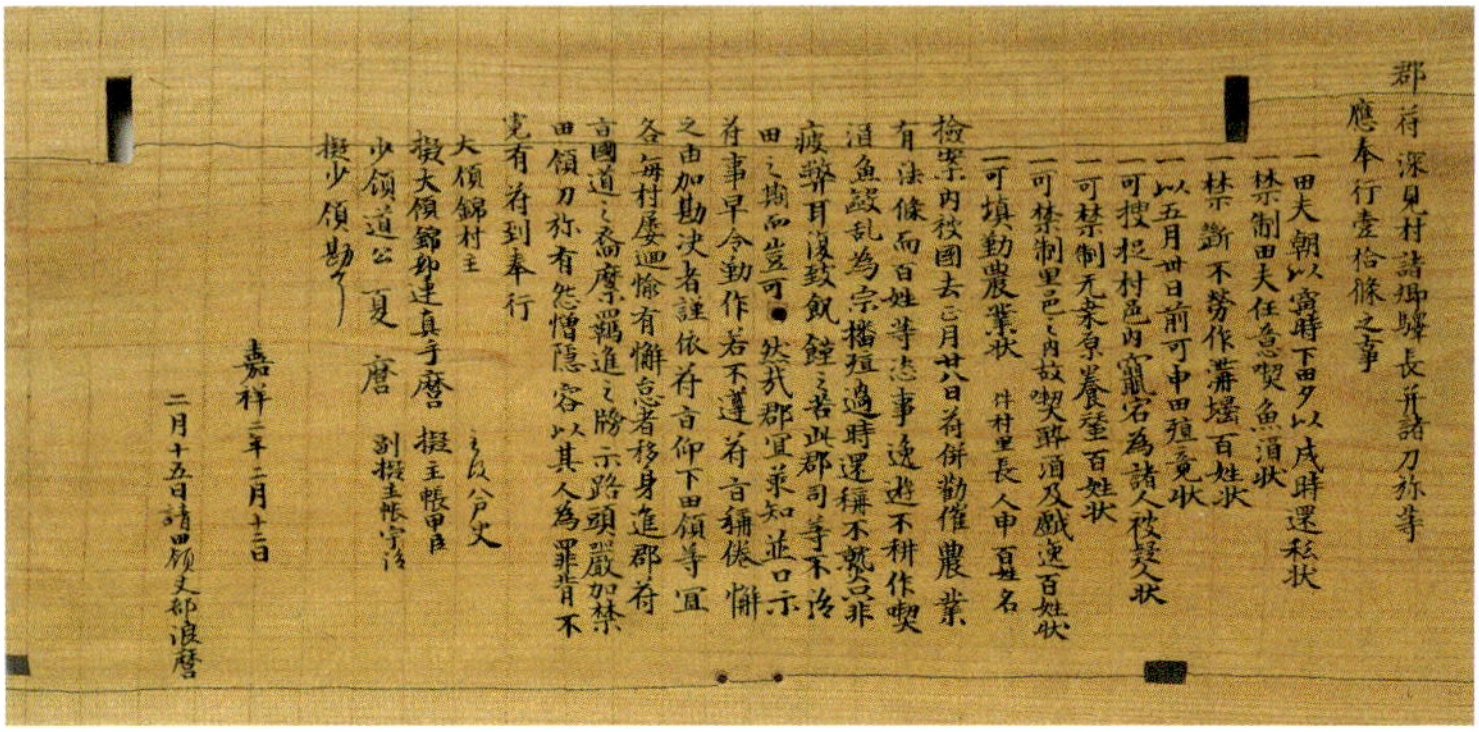
郡符深見村諸郷駅長并諸刀祢等
應奉行壹拾條之事
一田夫朝以寅時下田夕以戌時還私状
一禁制田夫任意喫魚酒状
一禁断不労作溝堰百姓状
一以五月卅日前可申田殖竟状
一可捜捉村邑内竄宕為諸人被疑人状
一可禁制无桑原養蚕百姓状
一可禁制里邑之内故喫酔酒及戯逸百姓状
一可填勤農業状　件村里長人申百姓名
検案内被國去正月廿八日符併勧催農業
有法條而百姓等恣事逰逸不耕作喫
酒魚殴乱為宗播殖過時還称不熟只非
疲弊耳復致飢饉之苦此郡司等不治
田之期而豈可●然哉郡宜承知並口示
符事早令勤作若不遵符旨称倦懈
之由加勘決者謹依符旨仰下田領等宜
各毎村屡廻愉有懈怠者移身進郡符
旨國道之裔縻羈進之牓示路頭厳加禁
田領刀祢有怨憎隠容以其人為罪背不
寛有符到奉行
大領錦村主　主政八戸史
擬大領錦部連真手麿　擬主帳甲臣
少領道公夏麿　副擬主帳宇治
擬少領勘了
嘉祥二年二月十二日
二月十五日請田領丈部浪麿

牓示札復元複製
（文字は國學院大學教授佐野光一氏の筆による。国立歴史民俗博物館蔵）

牓示札（前半部分）（石川県埋蔵文化財センター蔵）

キ板に書き写したのであろう。

木札は屋外に掲示されていたらしく、現在でも木製の表札や看板にみられるように、板の表面が風化し墨は失われ、文字部分のみが墨の防腐作用によって盛り上がった形で、三四四文字も残っていた。

水陸交通の結節点だった深見村

日本海沿岸に発達した内灘《うちなだ》砂丘の内側の潟湖《せきこ》である河北潟の入り口から水上交通を利用して潟の北東隅に至り、深い入り江すなわち「深海」（「深見」とも表記）が絶好の津（港）となる。しかも、北陸道と接する水陸の結節点の港が「都幡津」である。

さらに津幡町北中条《きたちゅうじょう》遺跡から出土した墨書土器「深見驛《えき》（駅）」の文字により、古代の文献にみえる北陸道の深見駅の存在が確かめられた。

「都幡津」、そして「深見駅」は、律令行政区画でいえば、加賀《かが》国（弘仁十四年〈八二三〉、越前《えちぜん》国から分国）加賀郡の英《あが》太《た》郷・井於《いのうえ》郷の範囲に含まれている。加茂遺跡から出土した牓示札は、郡から「深見村の諸郷（長）駅長ならびに諸刀祢《とね》等」に宛てた命令書である。刀祢は土地の有力者のこと。

「深見村」は、河北潟の北東隅にある水陸交通の主要な地と、能登《のと》・越中《えっちゅう》二国との国境に近い一帯を呼称した、里

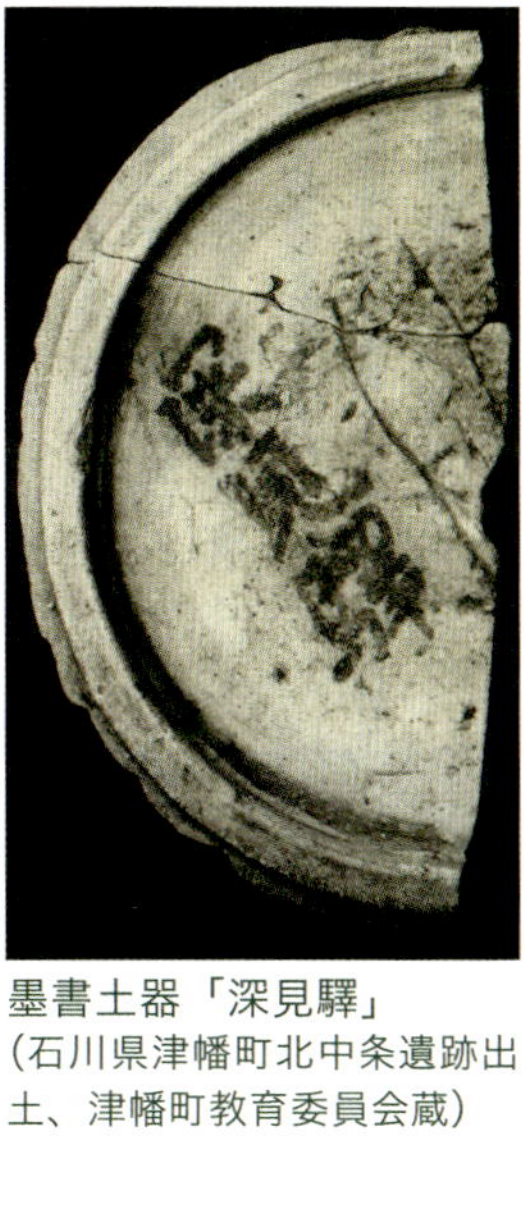

墨書土器「深見驛」
（石川県津幡町北中条遺跡出土、津幡町教育委員会蔵）

（郷）を越える大きな村名であろう。この「深見村」は、越中国守《かみ》（国の長官）の大伴家持《おおとものやかもち》に歌を贈った越前国の掾《じょう》（国の第三等官）の大伴池主《いけぬし》が滞在した場所として八世紀半ばの『万葉集』に登場する。

越前国掾大伴宿禰池主が来贈《おこ》せたる歌三首（四〇七三〜四〇七五番）

〔天平二十一年（七四九）三月〕今月十四日を以て深見村に到来し、彼《そ》の北方を望拝《ぼうはい》す。

牓示札の年紀は「嘉祥二年」（八四九年）、「深見村」は少なくとも、七四九年から八四九年まで、ちょうど一〇〇年存続していたことになる。

古代北陸道の能登路へ接続する大溝（運河）が湾曲しながら河北潟方向へ流れる。この大溝の能登路に近い地点から牓示

牓示札は文字面を下にして出土

大溝と古代北陸道・能登路（いずれも石川県埋蔵文化財センター提供）

札が出土した。牓示札は、札に記されている「路頭に牓示すべき」のとおり、能登路の傍らに掲示されていたのであろう。

どのような命令が出されていたのか

牓示札の内容は、郡司が村人に対して八ヵ条（「壹拾條《いちじゅうじょう》」の禁令のうち、村人に告知の必要がない二ヵ条を削除）の命令を出している。

（1）田夫（農民）は、朝は寅《とら》の時（午前四時ごろ）に農作業にでかけ、夜は戌《いぬ》の時（午後八時ごろ）に家に帰ること。

（2）田夫がほしいままに魚酒（ごちそう）を食べてはならない。〔解説—裕福な者が田植えなどの時に、ごちそうを用意して手伝いの農民をかき集めてしまうために、貧しい者は自らの田の田植えもできないことが社会問題になっていた〕

（3）灌漑《かんがい》施設の管理をしない百姓《ひゃくせい》（村人）を処罰する。

（4）五月三〇日までに田植えが終わったことを報告

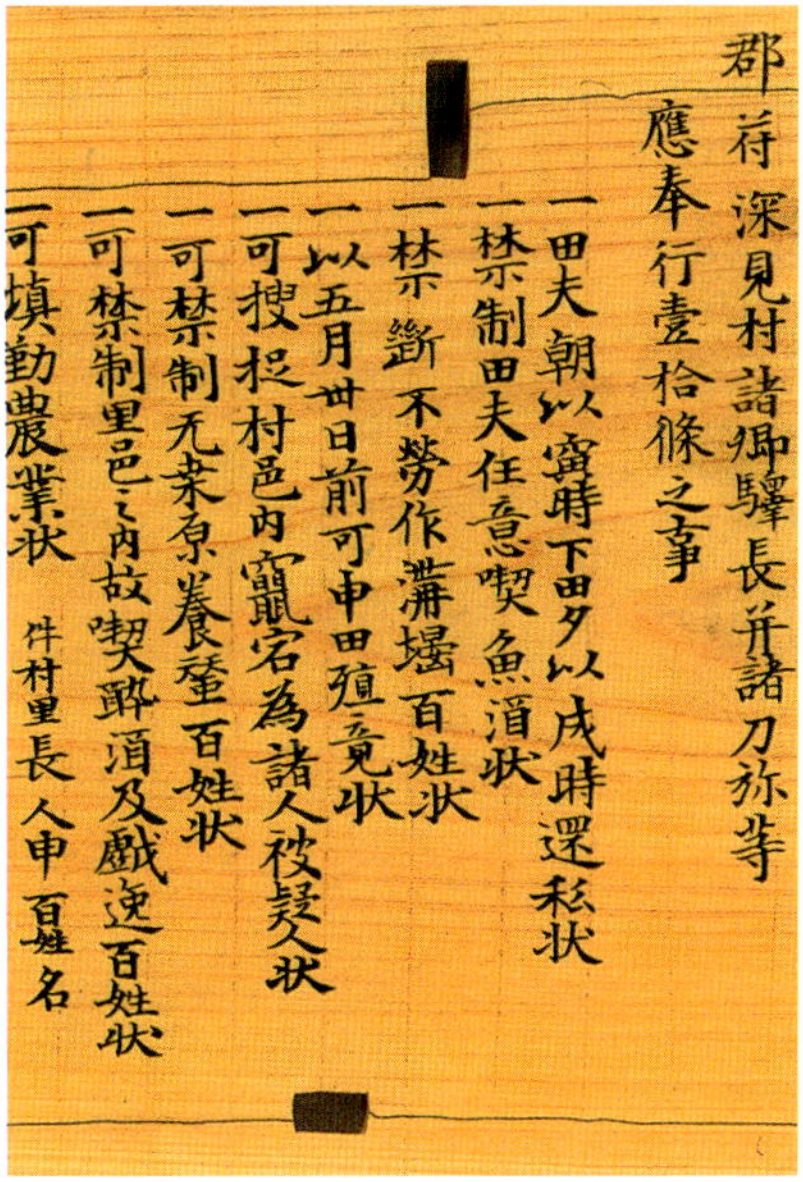
郡符　深見村諸郷驛長并諸刀祢等
應奉行壹拾條之事
一田夫朝以寅時下田夕以戌時還私状
一禁制田夫任意喫魚酒状
一禁斷不勞作溝堰百姓状
一以五月卅日前可申田殖竟状
一可搜捉村邑内竄宕為諸人被疑人状
一可禁制无桑原養蚕百姓状
一可禁制里邑之内故喫酔酒及戯逸百姓状
一可填勤農業状　件村里長人申百姓名

牓示札の冒頭部分
（復元複製、国立歴史民俗博物館蔵）

せよ。

（5）村の中に隠れている逃亡者を捜しとらえよ。

（6）桑原を持たずに養蚕する百姓を禁制せよ。〔解説─大陸からもたらされた養蚕は某大な富を生み出した。養蚕のための桑を買い占める富豪が登場し、貧しい農民は桑を手放し、富豪の〝織物工場〟への労働力となってしまうことがあったようである〕

（7）村の中で酒に酔い、秩序を乱す百姓を禁制せよ。

（8）農業に勤めよ。

このように古代の村人の生活を統制するための命令が書かれている。

この牓示札は漢字・漢文で記されている。当時の村人が読んで理解することはできなかったであろう。この札には「農民に読んで聞かせるように」との郡の下級役人（田領《でんりょう》）への指示も盛り込まれている。この牓示札は、文書による伝達と口頭による伝達を組み合わせた、古代日本の文字社会の実態をもみごとに物語っている。

深見村の重要な役割

牓示札の出土地に近い北陸道能登路西側溝からもう一点の重要な内容の木簡が出土している。

表・「謹啓　丈部置万呂　献上人給雑魚十五隻无礼状具注以解」
□□

□□（伯姓カ）消息後日参向而語奉

裏・「　　　『勘了』

七月十日　潟島造□主」

（長さ四八・〇×幅三・三×厚さ〇・五センチ）

河北潟の有力者と思われる「潟嶋造《かたしまのみやつこ》□主《ぬし》」が行事の時に参加者に配る雑魚の献上と、伯姓《ひやくせい》（百姓）消息を後日参向《さんこう》して口頭で報告する（「語奉《かたりたてまつる》」）ことが記されている。「伯姓消息」は、国司が毎年各郡を巡回し、郡の役人（郡司）から郡内の人びと（百姓）の動静について報告を受けることとなっていた。深見村の役割が重要なことがわかるであろう。

古代国家の重要な施設が集結し、交通の要地とされる地域は、種々の過重な負担が想定され、郷や駅家が単独で対処できないことから、数郷分を統括した広域行政区の設定が必要となるであろう。その特別な広域行政区としては、「五〇戸」を一里とする郡・里制とは異なる「大きな村」「小さな村」という柔軟性のある行政単位の「村」が活用されたのではないか。

第二部

古代有力豪族大伴氏の盛衰

「古屋家家譜」の出現

古代の有力中央豪族・大伴氏

かささぎの渡せる橋におく霜の白きをみれば夜《よ》ぞふけにける

これは小倉百人一首に収められている大伴宿禰家持《おおとものすくねやかもち》の歌である。

新しき年の初めの初春の今日降る雪のいやしけ吉《よ》事《ごと》（『万葉集』巻二〇―四五一六番）

この『万葉集』最終歌も家持の歌である。『万葉集』の

大伴氏略系図

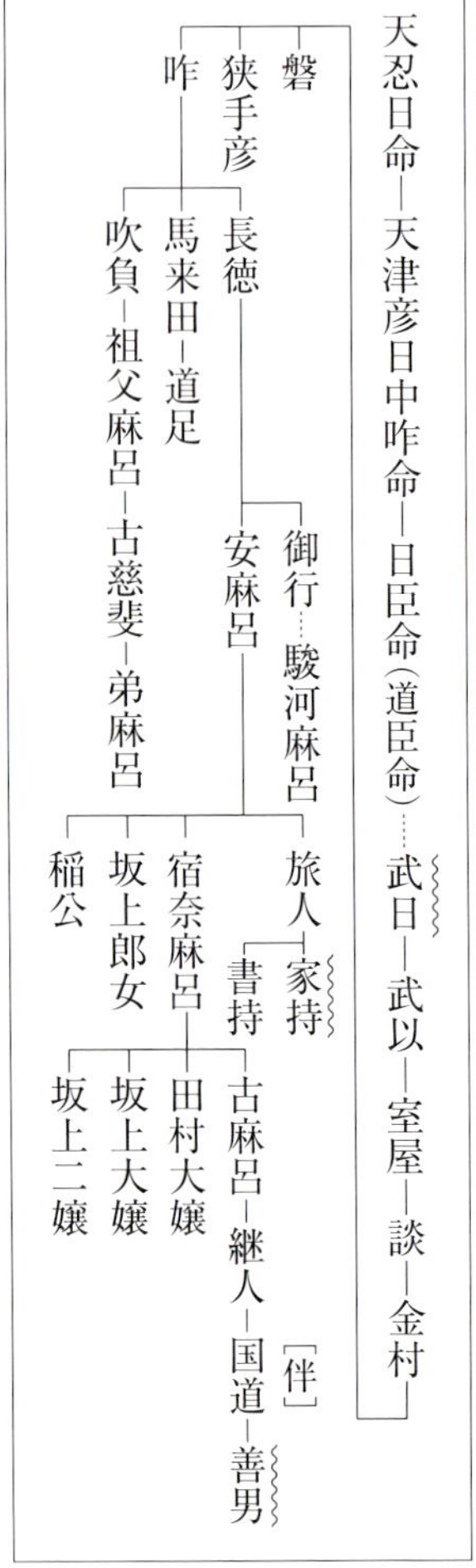

編纂《へんさん》の中心的歌人大伴家持は、古代の有力な中央豪族・大伴氏の首長であった。

ヤマトタケルノミコトの東征（関東・東北地方のヤマト王権に反対する勢力を征圧する事業）に副将格で随行した大伴武日《たけひ》こそ大伴氏の遠祖とされている。『日本書紀』には、ヤマトタケルノミコトは甲斐国酒折宮《さかおりのみや》において、大伴武日に軍事的氏族である「靫部《ゆけひのとものを》」（靫《ゆき》は矢を入れて携帯する容器で、その靫を背負う武人を靫負《ゆげい》・靫部と称した）を与えたという。大伴氏は有力な伴造《とものみやつこ》（大王に奉仕する集団の長）として靫負・靫部などを率いて宮門を守るのを元来、職掌《しょくしょう》とした。

歴史書などに記録されている富士山の噴火のなかで、最大規模の貞観《じょうがん》噴火（貞観六〈八六四〉～八年）の際、貞観六年八月五日の噴火は浅間明神《せんげんみょうじん》の神職の禰宜《ねぎ》や祝《はふり》らが身を清め慎しむことを怠ったことによるとされ、そこで謝り鎮めるため甲斐国に奉幣《ほうへい》が命じられた。

さらに翌年十二月九日、甲斐国八代郡《やつしろ》の郡役人・伴真貞《とものまさだ》に神がのりうつり、受けた託宣《たくせん》（神のおつげ）により、同郡家《ぐうけ》の南に浅間明神の祠《ほこら》を立てて官社とした。この八代郡の郡役人「伴真貞」

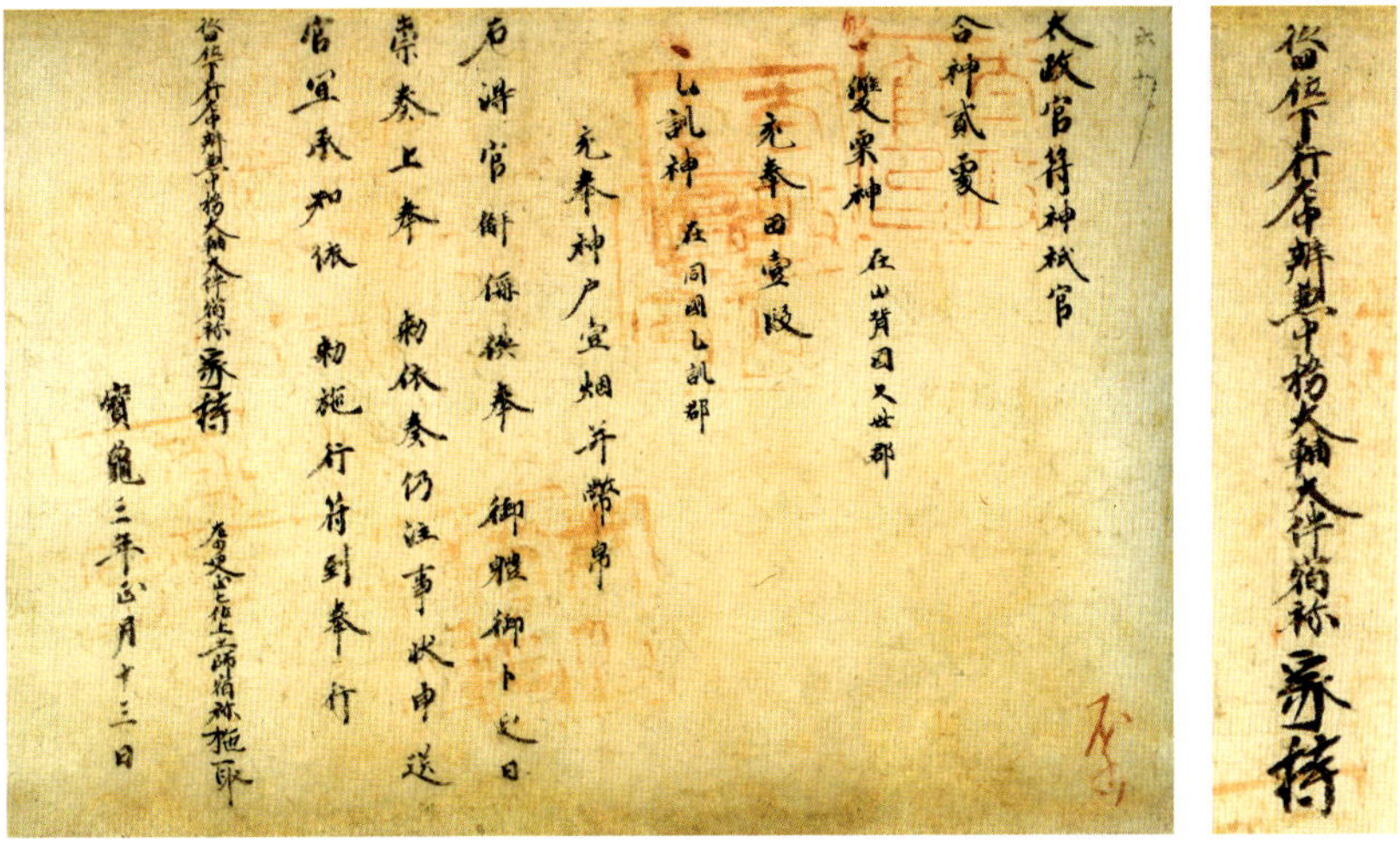

大伴家持の自署（サイン）
「家持」の2文字のみ自筆（宝亀三年〈772〉太政官符、国所蔵〈文化庁保管〉）

は甲斐国における大伴氏の存在を示すのであるが、貞観七年の史料には「大伴真貞」ではなく「伴真貞」とあるのはなぜか。

実は大伴氏が伴氏と改姓されたのは、弘仁二年（八一一）、大伴皇子（淳和《じゅんな》天皇）の名を避けて「伴」と改めたからである。類例としては、延暦四年（七八五）、山部《やまべの》皇子（桓武《かんむ》天皇）の名を避け、山部氏が「山」に改姓している。

応天門の変と大伴氏の没落

延暦十三年（七九四）、桓武天皇は平安京に都を移した。都では、天安二年（八五八）にわずか九歳で即位した清和《せいわ》天皇が富士山の貞観噴火時、貞観八年三月、右大臣・藤原良相《よしみ》の邸内で大観桜会を催している。その一〇日後の夜、朝堂院《ちょうどういん》の正門にあたる応天門《おうてんもん》が炎上した。朝堂院は天皇の即位の儀式などが行われる重要な場であり、その正門が火災にあった大事件といえる。しかもその原因は放火であった。

当初、伴氏の新たな首長・大納言伴善男《とものよしお》と右大臣藤原良相は左大臣源信《みなもとのまこと》を犯人として訴えた。ところが、右兵衛府の舎人・大宅鷹取《おおやけのたかとり》という人物は、善男の子の中庸《なかつね》が放火犯であると逆に告発した。善男は否定したが、彼の従者らが拷問され、善男父子が真犯人だと自白し

「伴大納言絵詞」（模写、部分。国立国会図書館蔵）
伴大納言家出納の子（右）と右兵衛府の舎人の子（左）がけんかをしている。出納（中央）は我が子の手を取って分けると舎人の子を足で蹴飛ばす。やがて蹴られた子の親が応天門に放火した人物の名を口にした。

たため、善男父子は罪を問われ善男は伊豆《いず》国、中庸が隠岐《おき》国に流された。この事件を「応天門の変」という。これにより大化前代からの名族であった大伴氏は没落の道を歩むこととなった。

新たな大伴氏の系譜「古屋家家譜」の出現

一九七九年、新たな大伴氏の系譜が、山梨県東八代郡《ひがしやつしろ》（現笛吹市《ふえふき》）一宮《いちのみや》町の浅間《あさま》神社の宮司《ぐうじ》家・古屋《ふるや》氏に所蔵されていることがはじめて世に公開された。この系譜は「古屋家家譜《かふ》」とよばれている。「古屋」という名の由来について、「家譜」は、弘治二年（一五五六）、武田信玄が浅間神社に参詣した際、神社の由来を聞いて「伴氏名族且《かつ》古家」と賞嘆して筆を執り、古屋の二字を書いて、当主盛直《もりなお》に与えた。そこで以後、屋号を「古屋」とした、という話を載せている。

このように「家譜」によれば、この家は弘治二年以後「古屋」を名乗るようになったもので、本来の氏は「伴直《とものあたい》」である（直は姓《かばね》の一つで、臣《おみ》・連《むらじ》・宿禰など、氏族の階級的称号）。

甲斐国における大伴氏の活躍の姿は『日本書紀』などの史料に次のように描かれている。

甲斐国の酒折の地は東海道と東山道が結節する軍事的な要衝であり、

甲斐国一宮浅間神社

ヤマトタケルノミコトは酒折の地で「靫部《ゆげいべ》」を、大伴連の遠い先祖であるヤマトタケル東征の副将軍格の大伴武日に賜ったと記されている。このことは、古く甲斐国に靫負《ゆげい》が設置され、大伴氏の管掌下にあったことを反映しているのであろう。

また、『日本三代実録《にほんさんだいじつろく》』貞観八年（八六六）十二月九日条に、甲斐国八代郡擬大領《ぎたいりよう》伴真貞の託宣《たくせん》により、同郡に浅間明神の祠を立てて、伴真貞を神職の祝《はふり》とし、同郡の伴秋吉《あきよし》を禰宜《ねぎ》とした。さらに、歴史書『本《ほん》朝世紀《ちようせいき》』天慶四年（九四一）条に「御馬使甲斐国大目《だいさかん》（国司の第四等官）伴並高《なみだか》」が知られている。

これら国の歴史書に名の見える人びとの中、「古屋家家譜」に記載されているのは「伴真貞」のみであるが、伴氏の八代郡司職就任は真貞の三代前から始まり八代後の一二世紀前半の「直俊」まで約三五〇年間連続している。

また、甲斐国大目「伴並高」は「家譜」にはないが、ほぼ同時期ごろの「家譜」には、「甲斐目《さかん》」（国司の第四等官）や「並高」に類似した名「年高」・「峯高」が山梨郡司としてみえる。さらに付け加えるならば、伴氏が兄弟で山梨郡司・八代郡司・甲斐目の任にあり、甲斐国内の有力氏族であったことを示す史料ともいえよう。

「古屋家家譜」の史料的な意義

「古屋家家譜」は、神道・歴史学者鎌田純一氏（一九二四〜二〇一四年）によって一九七九年にはじめて公開されたが、この直前の一九七八年には、戦後、古代史上最大の発見の一つとされる、埼玉県行田市の稲荷山《いなりやま》古墳から出土した全長七三・五センチの鉄剣の表裏に金象嵌《ぞうがん》の一一五字の銘文があることが明らかになった。

鉄剣の銘文には、その祖先、オホヒコ（意富比垝）からこの銘文の主人公であるオワケ（乎獲居）にいたる八代の系譜が記されていた。「古屋家家譜」の大伴氏（伴氏）の系譜は、稲荷山鉄剣銘文研究でも注目された史料である。「古屋家家譜」の古代部分の全面的検討を加えた歴史学者溝口睦子氏は次のように史料的意義をまとめている。

> 「古屋家家譜」は、いくつかの新史料を含む秀れた古系譜である。しかし、その内容はすこぶる複雑な系譜でもある。そこで、この系譜を「A」「B」二つの部分に分け、わかりやすく縦系図に直して図に示した（「B」は「磐連公《いわのむらじのきみ》」から始まる）。
>
> 大伴氏は甲斐国における大伴部の首長であって、古くから甲斐国の土着豪族である。しかし中央の大伴氏の本系同族とはいえず、そこで八世紀代に遡《さかのぼ》る大伴氏の本系図「A」を入手したと考えられる。すなわちこの「古屋家家譜」は、甲斐国の九世紀以降の伴氏の系譜である「B」に、それ以前の大伴系の本系図「A」をもってきてのせた系譜である。

このことは「古屋家家譜」をとおして、大伴氏の貴重な本系図を手に入れることができたことを示している。こうした傾向は、系図資料の特性でもあるが、溝口氏の研究以降は熊谷公男氏が『石巻市史』において、牡鹿地方の道嶋氏および陸奥国内の大伴氏に関して「古屋家家譜」に言及している以外は、ほとんど取り上げられることなく現在に至っている。

古屋家の方々が大切に守り伝えてきた「古屋家家譜」は、記載内容が多岐にわたるため、今回は一部の

「古屋家家譜」略系図

（A）

- 1 高皇産霊尊
  - 2 安牟須比命
    - 3 香都知命（紀伊国名草郡祭神）
      - 4 天雷命（紀伊国名草郡祭神）
        - 5 天石門別安国玉主命（紀伊国名草郡祭神）
          - 6 天押日命
            - 7 天押人命
              - 8 天日咋命
                - 9 刺田比古命　又名大脊脛命（紀伊国名草郡祭神）
                  - 10 道臣命　本名日臣命（紀伊国名草郡片岡）
                    - 11 味日命
                      - 12 推日命
                        - 13 大日命
                          - 14 角日命
                            - 15 豊日命
                              - 16 武日命
                                - 17 建持連公
                                  - 18 室屋大連公
                                    - 19 金村大連公
                                      - 20 磐連公
                                      - 狭手彦連公
                                      - 糠手古連公
                                        - 小手子比咩連公
                                        - 頬垂連公
                                        - 加爾古連公
                                      - 阿被布子連公
                                        - 咋子連公
                                        - 奈羅古連公
                                      - 宇遅古連公
                                    - 御物宿禰連公
                                      - 戸難目連公
                                    - 若古連公
                                  - 談連公
                                  - 長目連公
                                - 蚊手連公
                                - 阿古連公
                              - 乎多氏命

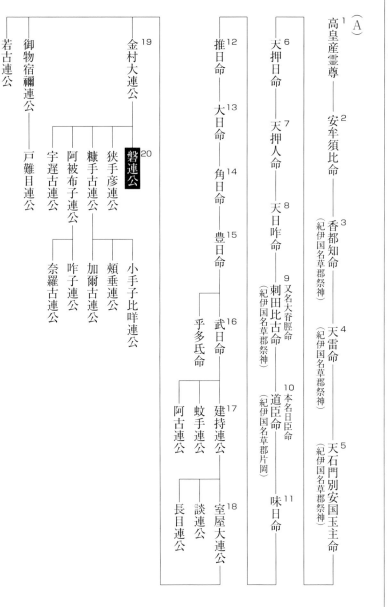

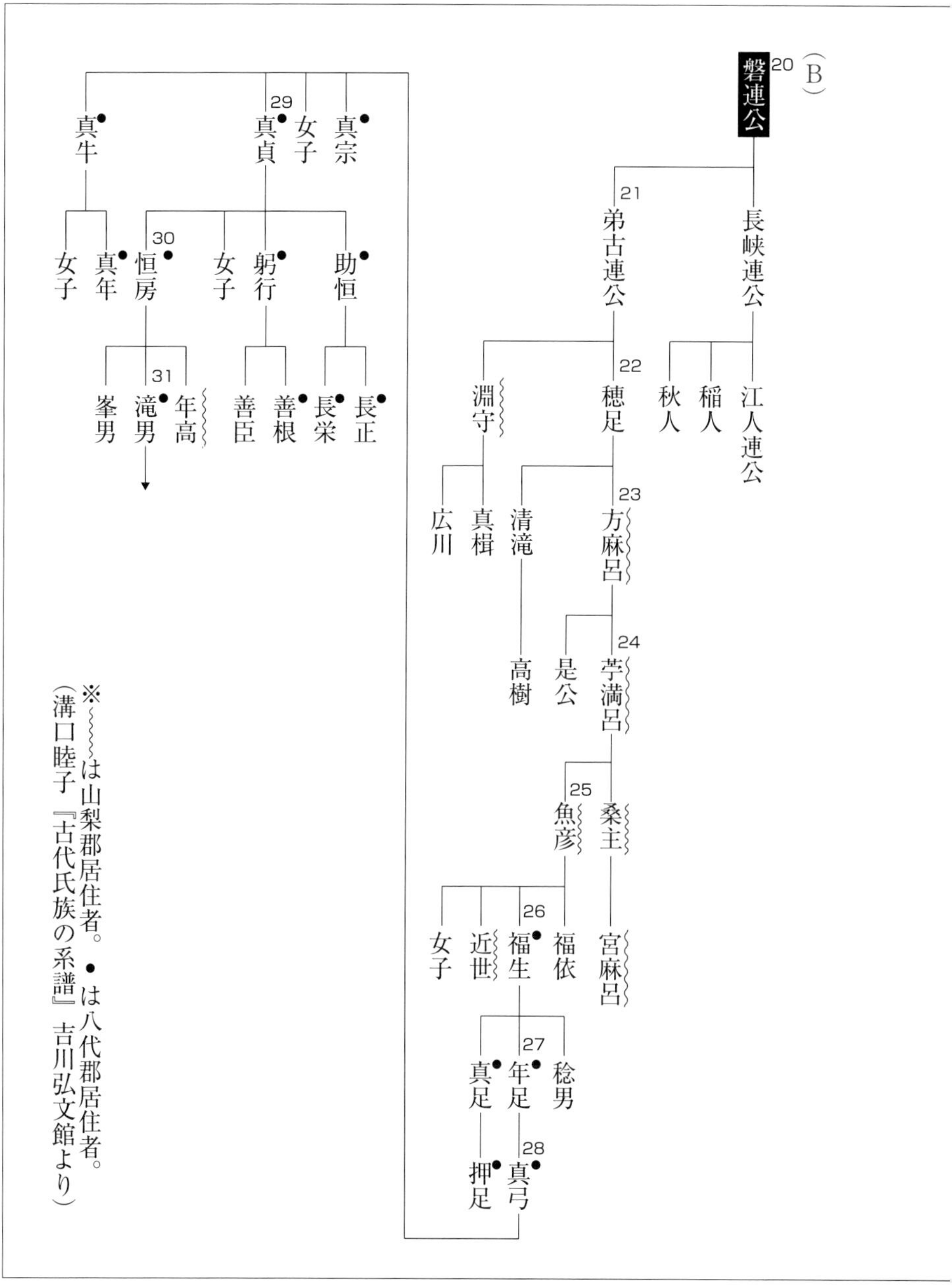

※〰は山梨郡居住者。●は八代郡居住者。
（溝口睦子『古代氏族の系譜』吉川弘文館より）

「古屋家家譜」九世紀末〜十世紀の部分

八代郡司　少領正六位下
恒房
母上総介伴竜男女
昌恭（ママ）二年己未正月二十二日卒

- 山梨郡司　擬大領
  年高
  母
  - 山梨郡司　擬少領
    峯高
    母金刺広門女
- 八代郡司　少領従七位下
  滝男
  母
  - 八代郡司　大領正六位下
    弥成
    康保三年云々
- 伴五　甲斐目
  峯男
  - 伴太　甲斐目
    直道

みの紹介にとどめたが、重要な歴史情報に満ちあふれている。しかし、『山梨県史』は、「資料編」「通史編」いずれも「古屋家家譜」をまったく採録も言及もしていない。私たち歴史研究者は地域に遺《のこ》された資料を、地域史の視点から新たに検討することにより、甲斐の古代史の新たな展開を試みなければならないであろう。

第三部
古代氏族と渡来人

「古屋家家譜」の特徴
表記の特色と史料価値

「伴氏系図」と大伴氏

大伴氏《おおとも》は古代の代表的な名族である。しかし同じ名族である物部《もののべ》氏や中臣《なかとみ》（藤原）氏のような本宗家の古い系譜などは遺《のこ》っていない。現存の大伴氏系譜は、中央貴族・大伴氏の同族ではなかった氏が、何らかの理由で後世に同族を名乗るようになったものである。

現在の大伴氏系譜といわれる大部分のものは、平安時代の三河国幡豆《はず》郡（三河湾に面する現愛知県西尾市）の郡司《ぐんじ》家である伴直《とものあたい》氏の「伴氏系図」とよばれるものに基づいて作成されている。その三河国「伴氏系図」は、「善男《よしお》」以前と「員助《かずすけ》」以後の大きく二つの部分に分かれている。善男は応天門《おうてんもん》炎上の放火犯とされた大納言伴宿禰《とものすくね》善男である。

「善男」以前は中央貴族・大伴氏の本系統であり、「員助」以後は一地方豪族である三河伴氏の幡豆郡司の系統となっている。この伴氏系図では、三河国幡豆郡司の員助を伴善男の子だと主張している。すなわち応天門炎上のあと伊豆に配流《はいる》となった伴善男が赦免《しやめん》されて再び京に戻り、さらに三河国に赴き儲《もう》けた子だと注記している。しかし当時の記録には配流の翌年、六〇歳で亡くなったとある。「伴氏系図」は、このように明らかな誤りもあるが、全体としては正確で、良好な系図とされ、「古屋家家譜《ふるやけかふ》」が一九七九年にはじめて公開されるまでは、大伴氏の系図の代表的なものとされていた。

正確な尊称表記——古代百済木簡との共通性

一方、「古屋家家譜」は江戸時代に行われた系譜集成事業などでも一切取り上げられないままに、長い年月、東八代郡一宮町（現笛吹市一宮町）の浅間《あさま》神社の宮司、古屋家にひっそりと伝えられてきた。これまでの研究者による検討で「古屋家家譜」の史料として優れていると指摘された主な点は三つ挙げられる。

まず一点目は、尊称が武日命《たけひのみこと》などの「命《みこと》」であったのが建持《たけもち》「連公《むらじのきみ》」へと変遷している。大伴氏の始祖のタカミムスヒから景行《けいこう》朝のタケヒ（武日）までは「命」、仲哀《ちゅうあい》朝のタケモチ（建持）以降は「連公」の尊称が、代ごとに正確に付されている。連系の氏の古い本系は、物部氏や中臣氏のものも、「連公」と記すのが正式の表記であった。「連公」という表記は、古代の百済《くだら》の都（韓国忠

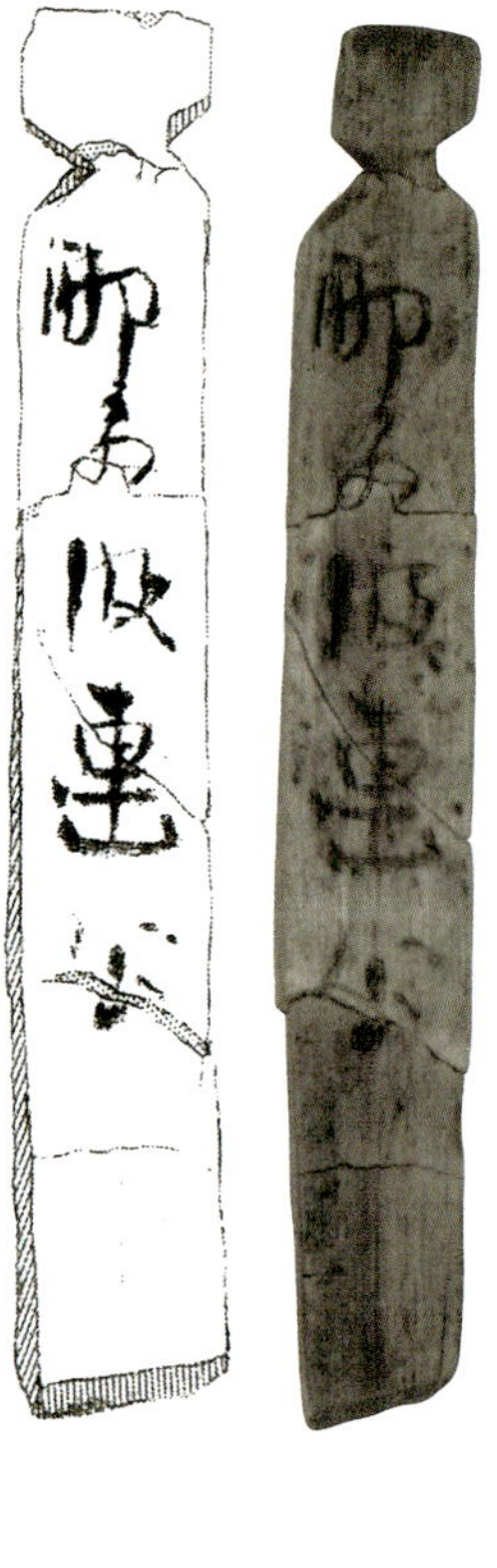

韓国・双北里遺跡（百済王宮跡）
出土の木簡赤外線写真（右、形状に変形、欠損あり）。左は木簡の実物写真から筆者が模写。釈文「那尓波連公」は筆者による。
（『韓国木簡展』図録、国立扶餘博物館より）

清南道扶余郡《ふよ》）の王宮跡内の双北里《サンプクリ》遺跡から一九九八年に出土した木簡に確認できる。

「＜那尓波連公」（長さ一二一×幅一七×厚さ八ミリ）

「那尓波」は〝なには〟すなわち「難波」のことである。「那尓波」（難波）という名は、ヤマト王権の海の玄関＝難波・難波津に由来し、その名（氏名も含めて）を冠する者は、ほとんど外交関係に従事している。「連公」の「公」は「連」にのみ付されており、「臣《おみ》」「君《きみ》」「造《みやつこ》」などのカバネに尊称の「公」が付されることはない。

「連公」の木簡の実例は、現段階では七世紀半ばごろ（奈良県石神《いしがみ》遺跡出土木簡）に限られる。また八～九世紀に作成された史書・系譜書・説話集の場合は、例外なく「連公」表記は氏姓・系譜の〝祖〟とされる人物に限定されている。これらは、各氏族に伝わる旧記のようなものをもとに作成され、「古屋家家譜」の「連公」記載は、まさにその証明である。

このことからも、「連公」は七世紀半ば以前の表記であり、天武十三年（六八四）に制定された「八色《やくさ》の姓《かばね》」以降、「連」の一字表記に統一された。八色の姓とは、真人《まひと》・朝臣《あそみ》・宿禰・忌寸《いみき》・道師《みちのし》・臣・連・稲置《いなぎ》の八種である。あらためて新しい姓を与えることは、天皇中心のもとに再編成して新たな身分秩序を形成しようとしたのである。

おそらく百済王宮跡木簡は、倭国《わこく》（日本）で七世紀半ばごろに制作され、調度物などに付せられた荷札が物品とともに当時、最も交流のあった百済の都にもたらされたと想定される。いずれにしても、倭人《わじん》（日本人）名、しかも「連公」を記載した古代の木簡がはじめて韓国の地で発見されたことの意義はきわめて大きい。

分枝氏族の記載と正確な天皇・宮号の表記

「古屋家家譜」の史料価値が高いとされる理由の二点目は、この系譜には、一一の分枝《ぶんし》氏族（陸奥《むつ》国—大伴行方《おおとものなめかた》連、大伴白河連など）が書き込まれていることである。そのほとんどが歴史書に照らして確かに大伴氏の同族と認められている氏族である。

三点目は、家譜に書き込まれた文（譜文）に○○天皇に「奉仕」（「供奉《ぐぶ》」）とあり、その天皇の代の表示も、諡号《しごう》（「継体《けいたい》」「欽明《きんめい》」などの死後の諡《おくりな》のこと）を一切用いず、正確な宮号（「磐余玉穂《いわれのたまほ》大宮」「磯城島金刺《しきしまのかなさし》大宮」など）で記されている。

こうした表記の特色から判断して「古屋家家譜」はもともと文章系図形式をもった大伴氏の古い本系に基づいているすぐれた系図と評価されている。

この中央貴族・大伴氏の本系に一地方の豪族である甲斐伴氏が三河伴氏と同様に系譜の接続を行っている。「古屋家家譜」は「磐連公《いわのむらじのきみ》」以前と甲斐伴氏「弟古《おとこ》連公」以後の大きく二つの部分に分かれている。

五・六世紀の大伴氏の政治的活躍

大伴氏の本系で明らかなように、五世紀後半から六世紀にかけては、大伴室屋《むろや》大連公《おおむらじのきみ》にはじまり、金《かな》村《むら》・狭手彦《さでひこ》と三代にわたり、ヤマト王権の政治的統合と、東アジアへの展開の中核として活躍し、古代の代表的な名族の地位を確立した輝かしい時代である。

五〜六世紀の王権継承関係図

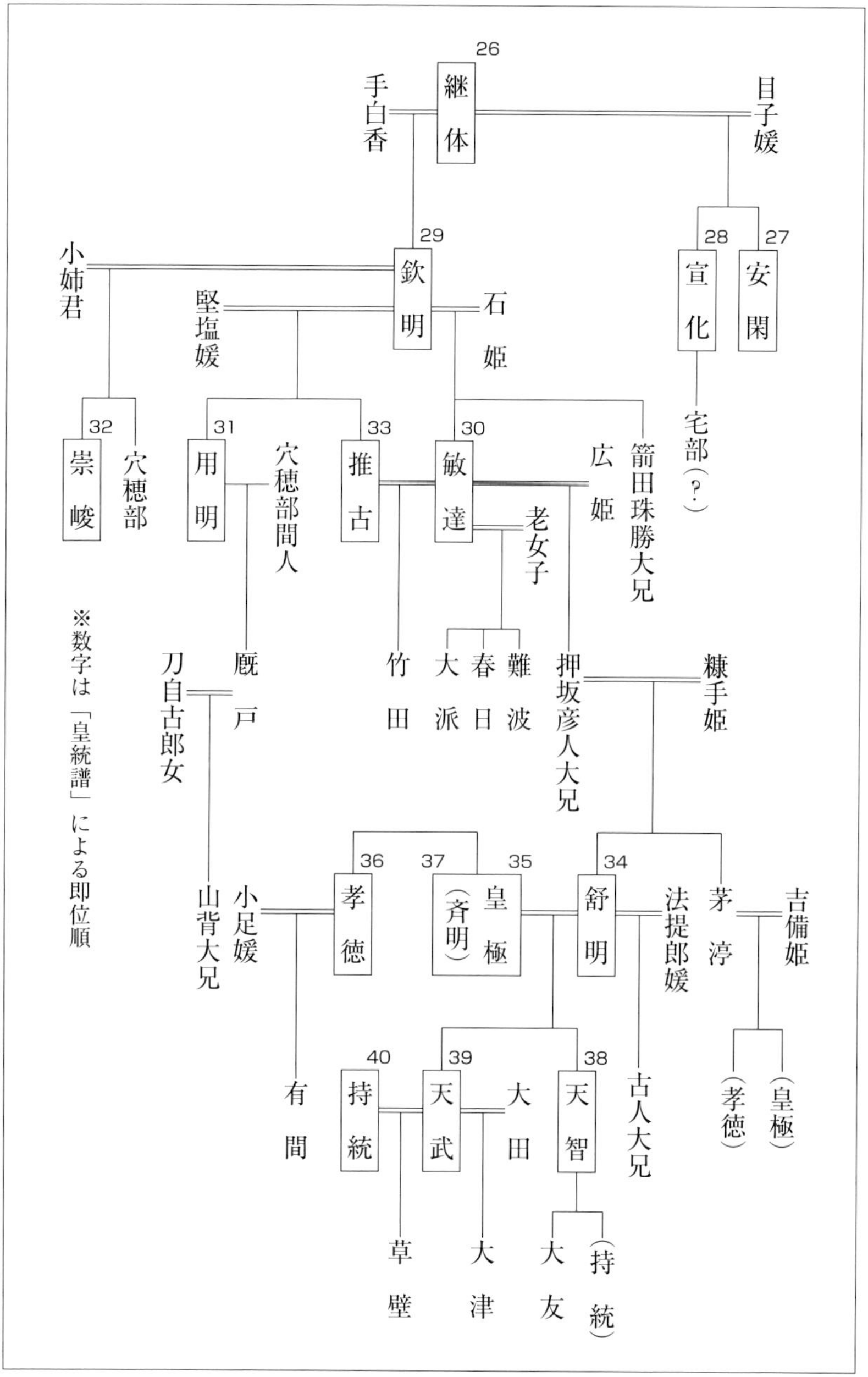

五世紀のヤマト王権は、履中《りちゅう》から仁賢《にんけん》にいたる仁徳《にんとく》天皇系統の大王によって受け継がれてきた。この王統が、仁徳から数えて一〇代目の武烈《ぶれつ》の代に、後嗣がないために途絶えた。そのあとに王位を継いだのが、継体（実名は男大迹《おおど》）であった。継体は、もともと北陸の南部から琵琶湖周辺の地域を拠点としていた。

新帝を決めるのは、大臣《おおおみ》・大連・大夫《たいふ》などの群臣であった。その群臣の中心に「大伴金村大連公」がいた。しかし欽明元年（五四〇）、朝鮮半島の任那《みまな》復興をめぐり、大伴金村が失脚した。金村の子は「古屋家家譜」によれば、磐《いわ》・狭手彦・糠手古《ぬかてこ》・阿被布子《あひふこ》・宇遅古《うじこ》である。なかでも狭手彦は宣化《せんか》二年（五三七）十月渡海し、百済救援に活躍し、磐も遣わされたが、筑紫《つくし》に留まり、朝鮮半島からの侵攻に備えた（「磐」の記載はこれのみ）という。この時の狭手彦については、129ページで「発見された甲斐国出身の防人」と題して、佐賀県唐津《からつ》市中原《なかばる》遺跡から出土した甲斐国防人木簡に関連して紹介した。

この中原遺跡付近に「鏡渡《かがみわた》し」とよばれる所がある。八世紀に書かれた『肥前国風土記《ひぜんのくにふどき》』松浦《まつら》郡条に次のように記されている。

> 昔、檜隈廬入野宮《ひのくまのいおりののみや》（宣化天皇）の世に「大伴狭手彦連」を遣《つか》わして、任那の国を鎮め、百済の国を救おうとした。狭手彦はこの村にやってきて弟日姫子《おとひめこ》という女性と結ばれた。狭手彦が半島を目指して、この津（港）から出発する日に、鏡を与えた。しかし婦は悲しみ泣きながら栗川《くりかわ》を渡ろうとし、川に鏡を落としてしまった。「因《よ》りて鏡渡《かがみのわたり》と名《な》づく」。

唐津湾岸は古代において対外的にも重要な拠点であり、その津（港）の防備にあたったのが甲斐国の防《さき》人《もり》であった。

さらに欽明二十三年（五六二）八月、大将軍狭手彦は高句麗《こうくり》を討ち、王室の財宝を天皇と大臣・蘇我稲《そがのいな》目《め》に献じたということからもわかるように、もうすでに蘇我氏が実権を掌握し、大伴氏はしだいに衰退していく。

甲斐大伴氏の始祖設定

金村の子のうち「阿被布古、(子ではない)」は三河国の「伴氏系図」にはみえないが、歴史書『日本三《にほんさん》代実録《だいじつろく》』貞観三年(八六一)八月十九日条によれば、伴宿禰善男が、同族の一人の賜姓《しせい》に際して、伴氏の首長として、伴氏系図に基づいて進言しているなかに、金村・狭手彦とともに狭手彦の弟「阿被布古」をあげている。

「家譜」では「阿被布子―咋子《くいこ》」とあり、咋子に「氏上《うじのかみ》」(氏長者)と注記していることからわかるように阿被布子―咋子がこののち、大伴氏の本流となり、万葉歌人家持《やかもち》そして善男につながっていくのである。

大伴本系図の大伴金村の子のうち、活躍した狭手彦や氏上である阿被布子を避けて、「古屋家家譜」は、甲斐国の大伴氏の始祖を長子「磐」に求めた。その磐は磐余《いわれ》玉穂《たまほ》大宮朝(継体朝)の時、「甲斐国山梨評《こおり》(郡の前身)山前之邑《やまさきのむら》」に遷《うつ》り住んだと家譜に記している。

三河国の伴氏系図

- 磐　異国打手大将
  - 小吹負　贈大綿《ママ》冠
    - 牛養　中納言正三位
    - 祖文麿　越前按察使 正四位下
      - 古慈斐　出雲守、大和守 従三位、宝亀七年 薨、八十三歳
- 咋子　大納言大徳冠
  - 馬飼　右大臣、大紫冠 号長徳連、白雉二年七月薨
    - 御行　大納言贈右大臣 大宝元年正月三日
      - 御依　宝亀五年 五月薨
    - 稲公　弟 兵庫頭
    - 安麿　兄 正三位大納言兼大将軍 和銅七年五月薨
      - 旅人　大宰師、大納言従三位母多比等女、天平三年七月一日薨 歌人、入唐使
        - 家持　中納言、按擦使鎮守府将軍 延暦四年八月薨五十七
        - 書持
      - 田主　字仲郎母巨勢朝臣女、容姿佳艶見人靡不歎息 天下無双美男見之恋死歌人万葉集ニ入
      - 宿奈麿　右大弁
        - 女子　田村大嬢入万葉集
- 狭手彦　榎本氏元祖 以松浦佐与姫為妾
  - 女子　崇峻天皇后
- 久子

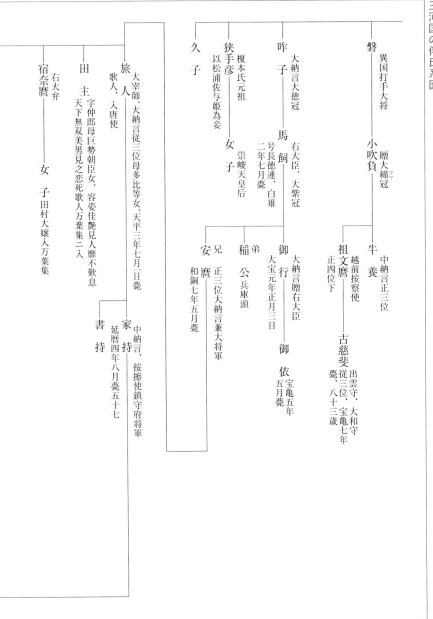

道足　聖武御字南海道　鎮撫使、宰相
　―駿河麿　正四位下鎮守府将軍　兼按擦使勲三等　度々武功ノ人　宝亀五年七月薨贈　三品、子孫多

女子　坂上郎女穂積親王室

古麿　正四位下　治部少輔
　―継人　左少弁　延暦四年八月　因早良大子命、射殺、中納言藤原種継、帝大ニ忿継人竹良等一族被課
　―国通　参議宮内卿、按擦使遣唐使　依為淳和天王御諱改大伴宿禰　為伴朝臣比叡山俗別当

永主　続日本紀従五位下、右京亮

善男　大納言、別当、民部卿、自此時氏ニ无大ノ字、比叡山ノ俗別当父子二代事入宝物集　又宇治大納言物語ニモアリ、相劦三浦海南宮明神是也　家伝説曰、文徳御時、有一人僧（攻略）

員助　号幡豆郡司　母幡豆郡大伴常盛娘清犬子
　―清助　幡豆郡司
　―正助　幡豆郡司
　―依助　ハ名郡司　大判官三河大介
　―（攻略）

中庸　右大弁
　―清廉
　―忠行　右少弁

第三部
古代氏族と渡来人

富士山噴火と浅間神社創祀

「古屋家家譜」にみる伴氏の役職の変化

地域史史料としての「古屋家家譜」

笛吹市の一宮浅間《あさま》神社の宮司である古屋家に伝わる「古屋家家譜《かふ》」は、ヤマト王権で活躍した、大伴金村《おおとものかなむら》の長子・磐《いわ》を甲斐の大伴氏の始祖とした。磐は継体朝《けいたいちょう》（六世紀前半）に「甲斐国山梨評山前之邑《こおりやまさきのむら》」に遷《うつ》り住んだと記されてはいるが、「山梨評」の「評」は、七世紀後半に実施された地方の行政区画で「郡」の前身であるが、継体朝にはまだ実施されていない制度であった。

「家譜」では、磐が山前之邑に遷居したことから、「大伴山前連《やまさきのむらじ》」と称したと記されている。しかし「方麻呂」の時、六八四年に「大伴山前連」を避け、各地の地方豪族の中から地方官として任命した国造《くにのみやつこ》に与えられていた「直《あたい》」の姓に改め、これ以降、「大伴直」「伴直《とものあたい》」は改姓されることはなかった。

この「方麻呂」以降、甲斐国の大伴（伴）氏系図として整えられた「古屋家家譜」は十分に活用できる地域史史料といえるのではないか。

甲斐国大伴氏の役職変化と富士山噴火

甲斐国の大伴氏は、七世紀後半から八世紀半ばまで、山梨郡の郡司職を務めるが、八世紀後半以降は、八代《やつしろ》郡司職に代々就いている。この変化の解釈として、富士山の噴火活動との関連を考えてみたい。

◎天応元年（七八一）七月六日、富士山が噴火し、麓に降った灰で木の葉が枯れる。

◎延暦十九年（八〇〇）三月十四日、富士山が噴火する。

◎延暦二十一年正月八日、ふたたび富士山が噴火したことを、駿河《するが》・相模《さがみ》の二国から報告があり、朝廷は両国に噴火を鎮める祭祀《さいし》と読経《どきょう》を命じる。

◎同年五月十九日、噴火により東海道の幹線道路、足柄途《みち》が通行不能となり、筥荷《はこに》（箱根）途を拓《ひら》く。

この延暦の噴火から六三年後、歴史書『日本三代実録《にほんさんだいじつろく》』に、富士山最大の噴火とされる貞観六年（八六四）の大噴火に関する貴重な記録が伝えられている。貞観六年六月に富士山の北西斜面が大噴火し、溶岩が甲斐国八代郡の本栖《もとす》（本栖湖）・剗《せ》（西湖）の両湖を埋め、河口湖方面まで広がり、人家に甚大な被害をもたらした。貞観七年、八代郡擬大領《ぎたいりょう》・伴直真貞《まさだ》に浅間明神《せんげんみょうじん》が乗り移り、託宣《たくせん》（神のおつげ）を下し、同郡に浅間神社を創祀《そうし》し、真貞を神職の祝《はふり》とし、同郡の伴秋吉《とものあきよし》を禰宜《ねぎ》としたと記されている。

「家譜」に甲斐の伴氏として名を列《つら》ねるなかで、国の歴史書に名のみえるのは「真貞」だけである。真貞の役職は、『日本三代実録』に「八代郡擬大領」とあるが、擬大領とは国司が選定し、中央政府に上申した郡司候補者で、正式任用以前から大領の職務に従事していた者のこと。真貞は八代郡の郡司に加えて浅間明神の神職を兼ねている。

同時期の熊本阿蘇火山活動と阿蘇神社

富士山の貞観噴火（八六四〜八六六年）とほぼ同時期の貞観六年（八六四）から九年（八六七）にかけて、遠く離れた肥後国《ひご》（熊本県）の阿蘇山《あそ》も噴火している。この阿蘇山の北麓に阿蘇神社（健磐竜《たけいわたつの》命《みこと》神社・阿蘇比羊《ひめ》神社・国造《こくぞう》神社の三社）が鎮座する。

二〇一六年四月に熊本地方を襲った大地震で、阿蘇神社の国指定重要文化財の楼門《ろうもん》と拝殿が倒壊し、三つの神殿も大きな被害を受けたことは、熊本城とともに報道映像で全国に衝撃を与えた。さらに十月八日には、阿蘇山が噴火した。

熊本県の阿蘇神社は、古代からの有力氏族である阿蘇氏が現在も大宮司を務めており、その阿蘇氏の系図が遺《のこ》されている。系図によると、「阿蘇平田《ひらた》麿《まろ》」は阿蘇郡の擬大領であり、阿蘇宮

阿蘇氏系図

真理子（阿蘇評督）―角足（阿蘇評督　朱鳥二年（六八七年）二月為評督　改賜宇治宿禰姓）
　├平田麿（阿蘇郡擬大領阿蘇宮司外従七位上）
　└阿伎良（大初位上　阿蘇郡主帳）

阿蘇神社の楼門（上が倒壊前、下が地震による倒壊直後）（阿蘇市教育委員会提供）

司を兼ねている。

　また、もう一例あげると、尾張国（愛知県）熱田神社は代々尾張氏が大宮司職を世襲していたが、一二世紀初頭には、大宮司は藤原氏一門、権宮司《ごんのぐうじ》は田島氏と馬場氏がともに社務を掌《つかさど》った。この田島氏は、七世紀後半には「尾治栗原連《おはりのくりはらのむらじ》」と称し、次の代の尾治栗原連多々見《ただみ》は年魚市《あゆち》（年魚＝鮎、愛智）評督《こおりのかみ》（評の長官）であり、熱田神社の神官を兼ねていた。

　古代において火山活動は神の為《な》すところとされ、阿蘇神社や浅間神社は、その神を鎮める役割を担ったので、行政の手厚い加護を必要とした。神官と郡司職を兼ねるゆえんである。阿蘇氏・田島氏はともに郡司職と、古代においても傑出した阿蘇神社・熱田神社の神官職を兼ねている。それと同様に、甲斐の伴《とも》氏が九世紀半ば以降、八代郡司職と浅間神社の神官職を兼ねることの意義は、きわめて大きいことがわかるであろう。

田島氏系図

熱田大神宮司 祝
尾治栗原連
├田蓑 山代大兄王舎人
└多々見 一作忠命
　年魚市評督
　板蓋宮朝〈皇極（六四二～五年）〉奉斎
　熱田神宮

山梨郡にも浅間明神を祀る

　貞観七年（八六五）十二月には、山梨郡にも八代郡と同じく浅間明神が祀《まつ》られた。「古屋家家譜」は、伴氏が兄弟で代々山梨郡司・八代郡司・甲斐目《さかん》（目は国司の第四等官）などの任にあり、山梨郡と八代郡との関連の深さと、甲斐国司をも輩出する有力氏族であった点など、数多くの貴重な情報を提供してくれている。

ここで、これまで不明確な八代郡域についても、ふれておきたい。貞観六年七月十七日、甲斐国より富士山大噴火の報告があり、溶岩が八代郡の本栖湖・剗（西）湖に流れ込み、河口湖方面にも向かったという。この記載からも明らかなように、「八代郡」は、本栖湖・西湖および河口湖までを含めると理解してよい。

さらに八代郡域と並んで、これまで研究者の見解が定まっていないのは、貞観七年十二月九日、八代郡伴真貞の託宣により建てられた浅間明神の祠《ほこら》の設置場所である。『日本三代実録』には「郡家《ぐうけ》以南作建神宮」と記され、郡家より南に神宮を建造したとある。参考までに『出雲国風土記《いずものくにふどき》』島根郡条をみてみると、「朝酌郷《あさくみのさと》。郡家の正南《まみなみ》一十里六十四歩なり」のように朝酌郷の位置を表示する場合、郡家の正南一〇里六四歩（約五・四キロ）と記している。郡内の諸施設などの位置表示は「郡家」を基準とする。

郡家は通常郡名と同一の里（郷）に設置されることから、八代郷、現在の笛吹市八代町南の地が八代郡家想定地とされている。その郡家の南方に設置されたとすると、浅間明神は、富士山北西斜面の噴火口を河口湖の湖面をとおして望むことができるので、現富士河口湖町の河口浅間神社と想定するのが妥当である。火山噴火は、神の力によるものであり、人間にはいかんともしがたいと、ただひたすら沈静化を願い、

河口浅間神社と一宮浅間神社

噴火口に真正面に向き合い祭祀が行われたのであろう。

浅間明神が建てられた一一日後、十二月二十日、甲斐国に対して、山梨郡にも八代郡と同様に浅間明神を祀ることが命ぜられている。山梨郡に新たに設置された浅間明神こそ一宮浅間神社とみてよい。

後から設置された山梨郡の浅間神社が甲斐国一ノ宮と格付けされたことと、「古屋家家譜」が山梨郡の浅間神社に伝来したことは、甲斐国の国府との関連も考慮しなければならない問題なので、70ページの「国府と一宮の成立」も参照してほしい。

河口浅間神社拝殿（山梨県富士河口湖町、富士河口湖町教育委員会提供）

大伴氏の広域活動
「古屋家家譜」にみる東北地方・紀伊国との関わり

豊かな古代の気仙地方

この二〇一七年三月で東日本大震災から六年を経たが、いまだ復興への道なかばという実情である。私自身、地域の文化を掘り起こすことの大切さを強く認識させられたのも、大震災後の被災地の人びととの交流からである。

岩手県陸前高田《りくぜんたかた》市民に親しまれている武日《たけひ》長者伝説の武日とは、『日本書紀』のヤマトタケルノミコト（日本武尊）の東征伝承に副将格で随行した大伴武日のことである。武日は軍事氏族、大伴氏の遠祖（遠い先祖）とされている。

陸前高田市を中心とする古代の気仙《けせん》地方は、産金の地で知られ、さらに鉄と漆、昆布などの海産物にも恵まれ、また、陸前高田の沿岸は、岩手県一帯のリアス式海岸のなかでも良好な港をもつ広田湾を有していた。その恵まれた環境のもと、北海道などとの北方交易によって、北の貴重な産物の、羆《ひぐま》の毛皮・アザラシなど海獣の皮・オオワシの羽なども集積できた。この気仙地方が中央権力者の憧憬《しょうけい》の対象であったことも容易に想像できる。

再び甲斐国の大伴氏系図「古屋《ふるや》家家譜《かふ》」に注目し、古代の東北地方と〝海の道〟の関連、さらに、気仙地方に迫りたい。

「古屋家家譜」に記される陸奥国北部と紀伊国名草郡

「古屋家家譜」は、甲斐国の九世紀以降の（大）伴氏の系譜に、それ以前の大伴氏の本系図をもってきて載せた系譜である。

日本神話では、天照大神《アマテラスオオミカミ》の孫、瓊瓊杵尊《ニニギノミコト》が天照大神の命を受け高天原《タカマガハラ》から日向《ひゅうが》国（現宮崎県）高千《たかち》穂《ほ》に天降《あまくだ》ったとする。これが〝天孫降臨《てんそんこうりん》〟であるが、本系図の筆頭の高皇《タカミ》産霊尊《ムスヒノミコト》は、天孫降臨の司令神となり「皇祖」と称されている。

タカミムスヒ以下の神統譜《しんとうふ》（神の系統図）部分は、陸奥《むつ》国北部（陸奥国小田《おだ》郡島田邑《むら》など）および紀《き》伊《い》国（現和歌山県）名《な》草《くさ》郡との関わりの記載部分に重要な意義がある。とく

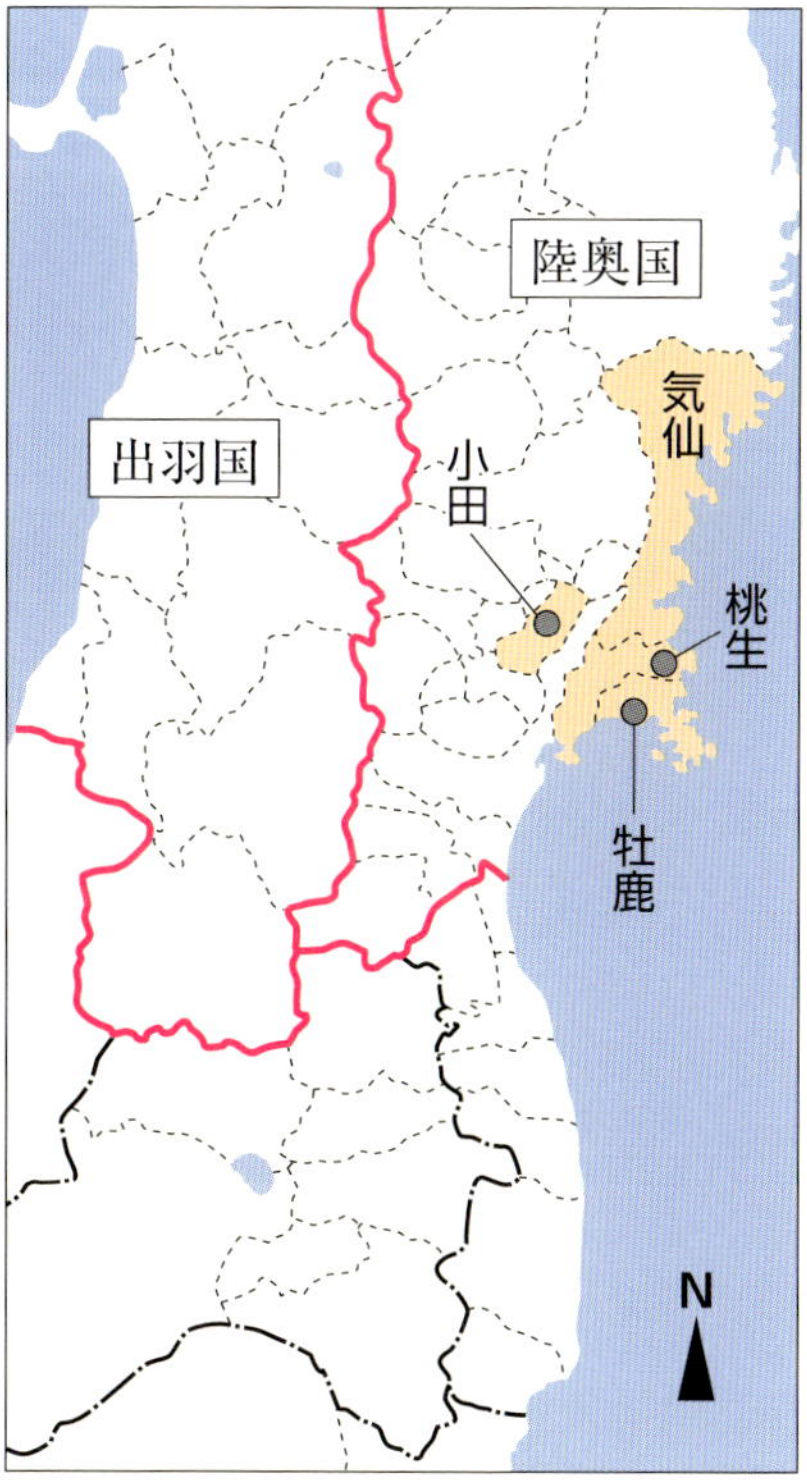

陸奥・出羽国の郡配置

にタカミムスヒから道臣命（ミチノオミノミコト）に至る先祖神のうち、四つまでが紀伊国名草郡の祭神で占められ、さらにミチノオミも名草郡の生まれとなっている。

古代の豪族は、地域の有力な神社の祭祀《さいし》権を得ることが重要であることから祭神名を系譜に書き入れたのであろう。乎多氏命（オタテノミコト）はヤマトタケルノミコトの東征に従ったが、陸奥国小田郡島田邑に駐《とど》まったと記されている。

この大伴氏の本系図に記載されている陸奥国北部と紀伊国名草郡との関わりは、古代の歴史書『続日本紀』に基づく記述であろう。

大伴部の故郷・紀伊国

歴史書『続日本紀《しょくにほんぎ》』神護景雲《じんごけいうん》三年（七六九）十一月二十五日条では、陸奥国牡鹿《おしか》郡（宮城県石巻市）の俘囚《ふしゅう》（国家に服属した蝦夷《えみし》）大伴部押人《おおともべのおしひと》の申し出によれば、押人らは、もと紀伊国名草郡（現和歌山市）片岡里の人であり、その祖大伴部直《あたい》は、ヤマト政権に反対する東北地方の勢力（蝦夷）を征圧する「征夷」事業に赴き、小田郡（現宮城県涌谷《わくや》町）島田村に住まいしていたが、そののち子孫は俘囚の身分となってしまった。そこで、俘囚の名を解いて、一般の農民として認めてほしいと申請し、許されている。

ここで注目すべきは、大伴部直が紀伊国名草郡人であること、さらに名草郡は五世紀後半から六世紀後半にかけて、朝鮮半島でもっとも活躍した紀伊水軍の本拠地であったということである。「紀《き》の水門《みなと》」は、紀ノ川河口のデルタ（三角州）地帯にあり、多数の船が停泊できる水軍の本拠地としては最適の条件をそなえた水郷であった。このデルタ地帯を包括する紀伊国名草郡は現在の和歌山市の大部分に相当する地域であるが、水陸の要衝を占める政治・経済上の中心地であるとともに、肥沃《ひよく》な農耕地帯であった。この農業地区を背景にして、「紀の水門」を掌握することにより、名草郡一帯に巨大な勢力をふるったのが、紀国造《きのくにのみやつこ》（地方官）の紀直《きのあたい》とその一族であった。

東北地方まで北上した紀伊水軍

『続日本紀』神護景雲三年条の記事を大きな視点からみると、紀伊水軍は朝鮮半島で活動するのみでなく、ヤマト王権の「征夷」事業のため、「紀の水門」から船を列《つら》ねて北上し、東北地方最大の大河・北上川《きたかみがわ》の河口・牡鹿の地に来着したという重要な事実も読みとることができる。古代の牡鹿の地は現在の宮城県石巻市であり、二〇一一年の大震災の時、大津波は市街地に壊滅的被害を与え、さらに北上川を五〇キロも遡上し、大きな被害をもたらした。

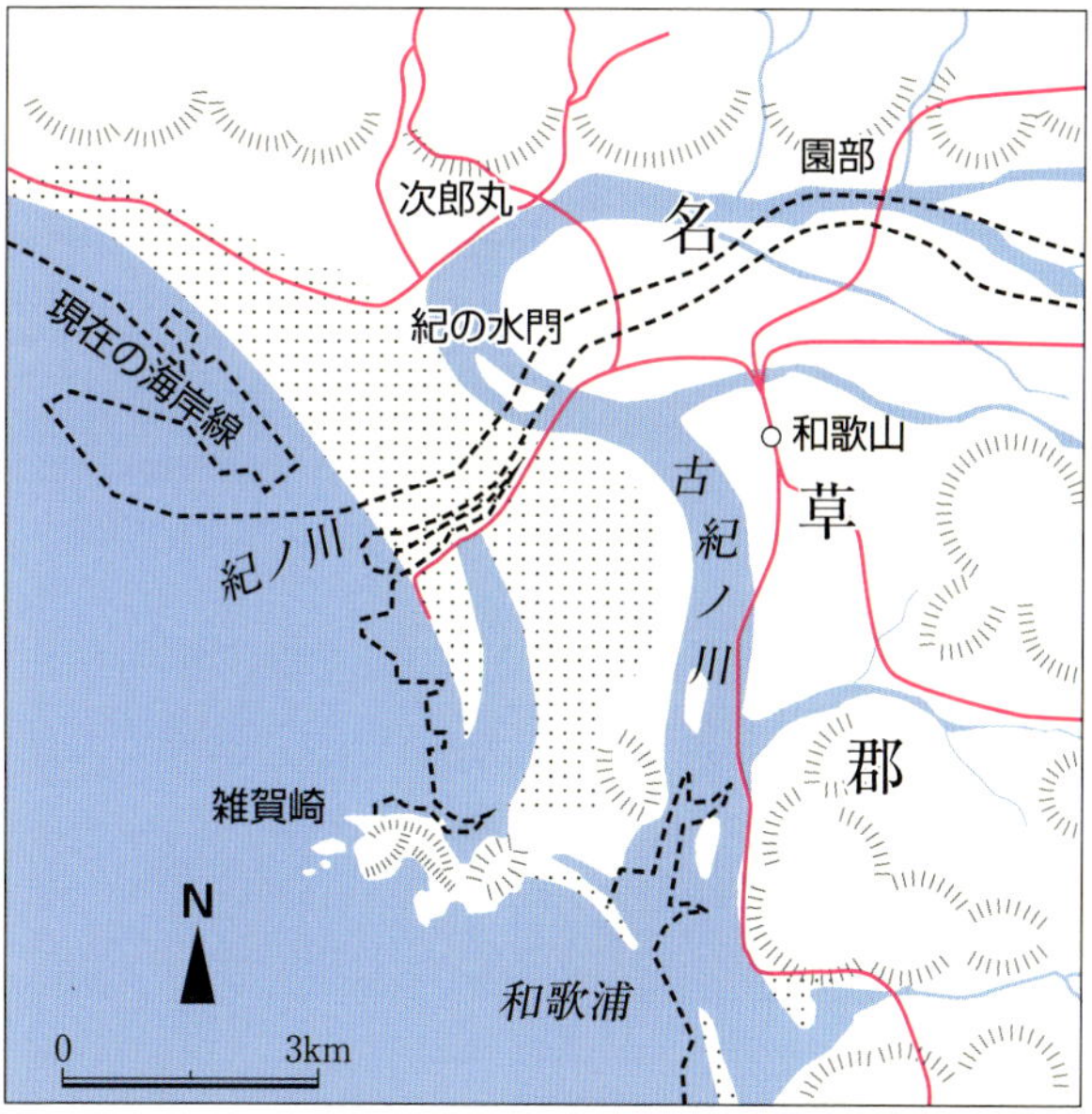

古代の紀ノ川・紀の水門と名草郡
「紀の水門」は紀ノ川河口のデルタ地帯に位置した重要な港。古代の紀ノ川は園部付近から西流し、次郎丸付近で大きく弧を描いて東南方向に転じ、和歌浦に注いでいたとされる

また、神護景雲三年条では、大伴部押人の先祖は紀伊国（現和歌山県）名草郡の大伴部直とされている。名草郡と大伴の関係は、『続日本紀』神亀元年（七二四）十月条に名草郡大領（長官）紀直摩祖《まそ》、少領（次官）大伴櫟津《いちいつ》連子《こ》人《ひと》・海部直士形《あまのあたいひとがた》とみえる。名草郡は紀国造の本拠地であり、海部直は海人（漁民）集団の統率者として、国造である紀直の同族であったとされている。大伴連がこれら紀直や海部直と並んで、郡領（郡の役人）に任ぜられていることは、名草郡の有力な勢力であったとみてよい。

のちにふれるが、大伴連は靫部を中央で管掌し、古代の水軍には弓に長けた射手は欠かせない存在であった。遣唐使船も船が襲われた場合の備えとして射手を配備していたことが知られている。

牡鹿地方の重要性

八世紀後半、古代国家は新たに陸奥に城柵を数ヵ所造

旧北上川の河口と宮城県石巻市街（平成2年〈1990〉、石巻市教育委員会提供）

営し強圧的な政策を推進した。このとき、北上川の水運を掌握するために牡鹿地方を重要視し、牡鹿柵に加えて桃生城《ものう》も築いた。桃生城は天平宝字四年（七六〇）に完成したが、宝亀五年（七七四）には海道地域の蝦夷が桃生城を襲撃する事件が起きている。

牡鹿地方の重要性は、陸奥国北部への海からの玄関口であり、八世紀半ばに造営された桃生城は牡鹿柵とともに、その玄関口の防衛の役割と、港からさらに北上川水運を利用して北の内陸部（〝蝦夷の本拠地〟とされた胆沢《いさわ》地方）への人や物資輸送を配慮したものであろう。

古代国家は長期の征討を経て、延暦二十一年（八〇二）に胆沢城（現岩手県奥州市）を造営した。牡鹿地方を本拠地とした道嶋嶋足《みちしまのしまたり》という人物が陸奥国の大豪族となったが、その大きな契機は、天平宝字八年（七六四）、時の権力者、藤原仲麻呂《ふじわらのなかまろ》の乱における活躍であった。道嶋一族は、中央官人としての異例の出世を契機として有力豪族となっていった。

古代国家の東北政策は八世紀後半以降、東山道ルートの陸路から海路に大きく転換した。武蔵国の東山

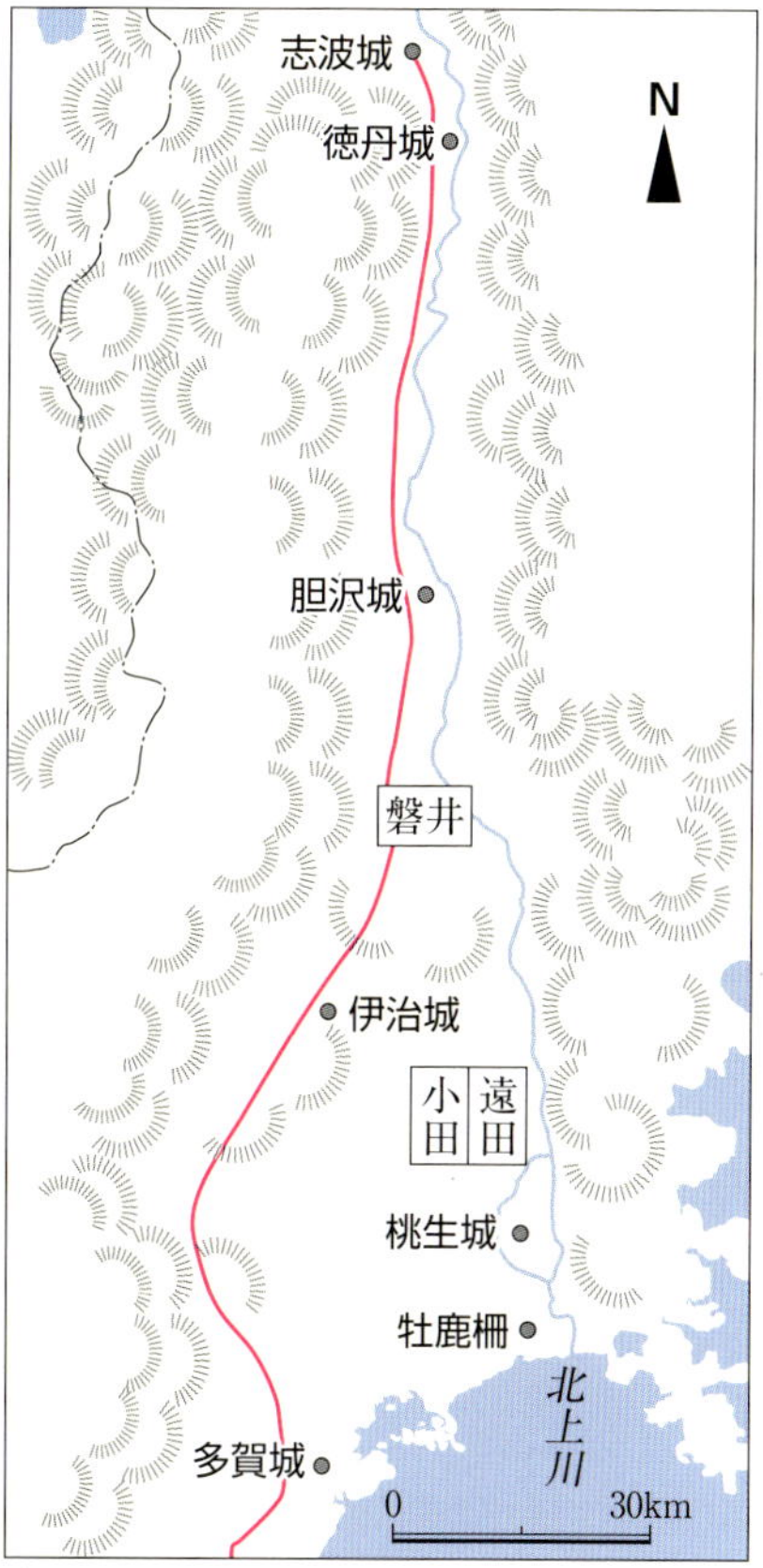

古代の城柵と北上川流域

道から東海道への所管換えがそれにともなう政策であろう。胆沢地方など内陸部への侵攻は北上川から兵士・物資の大量輸送に重点がおかれた。その結果、北上川河口を支配した牡鹿地方・道嶋氏の勢力はより一層増すこととなった。

「気仙」(計仙麻)に属した地域

『延喜式《えんぎしき》』神名帳《じんみょうちょう》によると、牡鹿郡の神社一〇座のうちには、下総《しもうさ》・香取神宮、常陸・鹿嶋神宮の末社「香取伊豆乃御子《いずのみこ》神社」「鹿嶋御児《みこ》神社」などとともに、「大嶋神社」「計仙麻《けせま》神社」、桃生郡六座のうちにも「計仙麻大嶋神社」が祀《まつ》られている。一方、気仙郡には理訓許段《りくこた》神社・登奈孝志《となかし》神社・衣太手《えだて》神社の三座のみで、計仙麻神社・大嶋神社がみえない。

本来、岩手県釜石市・大船渡市・陸前高田市あたりから石巻市に至る沿岸部が広く「計仙麻(気仙)」とよばれていたとみられるが、この道嶋氏の強大な存在が、牡鹿郡・桃生郡一帯すなわち牡鹿地方を独立させて、あえて牡鹿地方を「気仙」(ケセマ)の地の一画をなすとはとらえてこなかったのであろう。牡鹿郡に「計仙麻神社」「大嶋神社」、桃生郡に「計仙麻大嶋神社」が設置されていることは、両郡が「気仙」地方に属していたことのなによりの証拠であるといえよう。

笛吹市の一宮浅間神社「古屋家家譜」の古代部分を全面的に検討された溝口睦子氏は次のように解釈している。

紀伊国名草郡出身の大伴部押人が大伴氏の本系図(現時点では未確認)に手を加えた系図を、甲斐国の大伴（伴）氏が入手したものが、「古屋家家譜」の大伴氏本系図部分である。

ヤマト王権はおそらく東北地方の『征夷』事業に紀伊水軍を動員し、その後、軍事氏族としての大伴氏は、北上川河口の牡鹿地方とその河道沿いの小田《おだ》郡に居を構え、紀伊国の有力な勢力であった大伴氏が本系図を入手し、その名族としての大伴氏系図を作成した。そののち、甲斐国大伴（伴）氏は、その大伴氏の本系図を手に入れ、甲斐の大伴氏の系図を加え「古屋家家譜」を完成させたのであろう。

第三部
古代氏族と渡来人

大伴氏の伝承と北方交易

黄金・矢羽根を求めて

東北への入口・白河関と黒川郡

古代の陸奥《むつ》国の南端、白河関《しらかわのせき》（福島県）は東北地方の出入り口とされていた。また今でも東北地方を「白河以北」と称し、宮城県の地域新聞『河北新報《かほくしんぽう》』の名はこれに由来する。高校野球も、春の選抜・夏の選手権大会とともに、東北六県の高校がいまだ全国制覇していないことを「優勝旗は白河の関を越えていない」と表現する。白河関の置かれた陸奥国白河郡は、郷数一七郷、ちなみに甲斐国四郡の合計郷数が三一郷であり、白河郡の規模の大きさがわかる。

八世紀前半に東北地方の行政・軍事の中心として多

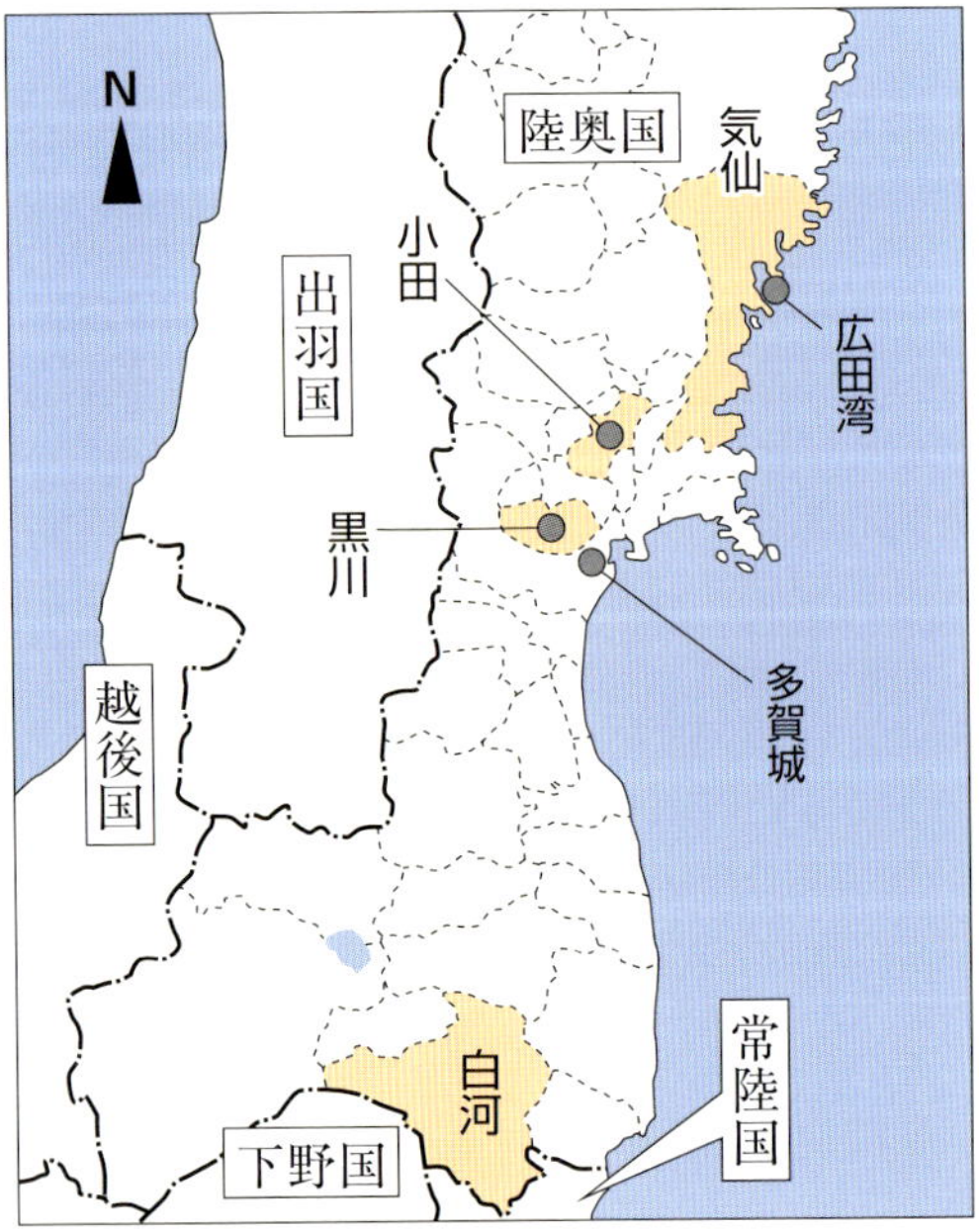

陸奥の郡配置

賀城（宮城県のほぼ中央）が設置されると古代国家の統治も多賀城以北（宮城県北部）の蝦夷《えみし》対策に移る。その北部への入り口が黒川郡であり、「白河以北」と同様に「黒川以北の諸郡」と表記されていた。この黒川郡と白河郡との密接な関係を、次の資料が物語っている。

歴史書によると、七六九年に、白河郡人・靫大伴部継人《ゆげいのおおともべのつぐひと》、黒川郡人・靫大伴部弟虫《おとむし》ら八人が「靫大伴連《むらじ》」を賜姓し、八四一年には、黒川郡の大領（長官）が靫伴連黒成《くろなり》であったと記されている。なお、大伴氏は八一一年、大伴皇子（淳和《じゅんな》天皇）の名を避けて「伴」氏と改めた。

この靫大伴（伴）部・靫大伴（伴）連といえば、『日本書紀』の酒折宮伝承に、ヤマトタケルが「是《こ》の宮に居《ま》しまして、靫部《ゆげいべ》を以て大伴連の遠祖武日《とおつおやたけひ》に賜《たま》ふ」とあり、その関連が注目されよう。

甲斐国の酒折の地は、東海道と東山道を結節する要衝であり、ヤマト王権の軍事的氏族である「靫部」が警護にあたっていた。ヤマトタケルはその靫部をのちに中央で管掌する大伴連の遠祖である大伴武日に賜ったという。

白河郡には白河軍団が設置され、特に〝射手《いて》〟という弓に長けた兵士が多賀城に一〇日間当番勤務したことを記す木簡

弓を射る兵士
（復元模型、福島県文化財センター白河館まほろん蔵）

も多賀城跡から出土している。また八世紀以降、黒川郡が陸奥国北部の入り口に位置し、白河郡と同様に「靫大伴連」が郡の長官を務めたのである。黒川郡には白河郡からの移民による「白川郷」も設置され、郡名も両者の共通した政治的位置づけに基づき、白河郡と対照的な黒川郡と称したのであろう。

大伴氏ゆかりの陸奥国小田郡での金産出

天平十三年（七四一）、「国分寺建立詔《みことのり》」という、歴史上よく知られている詔勅《しょうちょく》が出された。国分寺は〝国の華〟であるから、国内の適地をよく選んで建立すること、国ごとに七重塔を造ることなどとされた。

天平十七年、六十余ヵ国に建立した国分寺の中心をなす総国分寺・東大寺（奈良県）の地で本尊盧《る》舎那《しゃな》仏《ぶつ》の基礎工事がはじめられた。大仏の総重量は約三八〇トンに達すると推定される。大仏完成までに、本体の鋳造《ちゅうぞう》に二年、整形・補鋳に五年、鍍《と》金《きん》（メッキ）に五年の合計一二年以上もの歳月がかかっている。大仏開眼供養は鍍金が始まったばかりの天平勝宝四年（七五二）四月九日に行われた。

奈良・東大寺大仏の造立当時、日本では金は産出しないものとされていたので、大仏の鍍金をどうするかは大問題だった。ところが

黄金山産金遺跡の復元イラスト
産金を記念して建てられた六角円堂（赤い建物）とその周辺における砂金採りの風景（穂積和夫氏画、涌谷町教育委員会提供）

天平二十一年（七四九）二月、陸奥国小田郡（現宮城県涌谷町）で黄金が発見され、陸奥守《かみ》・百済王敬《くだらのこにきしきょう》福《ふく》が大仏のための金九〇〇両（約三七㌔）を献上した。百済王氏は古代朝鮮の百済最後の王である義慈王《ぎじおう》の子・善光《ぜんこう》を始祖とする日本の氏族。聖武《しょうむ》天皇は大慶事と称賛し、年号を「天平」から「天平感宝《かんぽう》」と改めた（これは日本ではじめて使われた四字年号である）。歌人・大伴家持《おおとものやかもち》も「天皇《すめろき》の御代《みよ》栄えむと東《あづま》なる陸奥《みちのく》山に黄金《くがね》花咲く」（『万葉集』四〇九七番）と詠んだ。

この金を産出した小田郡には紀伊《きい》国（和歌山県）名草《なくさ》郡出身の大伴氏が紀伊水軍として東北地方の征夷《せいい》事業に派遣され、その後同郡「島田村」に定住していることが『続日本紀』神護景雲三年（七六九）十一月己丑条に記されている。

白河郡と古代の産金地

白河郡と常陸《ひたち》国（茨城県）久慈《くじ》郡にまたがり、さらに下野《しもつけ》国（栃木県）那須《なす》郡にも連なる八溝山《やみぞさん》は古代の産金地である。現在でもこの山からは砂金を採取することができるという。古代の歴史書『続日本《しょくにほん》後紀《こうき》』にも承和三年（八三六）、通常の砂金の貢納額をこえ、遣唐使の費用を助けたというので、白河郡の「八溝嶺《みね》神社」の封戸《ふこ》（神社に俸禄《ほうろく》として支給した戸《こ》）が加増されている。この八溝山の反対側ともいえる下野国の那須郡でも採金され、毎年砂金一五〇両（約六㌔）を

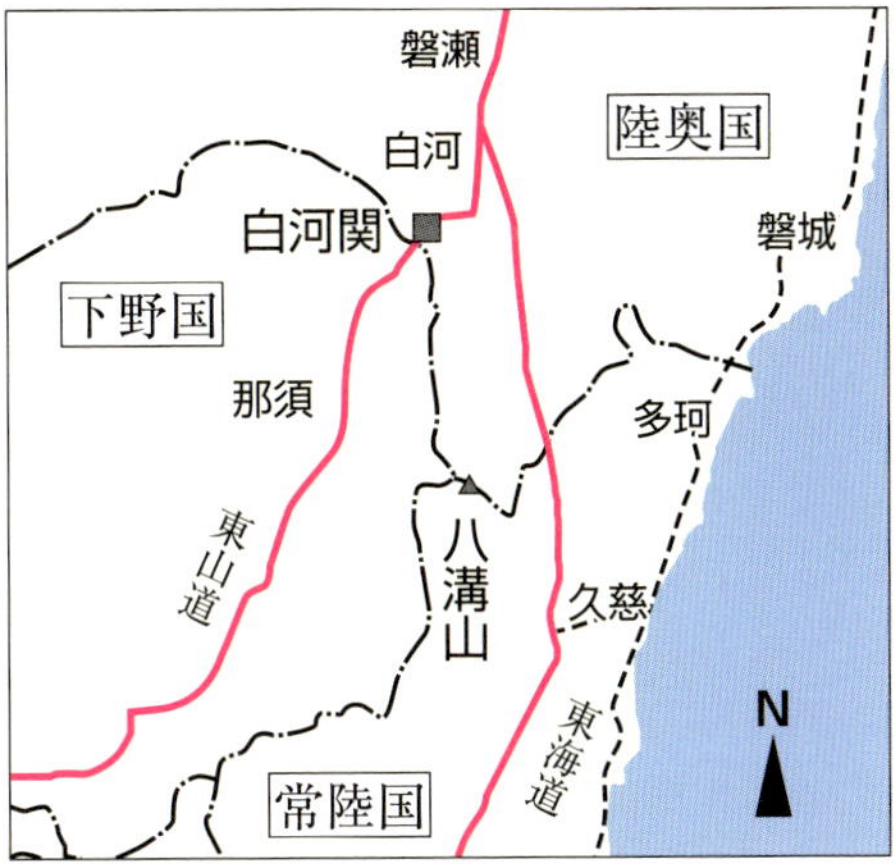

白河関・八溝山とその周辺

中央政府へ貢進していた。

　陸奥国は小田郡産金献上以降、毎年、砂金三五〇両を、三陸海岸の昆布や北方世界のアザラシの皮などとともに献上することを義務付けられた。陸奥国は、小田郡だけではなく、陸奥国内で産金地を新たに求め、陸奥国南端の白河郡の八溝山の金も当然貢進の対象地であり、さらに小田郡より北部地域の気仙《けせん》郡もその一つであったのではないか。

産金の地・気仙地方

　時代は下るが、『平家物語』の異本の一つとされている『源平盛衰記《げんぺいじょうすいき》』には、気仙地方が産金の地として注目されていたことを物語る記事が記されている。これによると、平重盛《たいらのしげもり》（一一三八〜七九年）が奥州を支配し、その中に気仙郡も含まれていた。

　この気仙郡から金一三〇〇両が重盛に届けられたので、重盛は唐人の妙典《みょうてん》に託した。一〇〇両は妙典に与え、二〇〇両を中国浙江省《せっこうしょう》の育王山《いくおうざん》の僧に施し、一〇〇〇両を皇帝に献じさせた。

　奥州藤原氏の中尊寺《ちゅうそんじ》金色堂《こんじきどう》に代表される黄金文化を支えたのも気仙地方の金とされている。岩手県陸前高田市内各地に数多くの鉱山遺跡

「天平」銘丸瓦
六角円堂の屋根を飾ったものと思われる（宮城県涌谷町黄金山産金遺跡、個人蔵）

「天平」銘瓦製宝珠
六角形に面取されている（宮城県涌谷町黄金山産金遺跡、涌谷町教育委員会蔵）

が残されており、市史などによると、古代から気仙川流域で砂金採取が行われていたとされている。玉山金山《たまやまきんざん》は、現在坑道として残っている部分は近世以降の遺跡と考えられるが、周辺では砂金採取が古代から長らく続けられてきたという。この古代の採金の実態は、今後の重要な課題となろう。

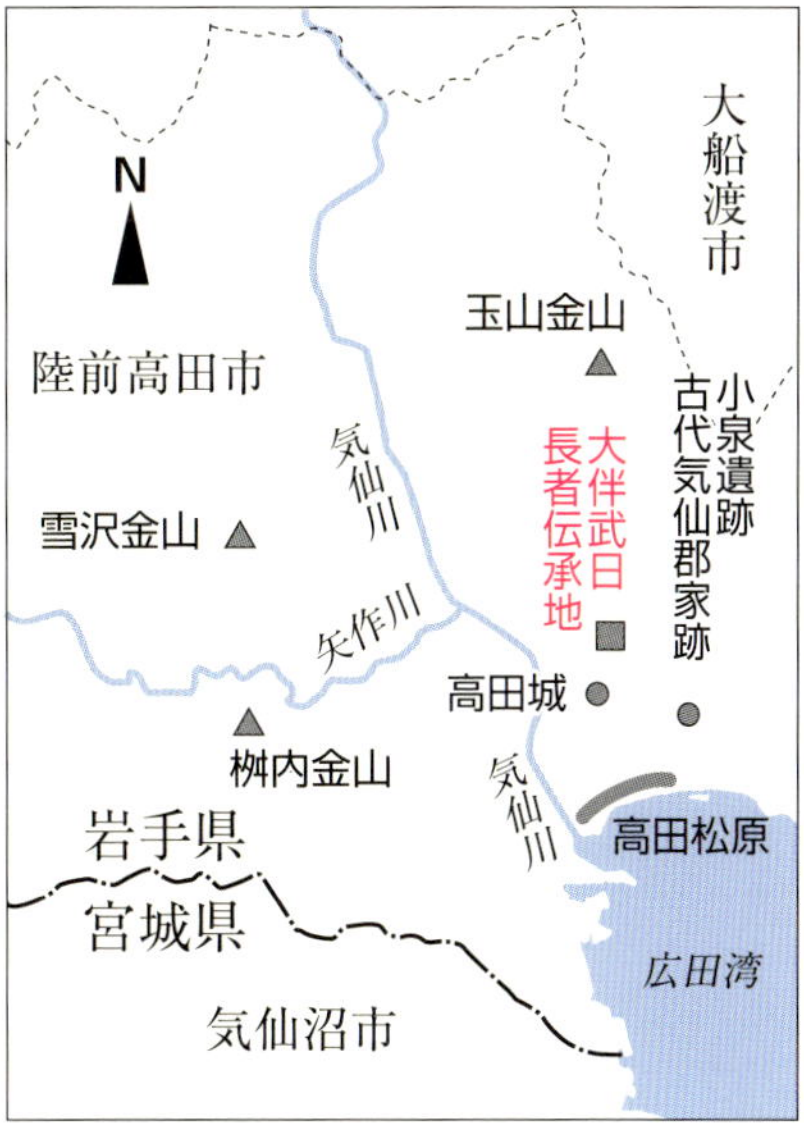

岩手県陸前高田市内の金山分布と大伴武日長者伝承地

珍重されたオオワシの羽

ヤマトタケルは甲斐国・酒折宮の地で、警護に当たっていたと思われる靫部《ゆげいべ》を、大伴連《おおとものむらじ》の遠祖である武日《たけひ》に賜った。その靫負を統率する大伴氏（「靫大伴連」）は、東北地方の軍事的要地・白河郡と黒川郡の郡領（郡の長官・次官）として任務につき、配下に弓矢に長じた靫部を兵士として組織していたのであろう。

この「靫大伴連」など古代の武人があこがれたのが、北方世界に生息するオオワシの羽であった。オオワシの羽は矢羽根としては最高級であり、北方交易によってのみ入手できる貴重なものであった。気仙地方では、金・鉄・漆などと、北方のアザラシなどの海獣皮・オオワシの羽などを交換して入手し、中央に献上していた。

気仙地方が北方交易拠点であったことを物語る出来事は、次の記事である。『日本後紀』弘仁元年

(八一〇)十月二十七日に渡嶋《わたりしま》の狄《てき》二百余人が気仙郡に来着したという。「渡嶋の狄」とは津軽半島海岸部から道南地域の蝦夷を指し、気仙郡が長年にわたり、渡嶋の地との北方交易拠点であったことから沿岸近くを船を連ねて、おそらく移住しようとしてきたのではないか。翌年の春、帰還させられたのだが。

「靫大伴連」に代表される大伴氏がその金やオオワシの羽などを求めて、気仙地方の中核・広田湾の港に入り活動したことから、その地に遠祖・大伴武日長者伝承を生み出したのではないだろうか。

大伴氏の首長・大伴家持は、延暦元年(七八二)には陸奥按察使鎮守将軍に、翌年には持節征東《じせつせいとう》将軍に任命され、東北・多賀城の地で延暦四年に死去している。大伴氏が東北地方・紀伊国・甲斐国などに残した軍事氏族としての足跡に改めて注目したい。

北方世界に生息するオオワシ

オオワシの羽は最高級の矢羽根に用いられた。これは江戸時代に松前藩から仙台伊達家に献上されたもの。

渡来人・俘囚の足跡

国家に翻弄された人びと

陸奥・武蔵・上総に移された新羅人

貞観《じょうがん》十一年（八六九）五月二十六日の東北地方を襲った地震・津波では、古代東北の行政・軍事の中核拠点であった多賀城《たがじょう》（遺跡は宮城県多賀城市）も、丘陵上の中心施設である政庁《せいちょう》の建物が壊れた。その復興事業は陸奥国修理所《しゅりじょ》という役所が担当した。

大地震の翌年（貞観十二年）に、政府は新羅《しらぎ》人二〇人を東国に配置した。武蔵《むさし》国と上総《かずさ》国にそれぞれ五人、残りの一〇人は被災した陸奥《むつ》国に移配した。陸奥国に配された一〇人のうち、三人は瓦《かわら》作りの技術者で、修理所の造瓦担当となった。多賀城の創建時から政庁などの建物の屋根に葺《ふ》かれた瓦は、蓮《はす》の花の平面を意匠化した蓮花文《れんげもん》という文様のものであった。地震後に復興された建物は、まったく異なる文様の瓦が軒先《のきさき》を飾った。その文様は宝相華文《ほうそうげもん》という中国の唐代から登場する空想的な花唐草文《はなからくさもん》である。この文様の瓦は当時、新羅で盛んに用いられたものであり、移配された三人の新羅人が製作したことは明らかである。私が多賀城跡（政庁地区）の発掘調査ではじめて掘り出した完形の瓦がこの宝相華文の軒丸《のきまる》瓦であったことを今でも鮮明に記憶している。

新羅人二〇人が各国に移配されてまもない貞観十五年、甲斐国からの報告によれば、上総国に配置された五人の新羅人のうち、沙門《しやもん》（出家僧）伝《でん》僧《そう》と巻才《かんさい》の二人が配置先を離れて山梨郡に現れたが、即刻、上総国に送還したという。この事実は何を物語っているのだろうか。

一族で倭に亡命

朝鮮半島では、六六〇年に百済《くだら》が滅亡すると、王族までもが倭《わ》（日本）に亡命した。『日本書紀』によると、六六六年の冬、百済の男女二〇〇〇人余りが、東国に移され、食糧を支給されたという。この時の百済国の人びとの一部は、甲斐国に移り住んだと思われる。延暦《えんりやく》十八年（七九九）甲斐国の渡来人止《と》弥若虫《みのわかむし》ら一九〇人が、石川や広石野の姓に改めることを許されているが、彼らも六六六年に移された百済人の子孫かもしれない。

高句麗《こうくり》・新羅の人びともおそらく一族で倭（日本）にやってきたのであろう。上総に新たに配置された沙門伝僧・巻才の二人は、おそらく甲斐国山梨郡にすでに居住していた同族を頼ってはるばると山梨郡ま

貞観地震（869年）前の多賀城の軒瓦（重弁蓮華文、上）と、地震後の軒瓦（宝相華文）（東北歴史博物館蔵）

でやってきたのであろう。にもかかわらず、上総に強制送還されてしまった。異国の地での渡来人の切ない想いが偲《しの》ばれる。

甲斐国四郡のうち巨麻《こま》郡の名のおこりは、巨麻＝高麗（高句麗）とみられている。その巨麻郡の高麗人は、霊亀《れいき》二年（七一六）年に駿河《するが》・相模《さがみ》・上総・下総《しもうさ》・常陸《ひたち》・下野《しもつけ》六国の高麗人とともに一七九九人を武蔵国に移して高麗《こま》郡を置いている。『和名類聚抄《わみょうるいじゅしょう》』では、高麗郡は高麗郷と上総郷の二郷から成っていることがわかる。上総国はさきの新羅人の配置でも明らかなように、東海道諸国のなかの渡来人拠点であったといってよいであろう。

渡来人と俘囚

古代国家の編纂した歴史書には「渡来（人）」とはなく、あくまでも王（天皇）の徳に帰服した、いわゆる「帰化（人）」と表記されている。「帰化」はオノヅカラマウクと読ませた。オノヅカラマウク（オノヅカラ＝自ら、マウク＝参来）というのは、みずからの意志に従って参り来たとの意味である。彼らは古代中国や古代朝鮮から渡来した人びとである。

一方、日本の古代国家は中国の〝中華思想〟にならい、天皇の支配する〝中華〟の周辺には東北地方では蝦夷《えみし》、九州地方は隼人《はやと》が住み、彼らはしだいに天皇の徳に従うかたちで服属し、支配者は彼らを教え導くという考え方を取り入れていた。古代国家に服属した蝦夷を俘囚《ふしゅう》と称した。政府は、つねに蝦夷に対して食を饗《きょう》し禄《ろく》を与える懐柔策をとって、服属を促した。

古代国家にとって、帰服してきた「渡来人」と「俘囚」は、政策上、意のままに移配させることのできる人びとであった。俘囚の一部は、東北地方から諸国に移配された。俘囚は渡来人と同じように、諸国に移住させられ、口分田《くぶんでん》や食料・衣服を受けるとともに、戸籍に登録された。俘囚を移配する目的は蝦夷の習俗をかえて公民＝〝調庸《ちょうよう》の民〟にすること、蝦夷を現地から切り離して集団を弱体化させること、蝦夷への支給物負担を陸奥・出羽両国から諸国に分散することなどであった。たとえば八世紀前半には、陸奥国の俘囚一四四人が伊予《いよ》国に、五七八人が筑紫《つくし》国などに移住させられた。そして、俘囚の食料・衣服の財源に充てるために各国で俘囚料稲の出挙《すいこ》が実施された。出挙とは春（三月）と夏（五月）農民に稲を貸し付け、秋（九月）に三割または五割の利息をつけて回収する制度である。

平安時代の法令集『延喜式《えんぎしき》』によると、三五国に俘囚料稲が設置されている。このうち、東海道に属する九国をみると、陸奥国の隣国・常陸国（大国）が一〇万束と桁《けた》はずれに多額であるのを除くと、上国の駿河国はわずか二〇〇〇束、相模国は二万八六〇〇束であるのに対して甲斐国（上国）は五万束と、二番目に多量の稲を国内の農民に出挙し、その利稲を俘囚の食料などの財源とした。上国は律令制で国司の定員数などのために設けられた国の大・上・中・下の四等級のうちの第二である。延暦二十一年（八〇二）、甲斐など一〇国の浪人四〇〇〇人が陸奥国胆沢城《いさわ》（現岩手県奥州市）に移されている。『和名類聚抄』によると、陸奥国江刺《えさし》郡に大井郷・信濃郷・甲斐郷が置かれている。浪人は本籍地を離れ、他所に住んでいる人をいう。したがって、甲斐国内にはさきの上総から同族を頼ってきた新羅人二人のように、浪人のなかに渡来人も多く含まれていた可能性は十分にあるであろう。

瓦・須恵器生産などの技術導入

ところで、山梨県の曽根丘陵東端、坊ヶ峰《ぼうがみね》の裾にある笛吹市境川町下向《しもむこう》窯跡が、小規模ではあるものの、六世紀末ごろの県内最古の須恵器《すえき》窯とされている。七世紀後半から八世紀にかけての大規模な窯跡の代表は、甲斐市（旧敷島町）の天狗沢《てんぐさわ》瓦窯跡である。この窯跡は須恵器と瓦を生産している。この時期には、甲斐国の役所や寺院などが次々と造営されていたので、瓦や須恵器の需要が飛躍的に増加したのであろう。天狗沢瓦窯跡にやや遅れて甲府市川田町川田瓦窯跡も操業を開始していることが判明している。いうまでもなく、これらの瓦や須恵器生産は多くの渡来人の技術によるものである。

陸奥国江刺郡内にも瀬谷子《せやご》窯跡（現岩手県江刺市）という大規模な須恵器窯がある。多賀城跡から「江刺郡」と大きく刻まれた須恵器甕《がめ》が出土しており、多賀城にまで貢進したとみられる。馬の飼育や鉱産物開発そして鍛冶《かじ》・養蚕・

天狗沢瓦窯跡1号窯跡（山梨県甲斐市）

天狗沢瓦窯跡から出土した瓦
（いずれも甲斐市教育委員会提供）

土木などの幅広い技術は、渡来人自身によって甲斐をはじめとする東国、さらには東北北部にまでさまざまな形で導入されたのであろう。

渡来人の移配とともに東北地方から甲斐国に移される俘囚も多かったのではないか。甲斐国の俘囚料稲の多さがそれを物語っている。今後、甲斐国内における東北地方の人びとの足跡にも注目しなければならない。

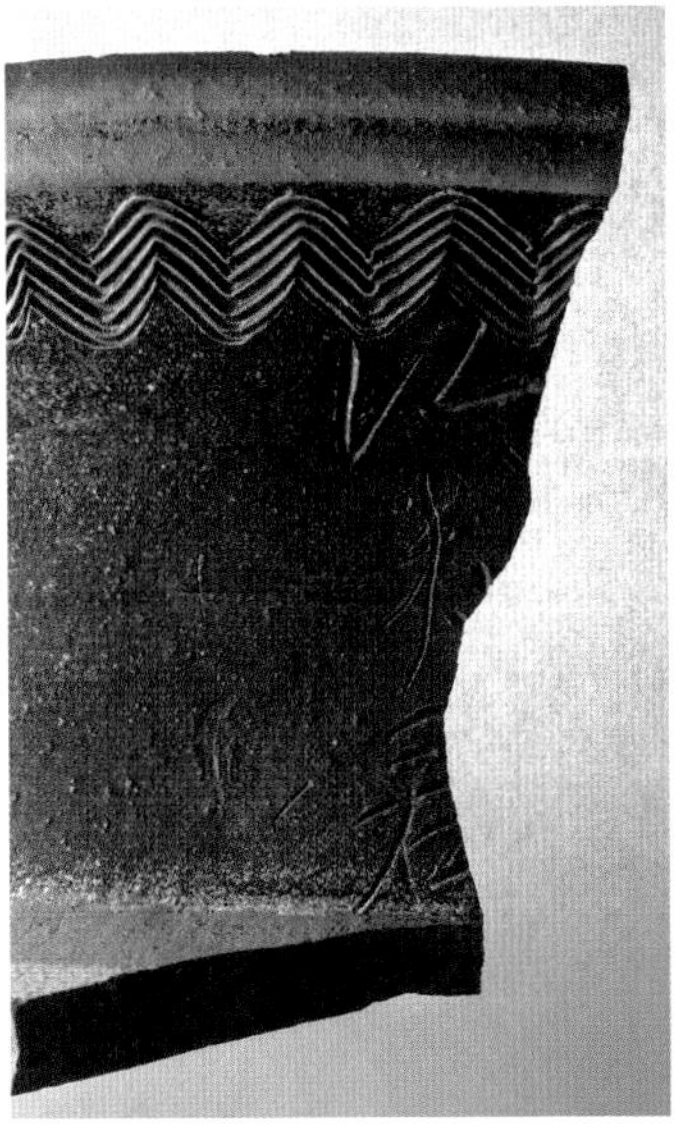

「江刺郡」の文字が刻まれた土器（宮城県多賀城市山王遺跡出土、多賀城市教育委員会提供）

秦河勝と東国

渡来氏族の活躍と甲州市万福寺

甲州市万福寺の創建伝承――聖徳太子と秦河勝

聖徳太子が甲斐の黒駒に乗り、富士山に飛来した際に、黒駒を休息させたと伝えられる馬蹄《ばてい》石は、甲州市勝沼町等々力の万福寺の境内にある。

この万福寺は、寺伝によると、推古天皇十二年（六〇四）三月、聖徳太子の命を受けた調子麿（調子丸とも書かれ、「ちょうしまろ」と読まれている）が、甲斐へ入国し、国司秦川《はたのかわ》（河）勝《かつ》の援助を得て建立したとされている。この伝承は『扶《ふ》桑略記《そうりやつき》』などのような歴史書にはなく、明らかな誤りが認められる。「調子麿（調子丸）」は『聖徳太子伝暦《でんりゃく》』（一〇世紀成立）などに推古天皇六年四月に記載されている聖徳太子の従者である調使麿のことであり、「ちょうしまろ」と読まれているが、正しくは「つきのおみまろ」である。七世紀初頭に、厩戸《うまやど》皇子（聖徳太子）の上宮王家に奉仕し

秦河勝を開基の一人としている万福寺本堂
（山梨県甲州市勝沼町等々力、甲州市教育委員会提供）

た調使（「使（おみ）」は「使王《おみ》」という姓《かばね》の略記）氏は、百済系の渡来氏族で、「調《つき》」というウジ名が示すように、全国から朝廷へ納められた物の管理を職掌としていた。

次に「国司秦河勝」の援助を得て万福寺を建立したとするが、推古天皇十二年は六〇四年であり、国司制度の成立以前のことであるので国司ではない。この河勝が創建にかかわる寺としては勝沼町菱山の三光寺もそうであるとされている。秦河勝とはどんな人物であろうか。

渡来人系氏族の秦氏と治水事業

京都の葛野《かどの》川（桂《かつら》川）は、長岡京《ながおかきょう》（七八四～七九四年）そして平安京の時にも賀茂《かも》川と並ぶ暴れ川で、「防葛野川使」という職務の者などを任命して、この川の治水にあたったほどである。この川は丹波山系に水源をもち、ふだんの流水量は多くないが、上流に集中豪雨が起こると流水量は急激に増加し、流路を変えたりして、いくども氾濫《はんらん》した記録がある。したがって、朝廷にとっては、葛野川の治水が重要な課題であった。

そこで、当時大規模な堰《せき》が構築されたが、その大きな功績を果たしたのが秦氏《はたうじ》である。秦氏は漢氏《あやうじ》と並び古代の渡来人系の有力な氏族である。中国の秦《しん》の始皇帝《しこうてい》（紀元前二五九～前二一〇）の末裔《まつえい》（子孫）と称する弓《ゆ》月君《づきのきみ》が「百二十県《こおり》の百姓」を率い、応神朝に帰化《きか》したと『日本書紀』に

大堰川は上流を保津川、下流を桂川という。左の山が嵐山、右の山麓に広がるのが嵯峨野で、川の上方に渡月橋が見える

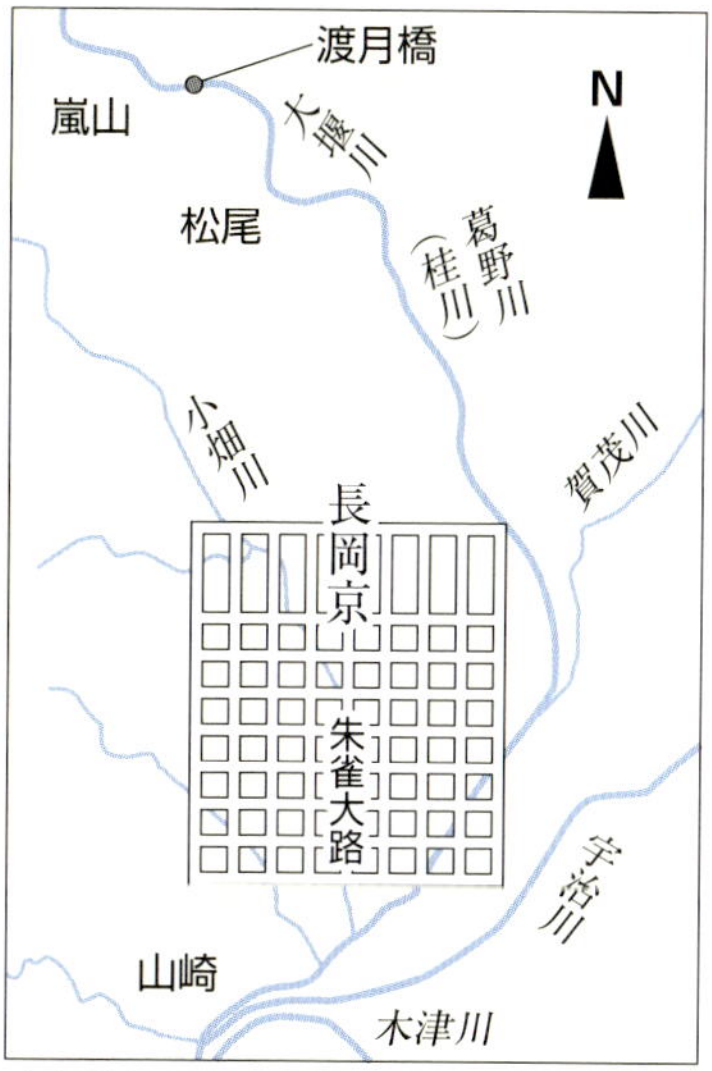

大堰川と長岡京

記され、この弓月君は秦氏の祖とされている。

しかし、実際には秦氏は古代朝鮮の新羅《しらぎ》・加羅《から》から渡来したとみられている。秦氏の本拠は山城《やましろ》の葛野にあった。その秦氏の総帥《そうすい》とされる秦河勝がその一族を率いて松尾付近に大堰を構築し、防水に功労をたてたということで、河勝の名はそれによるといわれている。暴れ川を見事にコントロールしたと評して〝河勝〟とは、何とも興味深い命名ではないか。

その後も、秦氏は、相次いでこの大堰を補修して氾濫を防ぎ、一族は繁栄しつづけたのであった。この大堰は、嵐山《あらしやま》の麓の渡月橋《とげつきょう》の辺から松尾にかけての流れを調整するためであって、嵯峨《さが》・松尾のあたりの葛野川を大堰《おおい》川（大井川）とよんでいるのはそのためである。

秦氏は京都盆地の賀茂川から桂川にわたる氾濫平野の開拓の主力となり、また養蚕や機織《はたお》りの技術によって、この地に確固とした勢力地盤をつくりあげた。そしてその財力によって、五世紀末から六世紀にかけ、ヤマト朝廷の財政の実務をにぎった。

秦河勝と東国との関わり

秦河勝は、秦氏の総帥として、秦氏一族の騎馬戦力と財力をもって、聖徳太子の側近として仕えていた。『日本書紀』によると、推古天皇十一年（六〇三）聖徳太子は「尊《とうと》き仏像」をもっていることを群臣に告げて、だれかこの仏像を敬拝するものはいないかと言ったところ、秦河勝が進んでこれをうけ、「蜂岡《はちおか》寺《でら》」をつくったという記事がある。「蜂岡寺」は、いま京都の太秦《うずまさ》にある広隆寺《こうりゅうじ》である。もう一つの記事は、推古天皇二十四年に、新羅《しらぎ》から使者がきて、聖徳太子に仏像を献上したという話である。広隆寺に安置されている有名な国宝の「弥勒菩薩思惟半跏像《みろくぼさつしいはんかぞう》」が、その物語の新羅仏にあたるとされている。それは日本の仏像にはみられない松材を使っており、その姿も新羅の慶州《けいしゅう》から出土した「金銅弥勒菩薩半跏思惟像」（韓国国立中央博物館蔵）に酷似しているからである。

秦河勝は甲斐国に近い地で、もう一つの事件に関わっている。それは、聖徳太子が亡くなってから二三年を経た皇極《こうぎょく》天皇三年（六四四）に起こった。この年、東国の不尽《ふじ》河（富士川）のほとりに住む大生部多《おおべのおおし》という者が、蚕《かいこ》に似た虫を常世神《とこよのかみ》だといって祀った。常世神とは中国の道教《どうきょう》系の外来神で、不老長寿・富貴をもたらすとされた。村むらの巫《かむなぎ》（神に仕え、祭りに奉仕する人）らも大生部多に加担して人びとから財物を巻き上げたことなどを、河勝が知って怒り、大生部多を打ちすえたので、巫らも河勝を恐れて祀ることをやめたという。秦氏は隊商を組んで伊勢《いせ》や東国各地と遠隔地交易を行い、莫大《ばくだい》な富を得ていたともいわれ、東国と深く関わりをもっていたと思われる。

万福寺の隆盛と中世文化

甲斐の貢馬に関連して栗原・等々力の地の重要性を40〜42ページの「下総国府の実像」でも強調してきたが、その等々力の万福寺が聖徳太子伝承および渡来系有力氏族の秦氏の総帥とされる秦河勝を開基の一人としている点がきわめて興味深い。

また、万福寺は中世には聖徳太子絵伝（現大阪・四天王寺蔵）、法然上人絵伝（山梨県立博物館蔵）、親鸞聖人絵伝（京都・西本願寺蔵）、源誓上人絵伝（東京芸術大学蔵）など、すべての絵伝を所蔵していた。このことは万福寺が驚くべき隆盛と、きわめて高い文化を誇った名刹《めいさつ》であることを物語っている。万福寺研究は、甲斐の古代・中世史の重要な課題の一つである。

中世に万福寺が所蔵していた「法然上人絵伝」（右幅の部分、山梨県立博物館蔵）

【参考資料】『古屋家家譜』（古代の部分）

高皇産霊尊
武蔵国都筑郡杉山神社
大和国添上郡宇奈太理坐高御魂神社等是也

―安牟須比命

香都知命
紀伊国名草郡香都知神社是也

―天雷命
紀伊国名草郡鳴神社是也

一名大国栖玉命
一名大刀辛雄命
天石門別安国玉主命
妻神　八倉比売命
紀伊国名草郡朝椋神社同国同都九頭神社等是也

一名神狭日命又云天忍日命
天押日命
天津彦国光彦火瓊々杵尊排二開天磐戸一押二分天八重雲一以奉降之于時帥二天津大来目一背負二天磐靫一臂著二稜威高鞆一手捉二天梔弓天羽羽矢一及副二持八目鳴鏑一又帯二雙槌剣一而立二天孫之前一遊行降来
山城国葛野郡伴氏神社是也
子孫累葉奉二祖先之遺業一供二奉于奕葉皇孫一者不レ伝二個個之名一以二職名一各換二其名一焉

天押人命

―天日咋命

―又名　大脊脛命
刺田比古命
紀伊国名草郡刺田比古神社是也

本名　日臣命
道臣命
生二紀伊国名草郡片岡之地一聞二皇孫之来征一赴而供奉以承二祖先之遺業一神日本磐余日子尊自二熊野神邑一将レ赴二中洲一然山中嶮絶無二復可レ行之路一此時日臣命擬下家祖天押日命供中奉天孫降臨上帥二大来目一督二将元戎一蹈レ山啓行遂到二菟田穿邑一尊大得レ利於此勅曰汝忠而且勇剛有二能導之功一是以改二汝名一為二道臣一

味日命

―推日命

大日命
掖上池心大宮朝供奉

角日命
室秋津島大宮朝供奉

豊日命
母紀直智名曾女乎束媛命
黒田廬戸大宮朝及春日率川大宮朝供奉

武日命
磯城瑞籬大宮朝為㆓大夫㆒供奉
纒向日代大宮朝庚戌年秋東夷叛于時従㆓日本武尊㆒為㆓将軍㆒於㆓甲斐国酒折宮㆒賜㆓靫部㆒故賜㆓靫大伴連之姓㆒参河国賀茂郡狭投神社是也

乎多氏命
従㆓日本武尊東征之軍㆒駐㆓陸奥国小田郡島田邑㆒鎮㆓東夷㆒焉
是靫大伴部大伴行方連　大伴白河連等祖也

建持連公
足仲彦天皇朝為㆓靫大伴連㆒供奉
息長足姫皇后征韓供奉

蚊手連公
是五百木部　大伴亘理連等祖也

阿古連公
是丸子部　道島宿禰　大伴安積連等祖也

室屋大連公
自㆓遠明日香大宮㆒至㆓飛鳥八釣大宮㆒五朝供奉長谷朝倉大宮朝
丁酉年十一月朔為㆓大連㆒

談連公
朝倉大宮朝征新羅之戦役於彼地戦死
是日奉連祖也

長目連公
是大田部白髪部祖也

金村大連公
石上広高大宮天皇晏駕之後誅㆓平群真鳥臣㆒
泊瀬列樹大宮天皇朝己卯年十二月為㆓大連㆒供奉

山背樟葉大宮天皇朝丁亥年為二大臣一供奉
磯城島金刺大宮天皇朝庚申年九月称レ老帰二于家一

御物宿禰連公
屓佐伯連姓

戸難目連公
譯語田幸玉大宮朝為内臣供奉

若古連公
是高志連高志壬生連等祖也

磐連公
磐余玉穂大宮朝遷二居甲斐国山梨評山前之邑一
小治田豊浦大宮朝丁巳年年八月卒

狭手彦連公
敷島金刺大宮朝壬午年八月奉勅率二大兵一伐二高麗一平定之
是大伴連大田部連榎本連等祖也

糠手古連公

小手子比咩連公
倉梯宮天皇妃

頬垂連公
掌上総之伊甚屯倉
是丸子連祖也

加爾古連公
掌木国那賀屯倉
是仲丸子連祖也
大徳冠　氏上

阿被布子連公

咋子連公
是大伴宿禰祖也

奈羅古連公
是大伴良田連祖也

宇遅古連公
是宇治大伴連　神私連　大伴櫟津連等祖也

長峡連公

江人連公

弟古連公

稲人
庚午年籍戸大伴山前連姓
淡海志賀大宮朝辛未年八月卒

秋人
同戸大伴山前連姓

穂足
浪速豊碕大宮朝壬子年六月卒

淵守
山梨郡司少領正七位下
朝倉大宮朝入唐国於彼国病歿

真楫
庚午年籍戸姓大伴山前連

広川
同上

方麻呂
山梨郡司少領正七位下
母阪合部連老目女
庚午年籍一族八人同戸姓大伴山前連
浄御原天皇朝甲申年三月攺賜姓直称大伴直
藤原大宮朝丁酉年八月十八日卒

清滝
母同上
戸同姓任近衛舎人

高樹
采女令史
貫于右京

苧満呂
母泰野足女
山梨郡戸主
養老四年庚申三月八日卒

是公
母同上
山梨郡戸主

- 桑主　山梨郡司少領　母小長谷石麿女
  - 宮麻呂　山梨郡主帳
- 魚彦　山梨郡司擬少領　母同上

- 福依　甲斐椽　母依羅葛麿女　延暦八年己巳九月卒
  - 国依　甲斐目　母物部佐留古女
  - 野依　母同上　八代郡戸主
- 福生　八代郡大領　従七位下　母同上　延暦十四年乙亥八月二十一日卒
- 近世　母同上　山梨郡戸主
- 女子　石咩　母同上　少初位上小長谷野依室

- 稔男　八代郡戸主
- 年足　八代郡主政　従七位下　母
  - 真弓　八代郡司大領正七位下　母　天長元年一族相倶奉避　天皇御名改姓伴直　嘉祥二年己巳正月卒
- 真足　八代郡司少領正七位下　母
  - 押足　八代郡主政

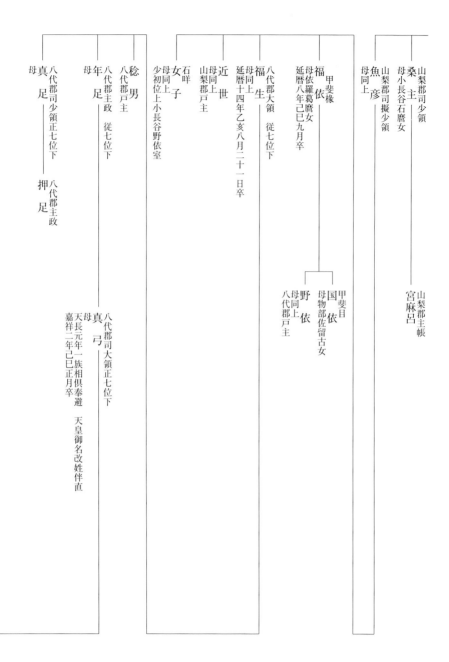

真宗
八代郡司擬少領
母甲斐介小野高見女

女子
母同上
従七位下斎部弟安妻

真定
八代郡司大領　従六位下
母同上
貞観七年国内災異累至是天地神明之所赫怒真貞為期郡民之安寧毎祈請之浅間明神有神託具事実告之甲斐国司国司従五位下清原長統奏言之朝廷同年十二月九日勅八代郡立浅間明神之祠以真貞為祝同郡人伴秋吉為禰宜郡家以南作建神宮令鎮謝爾後勅為郡領兼掌之神社
元慶三年己亥九月二十二日卒

真牛
八代郡主政
母甲斐目紀広河女

真年
八代郡擬大領従七位下
延喜四年甲子十一月二十日卒

女子
巨摩郡司田口弘中妻

助恒
八代郡司少領
母外従五位下藤原元成女

長正
八代郡司大領
母左馬寮馬部佗田成雄女

長栄
八代郡主帳
母同上

躬行
八代郡司少領従七位下
母同上

善根
八代郡主政従八位下

善臣
甲斐国史生

女子
母同上
内舎人伴忠輔妻

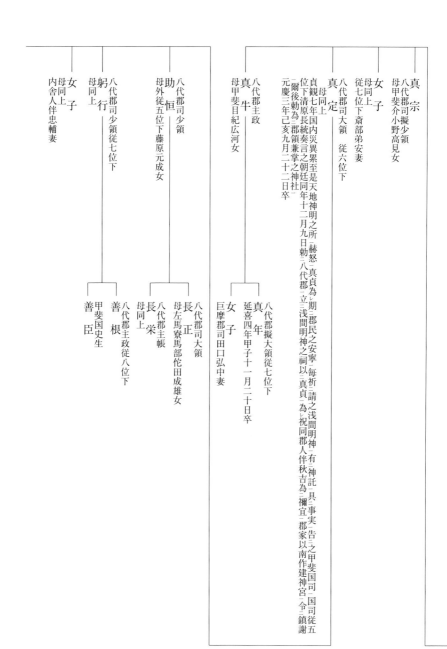

八代郡司少領正六位下
恒　房
母上総介伴竜男女
昌泰二年己未正月二十二日卒

山梨郡司擬大領
年　高
母

山梨郡司擬少領
峯　高
母金刺広門女

八代郡司少領従七位下
滝　男
母

伴五
峯　男
甲斐目

伴太
直　道
甲斐目

伴三
大　道

八代郡司大領正六位下
弥　成
康保三年八月於浅間明神社申二災異消除之御祷一矣
長保二年庚子八月卒享年九十七

（下略）

（『甲斐国一之宮　浅間神社誌』より）

主な参考文献

『甲斐国一之宮　浅間神社誌』浅間神社、一九七九年
『萬葉集』全四冊（新編日本古典文学全集6～9、校訂・訳者　小島憲之・木下正俊・東野治之）小学館、一九九四～九六年
『BIOSTORY』二一（特集　生き物としての富士山―その未来を考える―）生き物文化誌学会、二〇一四年
青木和夫『古代豪族』講談社学術文庫、二〇一四年（初出『日本の歴史5　古代豪族』小学館、一九七四年）
荒牧重雄・太田美代『日本一の火山　富士山』山梨県環境科学研究所、二〇〇八年
石巻市史編さん委員会『石巻の歴史　第六巻（特別史編）』石巻市、一九九二年
石巻市史編さん委員会『石巻の歴史　第一巻（通史編　上）』石巻市、一九九六年
小畑弘己・寺前直人・高橋照彦・田中史生『Jr. 日本の歴史1　国のなりたち―旧石器時代から飛鳥時代―』小学館、二〇一〇年
木下　良『国府―その変遷を主として―』（教育社歴史新書44）教育社、一九八八年
栄原永遠男『集英社版　日本の歴史1　天平の時代』集英社、一九九一年
薗田香融『日本古代の貴族と地方豪族』塙書房、一九九二年
土田直鎮「国司の任国下向と総社―『時範記』にみる因幡国総社―」『古代の武蔵を読む』吉川弘文館、一九九四年（初出『府中市史史料集』五、一九六四年）
堀内　真「御幸祭について」『山梨県史研究』五、一九九七年
溝口睦子『古代氏族の系譜』吉川弘文館、一九八七年
森　公章『平安時代の国司の赴任―『時範記』をよむ―』（日記で読む日本史11）臨川書店、二〇一六年

＊本書は右記の文献以外にも多くの先行研究の成果に依っているが、主な関係文献に限り掲載した。

第二部　地方行政の実態

坂東の要・武蔵国—東山道から東海道への移管—（2013年5月30・31日）
古代の医療官人の発見—正倉院宝物に記された国医師—（2012年8月30・31日）
財政運用のしくみ—出挙と農民—（2011年6月3・4日）
古代戸籍の特徴—諸国から中央へ—（2012年6月29・30日）
地下から発見された住民台帳—税収管理の実態—（2016年2月25・26日）
古代のマイナンバーと軍団—兵士徴発のしくみ—（2016年3月30・31日）
発見された甲斐国出身の防人—なぜ九州に留まり続けたのか—（2009年10月27日）
東国の鎮兵—城柵守備の実態—（2009年10月28日）
都へ出仕する人びと—重い負担と相次ぐ逃亡—（2012年7月26・27日）
地方行政改革—評から郡へ、五十戸から里へ—（2014年7月31日・8月1日）
地方行政区分と郡役所—甲斐国山梨郡と都留郡—（2010年4月29・30日）
古代の村—実態としての集落—（2014年8月28・29日）
地域のつながりと村—信仰・生産の母体—（2014年9月24・25日）
広域行政区としての大きな村—北陸「深見村」牓示札—（2014年10月29・30日）

第三部　古代氏族と渡来人

古代有力豪族大伴氏の盛衰—「古屋家家譜」の出現—（2016年8月24・25日）
「古屋家家譜」の特徴—表記の特色と史料価値—（2016年9月28・29日）
富士山噴火と浅間神社創祀—「古屋家家譜」にみる伴氏の役職の変化—（2016年10月26・27日）
大伴氏の広域活動—「古屋家家譜」にみる東北地方・紀伊国との関わり—（2017年3月29・30日）
大伴氏の伝承と北方交易—黄金・矢羽根を求めて—（2017年4月26・27日）
渡来人・俘囚の足跡—国家に翻弄された人びと—（2011年11月30日・12月1日）
秦河勝と東国—渡来氏族の活躍と甲州市万福寺—（2011年8月26・27日）

初出一覧

本書は、『山梨日日新聞』文化欄の連載「古代史の窓」（2009年7月〜2018年3月。全187回）をもとに、原題、構成等を改め再編集したものである。以下、括弧内に掲載日を記した。

第一部　古代の国府

地方行政のシンボル―国府と印―（2010年2月25・26日）
東国（アヅマ）とは―東西文化の分かれ目―（2013年4月25・26日）
東国の国名の由来―国家の視点―（2009年9月22日）
古代都市としての国府―整備された町並み―（2013年7月4・5日）
文化薫る古代国府―土器に描かれた絵画、文字からさぐる―（2017年7月27・28日）
国司の赴任―儀式と饗―（2013年8月29・30日）
下総国府の実像―渡来人と馬―（2017年5月24・25日）
下総・甲斐の国府の広がり―生産・流通の拠点―（2017年6月28・29日）
動く国府１―甲斐国府移転の謎を解く―（2017年1月25・26・27日）
動く国府２―信濃国府移転の理由―（2017年2月23・24日）
国府と一宮の成立―甲斐国浅間神社への巡拝―（2016年11月30日・12月1日）
国分寺と国府―出土文字が伝える信仰・文化―（2017年8月30・31日）

著者略歴

一九四三年　山梨県に生まれる
一九六五年　山梨大学学芸学部卒業
一九九〇年　文学博士（東京大学）
国立歴史民俗博物館館長、山梨県立博物館館長を経て、
現在、人間文化研究機構 機構長、国立歴史民俗博物館名誉教授、山梨県立博物館名誉館長

〔主要著書〕
『漆紙文書の研究』（一九八九年、吉川弘文館）
『墨書土器の研究』（二〇〇〇年、吉川弘文館）
『古代地方木簡の研究』（二〇〇三年、吉川弘文館）
『全集 日本の歴史2 日本の原像』（二〇〇八年、小学館）
『東北「海道」の古代史』（二〇一二年、岩波書店）
『律令国郡里制の実像』上・下（二〇一四年、吉川弘文館）

新しい古代史へ1
地域に生きる人びと
甲斐国と古代国家

二〇一九年（令和元）五月一日　第一刷発行

著　者　平《ひら》川《かわ》南《みなみ》

発行者　吉川道郎

発行所　株式会社 吉川弘文館
郵便番号一一三―〇〇三三
東京都文京区本郷七丁目二番八号
電話〇三―三八一三―九一五一〈代〉
振替口座〇〇一〇〇―五―二四四
http://www.yoshikawa-k.co.jp/

印刷・製本・装幀＝藤原印刷株式会社

ISBN978-4-642-06842-0